永康文献丛书

吕公望集

六

吕公望　著

卢礼阳
邵余安　编校

浙江省长公署训令第七百十二号

令各厅署各县为民政厅改为政务厅仍以前王厅长

为政务厅长自十月一日起所有前民政厅之

主管事务即由省长公署直接办理由

令各厅署各县

照得本省民政厅系根据《浙江护国军军政府组织法》而设,《军政府组织法》废止时,原拟暂仍其旧,以待官制确定再行更改。兹查省官制尚未经政府拟定,提交国会议决,而本省省长公署之外,有民政厅,权限既难划清,经费所需尤巨,现值编制预算之时,自应照现行省官制办理,以符法制而省经费。即于本年十月一日起,将民政厅改组政务厅,仍以前民政厅长王文庆任政务厅长,所有前民政厅主管事务,即由本省长公署直接办理。为此令仰一体知照。此令。

中华民国五年十月一日

省长吕公望

(原载《浙江公报》第一千六百四十号,一九一六年十月五日,七至八页,训令)

浙江省长公署布告第一号

布告全省人民为民政厅改为政务厅仍以前王厅长
为政务厅长自十月一日起所有前民政厅之
主管事务即由省长公署直接办理由

照得本省民政厅系根据《浙江护国军军政府组织法》而设（文云见本日"训令"门），即于本年十月一日起将民政厅改组政务厅，仍以前民政厅长王文庆任政务厅长，所有前民政厅主管事务，即由本省长公署直接办理。为此布告一体知照。特此布告。

中华民国五年十月一日

省长吕公望

（原载《浙江公报》第一千六百四十号，一九页，布告）

省长公署电各县知事

为双十节各机关暨各学校放假三日由

各县知事鉴：双十节各机关暨学校放假三日，并布告全邑人民、商学各界一体竭诚庆祝。省长。冬。印。（中华民国五年十月二日）

（原载《浙江公报》第一千六百四十一号，一九一六年十月六日，一九页，电 函牍）

吕督军致梁任公书

任公先生道席：八月江涛，迎来荣戟，高谈惊座，尊酒为欢。未伸下士之情，遂送征车之迈。转蒙赐电，远赍齿芬，追溯曩游，徒增歉疚。半载以来，吾公訏谟定命，再造神州，中流一壶，全国砥柱。此次来浙，浙人以仰望之殷，心摹目绘，即一举手一投足之间，靡不神其观感。推崇过切，传说多歧，误会之心因之而起，以明湖之荡漾，涉政海之波澜，局外揣测之谈，讵必有心冒渎，即在吾公渊涵之量，亦必不介介于怀。皆由公望晓喻未周,精诚未至,遂使杯蛇之影,上拂襟痕。特具专函,遣吴参议钟镕趋前道歉,仍望随时指导,示我周行,不尽之言,统由吴参议面达。沪海秋风,伏维珍护。吕公望谨启。

（原载《浙江公报》第一千六百四十一号,一九页,函牍）

致大总统国务院等电

大总统,国务院各部,各省督军、省长,并转各镇守使,盐运使,承德、归化、张家口都统,上海护军使均鉴:敝公署业于本月东日改组,并刊刻木质印信,文曰"浙江省长之印",即日启用。除通令外,特此电闻。浙江兼署省长吕公望。支。印。（中华民国五年十月四日）

（原载《政府公报》第二百七十五号,一九一六年十月九日,二十页,公电,杭州吕公望来电）

浙江省长公署致铁路局函

径启者。双十节为国庆纪念日,应请转饬杭、沪、宁、绍各站,于九、十、十一三日,各车站及开行各车上一律悬挂国旗,以昭盛典而资观感。即祈察照办理,实纫公谊。专此,敬颂
公绥

省长公署谨启

十月四日

（原载《浙江公报》第一千六百四十一号,一九页,函牍）

浙江省长公署训令第七百十四号

令省会警察厅转知商会国庆日令各商铺悬旗庆祝由

令省会警察厅厅长

照得本月双十节日为国庆纪念日,所有省城各商铺理宜悬挂国旗三日,以申庆祝。为此合行令仰该厅长遵即转知商务总会,一体传

知为要。此令。

中华民国五年十月四日

省长吕公望

（原载《浙江公报》第一千六百四十二号，一九一六年十月七日，二页，训令）

浙江省长公署通告

为规定见客时间由

本公署改组伊始，事务殷繁，所有普通会客时间，现规定每星期一、三、五等日上午十时至十二时止，逾时概不接见，以免妨碍办公。惟外省来宾及本省各机关主任长官遇有要公必须会晤者，不在此限。特此通告。

见客时间

一、本署见客时间，每星期一、三、五等日上午十时起至十二时止，逾时概不接见，以免妨碍办公。

二、星期日，无论何人，概不接见，遇有要公，由值日之招待员转达。

三、各行政官厅及各军队之主任官、各重要团体代表，遇有紧要公事，得以随时来署接见。

四、远方来宾及各省高级官厅、各团体重要代表、新闻记者、体面之外国人，得随时接见。

会客室规则

一、会客室坐位，除主人有一定位次外，来宾位次悉由招待员送坐。

二、宾主谈话时，务宜各守秩序，幸勿搀杂发言。

三、晤谈既毕或将逾规定会客时间,无论宾主,均得起立告辞。

招待室规则

一、招待室专为来宾而设,除招待员外,无论何人,均不得入内挽坐。

二、来禀入招待室就坐后,招待员应查照会客券通问后,转达省长、政务厅长分别接见与否。

三、来宾经省长、政务厅长允许接见后,再由招待员导入会客室。

四、凡来宾如无必须相见之事由,或适值办理特别要公之际,可由招待员代表转为传达一切。

五、招待员待遇来宾,务宜礼貌周到,不可稍事脱略。

(原载《浙江公报》第一千六百四十二号,一二页,通告)

浙江省长公署通告

嘉兴县知事张梦奎电呈于本月一日到任接印视事;

衢县知事王象泰电呈于本月一日准前任知事桂铸西卸交前来,即于是日接印视事;

天台县知事姜恂如电呈于本月一日准前任知事田泽勋卸交前来,即于是日接印视事。

(原载《浙江公报》第一千六百四十二号,一二页,通告)

浙江省长公署咨督军署

为咨调文牍秘书莫章达书记韩秉臧
李云骏司书邹绳祖四员由

浙江省长公署为咨行事。查有贵公署文牍秘书莫章达,书记韩秉臧、李云骏,司书邹绳祖等四员,堪以调充本公署文牍秘书、书记、司书等职,除分别委任外,相应咨请贵督军查照见复为荷。此咨

浙江督军

浙江省长吕公望

中华民国五年十月四日

（原载《浙江公报》第一千六百四十三号，一九一六年十月八日，三页，咨）

浙江省长公署咨督军署

准内务部电为国庆日追祭有功民国忠烈即希查照由

浙江省长公署为咨行事。准内务部支电内开，"按照忠烈祠祭礼，岁以十月十日国庆日追祭有功民国忠烈，本届国庆自应援案举行。现经参照现制定为迎神、送神均再鞠躬，受福胙鞠躬，所有与祭人员服仍照前次关、岳秋祭办法办理，即希查照"等由。准此，除照办外，相应备文咨请贵督军请烦查照施行。此咨

浙江督军

浙江省长吕公望

中华民国五年十月　日

（原载《浙江公报》第一千六百四十三号，三页，咨）

浙江省长公署委任令第十九号

令任命陈焕章为本署机要科助理秘书并兼公报处主任由

令本署机要助理秘书陈焕章

照得本公署秘书处简章规定，机要科有掌理编辑公报一项，查有该员堪以任命为本署机要科助理秘书，仍兼公报处主任，月薪照旧支给。合将任命状令发，仰即查收，克日到署办公。此令。

计发任命状一道。

中华民国五年十月四日

省长吕公望

（原载《浙江公报》第一千六百四十三号，四页，训令）

浙江省长公署委任令第二十号

令委任韦以黼等为民政秘书由

令民政秘书韦以黼、金彭年、陈去病,民政助理秘书刘传亮、陶承渊

照得本公署应设民政秘书,掌理政务厅各科文件。兹任命韦以黼、金彭年、陈去病为民政秘书,月薪各二百元。又任命刘传亮、陶承渊为民政助理秘书,月薪各一百元。合行委任,仰将发去任命状查收任事。此令。

计发任命状一道①。

中华民国五年十月四日

省长吕公望

（原载《浙江公报》第一千六百四十三号,四页,训令）

浙江省长公署指令第一千五百十二号

令财政厅长莫永贞

呈一件为劝募五年内国公债请予展限三月

至本年年终为截止期由

呈悉。仰候咨部核复令遵,一面即由该厅通行劝募可也。此令。

十月五日

（原载《浙江公报》第一千六百四十三号,一二页,指令）

浙江省长公署批第四百六十号

原具呈人嘉善茧商孙建昌等

呈一件为朱鸿勋等拟设义新茧厂朦部换照请咨部注销由

朱鸿勋等拟增义新茧厂,自应适用《茧行条例》及《牙帖章程》,岂

---

① 原文如此,据文意,似应为"计发任命状五道"。

能适用《公司条例》，朦部邀准，所呈殊不可解，本署亦未接到部咨并未据呈请有案。如果朱鸿勋等不由该管县署核转，径自呈部，必遭驳斥。该商等无庸顾虑，着即知照。此批。十月四日

（原载《浙江公报》第一千六百四十三号，一七页，批示）

浙江省长公署批第四百六十一号

原具呈人天台袁张江等

呈一件为屯田缴价委员裘燮侵吞屯田

匿报罚金一案请派委严追由

此案前据袁张炜具呈到署，业将该县原呈并未提及拨修营房各节，令厅饬查复夺在案。应俟复到核办，仰即知照。此批。十月四日

（原载《浙江公报》第一千六百四十三号，一七页，批示）

浙江省长公署批第四百六十二号

原具呈人旅严金华同乡会代表朱学全等

呈一件请将翁氏遗产给由金华同乡会收管由

此项房屋既系无主绝产，则清知府宗任收为官有办理，本属合法，金华同乡会自无主张收管之权利。察阅黏抄建德县批词，尚无不合，应如所批办理，仰即知照。此批。十月四日

（原载《浙江公报》第一千六百四十三号，一七页，批示）

浙江省长公署咨督军署咨省议会

为改刊浙江省长印信及启用日期由

浙江省长公署为咨行事。照得省长公署文件前用"浙江都督之印"，兹改刊印信一颗，文曰"浙江省长之印"，即日启用，并希通行所属一体知照。此咨

浙江督军公署/省议会

浙江省长吕公望

中华民国五年十月六日

（原载《浙江公报》第一千六百四十四号，一九一六年十月九日，二页，咨）

浙江省长公署公函 五年省字第十五号

函知盐运使为改刊浙江省长印信及启用日期由

径启者。照得省长公署文件，前用"浙江都督之印"，兹改刊印信一颗，文曰"浙江省长之印"，即日启用，即希通行所属一体知照。

此致

浙江盐运使

中华民国五年十月六日

（原载《浙江公报》第一千六百四十四号，二页，公函）

浙江省长公署训令第七百二十四号

令委任郭梓熙等为本署总务科会计庶务等员由

令郭梓熙、潘巨成

兹委任该员为本公署政务厅总务科科员，办理会计/庶务事宜，月支薪水银五十元，仰即到差视事。委状附发。此令。

计发委状一道。

中华民国五年十月五日

省长吕公望

（原载《浙江公报》第一千六百四十四号，三页，训令）

浙江省长公署训令第七百二十五号

令委任马贰卿等为本署监印由

令马贰卿、何凤笙、张鹤

兹委任该员为本公署监印员,月支薪水银六十/五十/三十六元,仰即到差视事。委状附发。此令。

计发委状一道。

中华民国五年十月五日

省长吕公望

（原载《浙江公报》第一千六百四十四号,三页,训令）

浙江省长公署训令第七百二十八号

令各厅署为改刊浙江省长印信及启用日期由

令财政厅、高审厅、高检厅、各关监督、各交涉员、警政厅

照得省长公署文件前用“浙江都督之印”,兹改刊印信一颗,文曰“浙江省长之印”,即日启用。除分别电咨外,合行通令一体知照。此令。

中华民国五年十月六日

省长吕公望

（原载《浙江公报》第一千六百四十四号,三至四页,训令）

浙江省长公署训令第七百三十七号[①]

令高审厅通令各属订购光绪条约补遗由

令高等审判厅长范贤方

本月三日准外交部总务厅函开,“案查三年十二月十八日尊

---

① 本文由浙江高等审判厅训令第八百九十四号析出。

处所购本部出版之《光绪条约》九十部，当经函送察收备用在案。嗣本部于此项《条约》出版后，又继续搜辑得《条约》十五件，汇订两册，颜曰《光绪条约补遗》，每部定价一元，按照八折每部大洋八角，邮寄加邮费一角、外洋四角，其装订式样悉与《光绪条约》一律相同。尊处办公参考宜备全书，倘需酌购以期完全，即希将所需部数及书价邮费先行开送径交本部图书厅处，即当检齐奉上。相应函达，即希查照为荷"等由。准此，除分令外，合行令仰该厅查照，如应行订购，即将所需部数、书价、邮费速行一并缴报，以凭汇购。此令。

中华民国五年十月　日

省长吕公望

附　浙江高等审判厅训令第八百九十四号
通令各属订购光绪条约补遗由

令第一高等分庭，第二高等分庭，杭县地方审检厅、鄞县地方审检厅、各县审检所

本月九日案奉省长公署训令第七三七号，内开，"本月三日准外交部总务厅函开，'案查三年十二月十八日尊处所购本部出版之《光绪条约》九十部，当经函送察收备用在案。嗣本部于此项《条约》出版后，又继续搜辑得《条约》十五件，汇订两册，颜曰《光绪条约补遗》，每部定价一元，按照八折每部大洋八角，邮寄加邮费一角、外洋四角，其装订式样悉与《光绪条约》一律相同。尊处办公参考宜备全书，倘需酌购以期完全，即希将所需部数及书价邮费先行开送径交本部图书厅处，即当检齐奉上。相应函达，即希查照为荷'等由。准此，除分令外，合行令仰该厅查照，如应行订购，即将所需部数、书价、邮费速行一并缴报，以凭汇购。此令"等因。奉此，合行登报通令，不另行文，仰该庭、该厅、

该所知照,如应购订,仰即备价缴厅,以凭汇转。此令。

中华民国五年十月十六日

高等审判厅长范贤方

(原载《浙江公报》第一千六百五十三号,一九一六年十月二十日,一八至一九页,训令)

浙江省长公署训令第　　号

令准铨叙局咨变通文职任用程序一案经国务会议
议决照办转饬所属遵照由

令厅署

案准铨叙局咨开,"本局呈拟变通文职任用程序一案,请提交国务会议,兹于本年九月二十日奉国务院训令,内开,'据该局呈拟变通文职任用程序一案,兹经议决照办,合亟令行该局查照分行知照可也。此令'等因。奉此,相应钞录原呈一件,咨请查照办理,并转饬所属遵照可也。附钞原呈一件"等由。准此,除分令外,合将原呈抄发,令仰该厅长遵照办理。此令。

中华民国五年十月　　日

省长吕公望

附原呈

敬呈者。窃查荐任文职,原定任用程序,凡京外各官署荐任文职缺出,均须先期开具拟荐员名、资格、履历及办事成绩,咨局审核相符,再行呈请任命,其资格不符者,由局驳复,并经呈准将经局审核员名随时开单,与秘书厅接洽,以凭办理任命,历经遵办在案。又查《文职任用令》施行令所载甄用人员未经注册分发及高等考试未经举行以前,如无与《文职任用令》第四条相当人员时,得先尽分发任用,或分发学习人员中选员荐署,如并无此项人员时,应就具有《文官甄用令》第一条及《高等考试令》第三条各款资格之一者遴员荐署。现在甄用考试虽经先后举行,而所取员数无多,自属尚不敷用,拟请暂为变通,凡属合于《甄用令》第一条及《高等考试令》第三条各款之一者,均可遴荐,则登进之途极宽,而任用又不致漫无标准。惟仍须按照原定程序,先行咨局审核相符,再行呈请任命。事关任用,应请提交国务会议议决施行。是否有当,伏候钧裁。谨呈。

（原载《浙江公报》第一千六百四十四号,四至五页,训令）

浙江省长公署指令第一千五百二十五号

令吴兴县知事

呈一件为奉令查复警佐王文棣被控各节请毋庸议由

呈悉。既据派委查明该警佐被控各节,或涉牵扯讹传,或近穿凿附会,与事实未合,并调阅案内各款罚金单册,亦属相符,应准免予置议。惟该警佐既经被控以后,应即加意谨饬,该兼所长亦应随时认真督率,是为至要。仰即知照并传令该警佐遵照。此令。十月五日

（原载《浙江公报》第一千六百四十四号,一六页,指令）

浙江省长公署指令第一千五百二十六号

令衢县知事

呈一件为城区保卫团总仇光暹办事成绩优异请援案给奖由

据呈,该县城区保卫团团总仇光暹办事成绩,如筹捐及添设团防各节,自是热心公益。惟查《条例》无给奖明文,至据称自上年十一月间由该团总与乡团会哨,以迄今日,盗匪绝迹凡九阅月等语,核与《条例》第十八条第三项相符,应准由该县酌量给奖,所请援案优予奖叙,应毋庸议。此令。十月五日

（原载《浙江公报》第一千六百四十四号,一六页,指令）

浙江省长公署指令第　号

令高等审判厅长范贤方

呈一件为镇海县吴知事拒绝委任人员请酌予处分由

呈悉。据称"镇海县知事吴万里一再拒绝该厅委任审检所书记员李春，请酌予处分"等情。查《知事惩戒条例》第九条第一项，不服从长官依法命令者，受第三种惩戒处分。该知事对于上级官厅依法命令竟一再违抗，应照章记过一次，以示薄惩。除注册外，仰即转令知照。此令。十月六日

（原载《浙江公报》第一千六百四十四号，一六页，指令）

浙江省长公署批第四百六十五号

原具呈人温岭冯秀宝

呈一件禀不能赴诉之理由由

移转管辖，不应向本署请求，仍不准。此批。十月五日

（原载《浙江公报》第一千六百四十四号，二〇页，批示）

浙江省长公署批第四百六十六号

原具呈人象山陈烈祖等

呈一件续控陈维新等修谱灭族一案由

案据控经前巡按使核情批斥，既称具诉高审厅饬讯，着即自向请求，不得一再混渎。此批。十月五日

（原载《浙江公报》第一千六百四十四号，二〇页，批示）

浙江省长公署批第四百六十七号

原具呈人温岭孙奶头

呈一件续呈周赵兰家私存烟土一案补呈县卷由

案既控经高检厅饬县核断，着即自向诉催，毋庸歧渎。黏附。此

批。十月五日

（原载《浙江公报》第一千六百四十四号，二〇页，批示）

浙江省长公署布告第二号

为改刊浙江省长印信及启用日期由

照得省长公署文件前用"浙江都督之印"，兹改刊印信一颗，文曰"浙江省长之印"，即日启用。除分别电咨外，合行布告一体知照。特此布告。

中华民国五年十月六日

省长吕公望

（原载《浙江公报》第一千六百四十四号，二一页，布告）

省长复遂安县知事电

遂安县陈知事：冬电悉。准假两月，署务候派员代理，俟委员到后再行离署。省长。歌。印。（中华民国五年十月五日）

附　来电

省长、民政厅长均鉴：椿父病重，拟请假两月，赴京省视，署务可否先委政务主任沈寿康暂代，俾即起程，仍乞派员代理。候电示遵。遂安知事陈与椿叩。冬。印。（中华民国五年十月二日）

（原载《浙江公报》第一千六百四十四号，二一页，电）

浙江省长公署批第四百七十六号

原具呈人吕凤森

呈一件为控告鄞县看守所长管铎营私舞弊各情由

案关控告官吏，仰即遵都督府二百一十七号告示，取具确实铺

保,偕同来辕,听候询明核办。此批。切结、结存。十月七日

（原载《浙江公报》第一千六百四十五号,一九一六年十月十日,九页,批示）

浙江省长公署批第四百七十八号

原具呈人汪长至

呈一件请饬县保释由

呈悉。此案尚未据杭县知事查复到署,据呈各情,应候令催该知事迅复核夺。此批。十月七日

（原载《浙江公报》第一千六百四十五号,九页,批示）

浙江省长公署批第四百七十九号

原具呈人陈步云

呈一件请求提讯将伊子陈继足释放一案由

呈悉。查此案迭据朱樟木具呈到署,节经令行高等审判厅,饬县提同该民父子分别讯明释办各在案。据呈各情,仰候令厅转令该县知事一并秉公讯办可也。此批。十月七日

（原载《浙江公报》第一千六百四十五号,九页,批示）

吕省长致本署名誉顾问函

徐仁钊、余庆龄、叶浩吾、吴佩璜先生道鉴:

公望前以轻材,冒承大乏,乃蒙大雅不弃,许以匡扶,蹢躅冥行,幸免陨越,感荷无似。兹仍请左右为本署名誉顾问,凡关于国家大计、地方利弊,烛照所及,贻我良箴。全浙蒙庥,匪独公望一人私幸已也。临颖神驰,无任翘企。事颂①

---

① 事颂,底本如此。事,疑为"此"字之误。

台安

吕公望启

（原载《浙江公报》第一千六百四十六号，一九一六年十月十三日，九页，函牍）

浙江督军公署浙江省长公署咨复国务总理

准咨为唐督军所定官吏疏纵鸦片处分请查照施禁由

浙江督军公署、浙江省长公署为咨呈事。本月三日承准钧院咨，"以云南唐督军电，拟官吏疏纵禁种烟苗处分各办法，切实可行，咨请查照原电各节，厉行施禁"等因。承准此，查浙省烟苗业于民国三年经英使派员会勘，确已一律肃清，并准外交部电称，"已商准英使从三年六月十六日起禁运印药入浙"等因各在案。准咨前因，除通令各营、县随时查察，遇有寸株发见，立即锄拔，并将私种人民严行惩办，以儆效尤外，相应咨复。为此咨呈

国务总理

浙江督军兼署省长吕公望
中华民国五年十月九日

（原载《浙江公报》第一千六百四十七号，一九一六年十月十四日，三页，咨）

浙江督军公署训令第二六〇号
浙江省长公署训令第七二九号

令各属准国务院咨为唐督军所定官吏
疏纵鸦片处分请查照施禁由

令嘉湖镇守使、台州镇守使、警政厅、各县知事

本月三日承准国务院咨开，"准云南唐督军电，称'迭奉明令禁种烟苗，滇为著名产烟之区，亦为禁烟最难之地，改革以还，禁令文告积

牍盈尺,上年春间复经前巡按使任严定处分办法[1],督饬道、县雷厉风行,实力查办,已据报一律肃清,电请会勘。乃因道路窎远,文电迟延,部议以业过会勘时期,决定推至五年实行。及上年冬举义兴师,军务倥偬之际,边远各属难免不乘隙疏纵。大局定后,整理内政,正与任省长筹商办法,复膺兼权民政之命。每念鸦片为祸之烈及中英烟约关系之重,期限之迫,不胜焦灼,视事之初,誓以全力专注此事。现已另定《施禁办法》疏纵处分,督饬各地方官上紧严厉查禁,若有寸茎出现,立即铲除。其民俗强悍、抗铲素著之区,遴派军队分驰前往补助,倘人民抗铲,准其便宜从事,务尽本年内一律肃清。至秋末初冬,先行由省委查,倘查有寸根在土,即将该管道尹从重记过罚俸,知事、行政分治员撤任留铲,绅董、团警、土司、头人分别惩罚。本省查毕,再电请院、部照会英使派员会勘。彼时若仍有烟苗存在,道尹撤任,请付惩戒,知事以下一律以军法从事,土司革职、子侄不准承袭。若年内铲尽查明属实,亦照例请奖进级,用示鼓励。滇省铲烟非常困难,情形与各省不同,不得不因地变通,严刑以警,伏望准予照办,俾竟全功'等因。查鸦片流毒甚远,积习尤深,自非严定办法,断难扫除根株。唐督军所定官吏疏纵处分各办法,切实可行,除通咨各省外,相应咨请贵督军查照原电各节厉行施禁,以期净绝"等因。承准此,查浙省烟苗业于民国三年一律肃清,并照外交部电称,"已商准英使从三年六月十六日起禁运印药入浙"等因各在案。惟历时既久,穷乡僻壤之区难保无乘隙私种之弊,准咨前因,除咨复并分行外,合行令仰该知事即便转饬所属随时查察,遇有寸株发见,立即锄拔,并将私种人民按律惩办,以儆效尤,毋得稍涉疏忽,致干重咎,仍将查禁情形具报。此令。

督军兼署省长吕公望

---

① 前巡按使任,指任可澄,字志清,贵州安顺人。即下文任省长。

中华民国五年十月九日

（原载《浙江公报》第一千六百四十七号，四至五页，训令）

浙江督军公署训令第二七三号
浙江省长公署训令第七四九号

令文武各属为日人铃木楠雄赴苏浙等省游历令保护由①

令各厅署并通令各县

本年十月二日准江苏省公署咨开，"案据特派江苏交涉员杨晟呈称，'顷准日国总领事函，以铃木楠雄赴江苏、浙江、江西、湖南、湖北、直隶、山东游历，缮给护照请盖印前来。除将护照印发外，理合呈请察照，转饬各属，俟该日本人到境呈验护照时，照约保护'等情。据此，除训令各属保护并分咨外，相应咨请贵省长查照，希即转行各属照约一体保护"等由。准此，除分令外，合行令该　　即便转令所属一体照约保护。此令。

中华民国五年十月九日

督军兼署省长吕公望

（原载《浙江公报》第一千六百四十七号，五页，训令）

附　浙江警政厅训令第三百九十七号
令各属奉督军省长训令准江苏省公署咨日本人

铃木南雄赴江浙等处游历饬属保护由

令各警察厅、各区统部

本年十月十三日奉浙江督军公署训令第二七三号、浙江省长公署训令第七四九号，内开，"本年十月二日准江苏省公署咨开，'案据特派江苏交涉员杨晟呈称，顷准日本国总领事函，以铃

---

① 铃木楠雄，附文作铃木楠雄。

木南雄赴江苏、浙江、江西、湖南、湖北、直隶、山东游历,缮给护照请盖印前来。除将护照印发外,理合呈请察照,转饬各属俟该日本人到境呈验护照时,照约保护等情。据此,除训令各属保护并分咨外,相应咨请贵省长查照,希即转行各属照约一体保护'等由。准此,除分令外,合行令仰该厅长即便转令所属一体照约保护"等因。奉此,合行刊登《公报》,不另行文,令仰该厅长、该统带即便转令所属一体照约保护,并将该日本人入境出境日期随时具报备查。此令。

中华民国五年十月十九日

警政厅长夏超

(原载《浙江公报》第一千六百五十六号,一九一六年十月二十三日,一八页,训令)

浙江督军公署训令第二七四号
浙江省长公署训令第七四八号

令文武各属为德商制造师陶君赴闽浙等省游历令保护由

令各厅署并通令各县

本年十月二日准福建省公署咨开,"案据特派福建交涉员王寿昌呈称①,'顷准德国温领事照开,德商卵粉厂制造师陶君赴福建三都,温州、宁波各内地游历,将护照一纸送请加印给执等因前来。除将护照盖印送还,照请德国温领事转告该德商前往各处游历,不得任意测绘,并饬地方官查明保护外,理合具文呈请察核'等情。除令该管县加意保护外,相应咨请贵省长查照,希即转令所属一体照约保护"等由。准此,除分令外,合行令仰该   即便转令所属一体照约

---

① 福建交涉员,底本误作"江苏交涉员",径改。理由参见附件。王寿昌(1864—1926),字子仁,号晓斋,福州人。光绪十一年留学巴黎大学。归国后曾协助林琴南译述法国小仲马名著《茶花女》。

保护。此令。

中华民国五年十月九日

督军兼署省长吕公望

（原载《浙江公报》第一千六百四十七号，五至六页，训令）

附　浙江警政厅训令第三百八十五号

令各属奉督军省长训令准福建省公署咨德商卵粉厂

制造师陶君赴温州宁波等处游历饬属保护由

令各警厅、各区统部

本年十月十三日奉浙江督军公署训令第二七四号、浙江省长公署训令第七四八号，内开，"本年十月二日准福建省长公署咨开，'案据特派交涉员王寿昌呈称，顷准德国温领事照开，德商卵粉厂制造师陶君赴福建三都，温州、宁波各内地游历，将护照一纸送请加印给执等因前来。除将护照盖印送还，照请德国温领事转告该德商前往各处游历，不得任意测绘，并饬地方官查明保护外，理合具文呈请察核等情。除令该管县加意保护外，相应咨请贵省长查照，希即转令所属一体照约保护'等由。准此，除分令外，合行令仰该厅长即便转令所属一体照约保护"等因。奉此，合行刊登《公报》，不另行文，令仰该厅长、该统带即便转令所属一体照约保护，并将该德国人入境出境日期随时具报备查。此令。

中华民国五年十月十八日

警政厅长夏超

（原载《浙江公报》第一千六百五十六号，一九一六年十月二十三日，一七至一八页，训令）

浙江督军公署训令第二七五号
浙江省长公署训令第七四七号

令文武各属为德人恩格尔赴苏浙等
省游历令保护由

令各厅署并通令各县

本年十月二日准江苏省公署咨开，"案据特派江苏交涉员杨晟呈称，'顷准德国总领事函，以恩格尔随带手枪、猎枪各一杆，弹少许，赴江苏、浙江、福建游历，缮给护照请盖印前来。除将护照印发外，理合呈请察照，转饬各属，俟该德人到境呈验护照时，照约保护'等情。据此，除训令各属保护并分咨外，相应咨请贵省长查照，即希转行各属照约一体保护"等由。准此，除分令外，合行令仰该　　即便转令所属一体照约保护。此令。

中华民国五年十月九日

督军兼署省长吕公望

（原载《浙江公报》第一千六百四十七号，六页，训令）

附　浙江警政厅训令第三百八十一号
令各属奉督军省长训令准江苏省公署咨德人
恩格尔赴江浙等处游历饬属保护由

令各警厅、各区统部

本年十月十三日奉浙江督军公署训令第二七五号、浙江省长公署训令第七四七号，内开，"本年十月二日准江苏省公署咨开，'案据特派江苏交涉员杨晟呈称，顷准德国总领事函，以恩格尔随带手枪、猎枪各一杆，子弹少许，赴江苏、浙江、福建游历，缮给护照请盖印前来。除将护照印发外，理合呈请察照，转饬各属，俟该德人到境呈验护照时照约保护等情。据此，除训令各属保护并分咨外,相应咨请贵省长查照,希即转行各属照约一体保护'等由。准此,除分令外,合行令仰该厅长即便转令所属一体照约保护"等因。奉此,合行刊登《公报》,不另行文,令仰该厅长、该统带即便转令所属一体照约保护,并将该德国人入境出境日期随时具报备查。此令。

警政厅长夏超

中华民国五年十月十八日

（原载《浙江公报》第一千六百五十五号,一九一六年十月二十二日,一七页,训令）

浙江督军公署训令第二七六号
浙江省长公署训令第七四六号

令文武各属为葡人瓦立维拉赴苏浙等
省游历令保护由

令各厅署并通令各县

本年十月二日准江苏省公署咨开,"案据特派江苏交涉员杨晟呈称,'顷准葡国总领事函,以瓦立维拉赴江苏、浙江、安徽游历,缮给护照请盖印前来。除将护照印发外,理合呈请察照,转饬各属,俟该葡人到境呈验护照时照约保护'等情。据此,除训令各属保护并分咨外,相应咨请贵省长查照,希即转行各属照约一体保护"等由。准此,除分令外,合行令仰该　　即便转令所属一体照约保护。此令。

中华民国五年十月九日

督军兼署省长吕公望

（原载《浙江公报》第一千六百四十七号,七页,训令）

附　浙江警政厅训令第三百八十三号
令各属奉督军省长训令准江苏省公署咨葡人
瓦立维拉赴江浙等省游历饬属保护由

令各警厅、各区统部

本年十月十三日奉浙江督军公署训令第二七六号、浙江省长公署训令第七四六号,内开,"本年十月二日准江苏省公署咨开,'案据特派江苏交涉员杨晟呈称,顷准葡国总领事函,以瓦立维拉赴江苏、浙江、安徽游历,缮给护照请盖印前来。除将护照印发外,理合呈请察照,转饬各属,俟该葡人到境呈验护照时,照约保护等情。据此,除训令各属保护并分咨外,相应咨请贵省长查照,希即转行各属照约一体保护'等由。准此,除分令外,合行令仰该厅长即便转令所属一体照约保护"等因。奉此,合行刊登《公报》,不另行文,令仰该厅长、该统带即便转令所属一体照约保护,并将该葡国人入境出境日期随时具报备查。此令。

中华民国五年十月十八日

警政厅长夏超

(原载《浙江公报》第一千六百五十六号,一九一六年十月十月二十三日,一六至一七页,训令)

浙江督军公署训令第二七七号
浙江省长公署训令第七五〇号

令文武各属为义人卡特班赴苏浙游历令保护由

令各厅署并通令各县

本年十月二日准江苏省公署咨开,"案据特派江苏交涉员杨晟呈称,'顷准义国总领事函,以卡特班随带洋枪三枝、子弹一千粒,赴浙江、安徽游历,缮给护照请盖印前来。除将护照发外,理合呈请察照,转饬各属,俟该义人到境呈验护照时,照约保护'等情。据此,除训令各属保护并分咨外,相应咨请贵省长查照,希即转行各属照约一体保护"等由。准此,除分令外,合行令仰该　　即便转令所属一体照约保护。此令。

中华民国五年十月九日

督军兼署省长吕公望

(原载《浙江公报》第一千六百四十七号,六至七页,训令)

附　浙江警政厅训令第三百八十四号

令各属奉督军省长训令准江苏省公署咨义国人
卡特班赴江浙等省游历饬属保护由

令各警厅、各区统部

本年十月十三日奉浙江督军公署训令第二七七号、浙江省长公署训令七五〇号,内开,"本年十月二日准江苏省公署咨开,'案据特派江苏交涉员杨晟呈称,顷准义国总领事函,以卡特班随带洋枪三枝、子弹一千粒,赴江苏、浙江、安徽游历,缮给护照请盖印前来。除将护照印发外,理合呈请察照,转饬各属,俟该义人到境呈验护照时,照约保护等情。据此,除训令各属保护并分咨外,相应咨请贵省长查照,希即转行各属照约一体保护'等由。准此,除分令外,合行令仰该厅长即便转令所属一体照约保护"等因。奉此,合行刊登《公报》,不另行文,令仰该厅长、该统带即便转令所属一体照约保护,并将该义国人入境出境日期随时具报备查。此令。

中华民国五年十月十八日

警政厅长夏超

(原载《浙江公报》第一千六百五十六号,一九一六年十月二十三日,一七页,训令)

吕省长致本署谘议官郁振域刘世荣章彬程天邃
徐宪章吴承斋金继扬姜桐轩周籀张孟定马振中函

敬启者。查前军政府所设谘议、顾问等职,系专为集思广益、藉备咨询起见,公望继任以来,绠短汲深,幸免陨越,前筹借箸,拜惠实多。惟吾浙财政状况支绌万分,现当编制六年度预算之时,一切政费不敷甚巨,并据省议会建议将顾问、谘议改为名誉职等情前来,所有本署谘议、顾问自不得不分别裁改,兹定于十月一日起实行。景仰高山,縈维无术。嗣后关于国家大计、地方利弊,如有所见,仍希随时敷陈,藉匡不逮,区区之心,还祈共谅。特此通告。敬请
台安

吕望公谨启

(原载《浙江公报》第一千六百四十七号,八页,函牍)

浙江省长公署咨省议会

为查案答复咨送陈议员等水产制纸
巡回讲演事项质问书由

浙江省长公署为咨复事。案准贵会咨送议员陈振椒等提出关于水产巡回宣讲及改良制纸巡回讲演事项质问书一件。准此,查宁、温、台三属水产讲习会于民国三年三月间奉农商部令行筹设,由前行政公署订定简章公布,并于是年六月及四年四月先后委任现充省立甲种水产学校校长、日本水产讲习所毕业生赵楣及直隶水产学校毕业生徐金南、方宝清等分任巡回教授员,嗣以赵楣调充校长,所遗宁会巡回教授员缺,暂以台会方宝清兼任,并不加给薪水。其巡回讲演处所指定各会所属渔区,除渔汛外,轮流前往,用讲演法教授,兼发油印白话讲稿,以补讲演所不及,并备有幻灯及关于水产各影片,唤起渔民之注意。又于教授之余,兼事调查,只以各处渔民僻居海滨,知

识过于幼稚,成效未能大著。至改良制纸巡回讲演,因本省产纸区域多系山僻,原定办法兼事试验,虑有窒碍,且各地槽户工人又不若渔民,于渔汛外无所事事,可赴听讲,虽列预算,迄未实行。准咨前因,相应查案,并照录现行各水产讲习会简章及预算各一份,咨复贵会查照。此咨

浙江省议会

计附录各水产讲习会现行简章及预算各一份。

浙江省长吕公望
中华民国五年十月九日

(原载《浙江公报》第一千六百四十八号,一九一六年十月十五日,一一页,咨)

浙江省长公署委任令第二十三号

令杨钦琦等为本署各科科员由

令本署内务科一等科员、总务科二等科员、教育科三等科员、实业科四等科员杨钦琦等

查有该员堪以委任本公署内务科一等科员、总务科二等科员、教育科三等科员、实业科四等科员,月薪照旧支给。合行令委,仰即继续任事。此令。

中华民国五年十月七日
省长吕公望

(原载《浙江公报》第一千六百四十八号,一二页,训令)

浙江省长公署委任令第二十四号

令富光年等为视学员由

令视学员富光年、程钟裕、陈咏琴、谢师枋

查有该员堪以委任为视学员,月薪照旧支给。合行令委,仰即继

续供职。此令。

中华民国五年十月七日

省长吕公望

（原载《浙江公报》第一千六百四十八号，一二页，训令）

浙江省长公署委任令第二十五号

令钮翔青等为矿务技术调查员由

令矿务技术员钮翔青、矿务调查员陈廷维

查有该员堪以委任为矿务技术员、矿务调查员，月薪照旧支给。合行令委，仰即继续任事。此令。

省长吕公望

中华民国五年十月七日

（原载《浙江公报》第一千六百四十八号，一二至一三页，训令）

浙江省长公署指令第一千五百七十九号

令高等检察厅长殷汝熊

呈一件於潜县呈报陆乌毛被张元有枪伤殒命勘验情形由

呈暨格结均悉。已死陆乌毛，既据验明委系生前枪伤毙命，应即迅行分别咨饬营警，将凶犯张元有等上紧侦缉，务获究报，仰高等检察厅转令遵照。再，此等案件率已分呈该厅存案，嗣后原呈应概不抄发，以省手续，仰并知照。此令。格结存。十月九日

（原载《浙江公报》第一千六百四十八号，一九页，指令）

浙江省长公署指令第一千五百八十一号

令警政厅长夏超、高等检察厅长殷汝熊

呈一件转报内河水警六队获盗张毛头解县讯办情形由

呈悉。盗犯张毛头即缸口毛头，既据缉获送交桐乡县讯办，仰高

等检察厅转饬该县知事迅行研讯确情,依法起诉,其两案逸犯并应由县究讯主名,分别咨饬营警严密缉拿务获究报,毋任漏网,切切。此令。呈抄发。十月九日

(原载《浙江公报》第一千六百四十八号,一九页,指令)

浙江省长公署批第四百八十号

原具呈人义乌楼宝袋

呈一件呈请取销通缉一案由

呈悉。查此案前据高等检察厅呈复,当经批令转饬现任义乌知事秉公查明该民究竟有无为匪情事,具复核夺在案,现尚未据复到。据呈各情,仍候令行该厅转令该县知事迅行查复核夺可也。此批。十月九日

(原载《浙江公报》第一千六百四十八号,二〇页,批示)

浙江省长公署批第四百八十一号

原具呈人张锦文等

呈一件控沈逸波诈欺粮户浮收肥己请澈查由

据呈是否属实,候令行高等审判厅饬县秉公查明办理具报。此批。单、结均存。十月九日

(原载《浙江公报》第一千六百四十八号,二〇页,批示)

浙江省长公署批第四百八十二号

原具呈人周正杼

呈一件呈明伊兄周正熺暗杀确系李春馥主谋由

呈暨抄件均悉。查此案迭据该员暨江山县议员徐钲等、前警佐李春馥、尸妻方周氏、江山程知事先后电呈,业经令行高等检察厅将李春馥先行扣留,并派员驰往查办各在案。据呈前情,仍候

令厅转令委员澈查,依法办理具复核夺可也。此批。附件存。十月九日

（原载《浙江公报》第一千六百四十八号,二〇页,批示）

浙江省长公署通告

建德县知事夏曰璈呈报,于本月四日遵令起程晋省面禀要公,职务委警佐高崇善暂代。

（原载《浙江公报》第一千六百四十八号,二三页,通告）

浙江省长公署训令第七百五十号

令农事试验场等发农业报告书由

令农事试验场、各县知事、省农会、甲种蚕业学校、甲种农业学校、甲种水产业学校

案准农商部咨开,"查世界农业之发达,首推美国,日新月异,精进靡已。去年该国开办巴拿马博览会,农业尤所注重。吾国以农立国,正可藉资取法。本部前派技正章祖纯赴会襄办,兼事调查,所编《农业报告书》现已刊印成书,检送查照,即希饬发所属各项农业机关以备参考"等由,并先后附送《报告书》共一百册到署。准此,除分行外,合亟令发《报告书》一册,仰该知事查照转发该县农会/该校长查照/该场长查照/该会查照参考。此令。

附发《报告书》一册。另寄。

中华民国五年十月十三日

省长吕公望

（原载《浙江公报》第一千六百四十九号,一九一六年十月十六日,五页,训令）

浙江省长公署训令第七百六十号

令各县知事准农商部咨请饬属查报
美国丕尔斯条问池塘蓄鱼各节由

令各县知事

案准农商部咨开,"据江苏省教育会函称,'准江苏省立水产学校函称,顷接美国惠新康斯大学动物学正教授丕尔斯函开,贵国佃农有以池塘蓄鱼之习,敝邦政府渔业局以其历世既久,必有可观,因命下走前往考察,期资取法。仆拟明年(一九一七)九、十月间来贵国研究此池塘蓄鱼之法,先开数事函询到校。为特函恳贵会探询示复,并抄丕尔斯原条问一纸到会。敝会对于此事不甚详悉,为特函陈,敬乞俯赐查照,将丕尔斯所询各条示复'等情到部。查吾国池塘养鱼,自昔所著,明年美国渔业局拟派丕尔斯前来中国研究养鱼方法,相应咨行贵省长查照,转饬各道、县将丕尔斯原开条问详细查明报部,以便转复等因,并附抄丕尔斯原条问一纸"到署。除分行外,合亟照抄附件,令仰该知事迅行切实查明,限文到十五日内列摺具复,以凭汇案转咨。此令。

计附抄件。

中华民国五年十月十三日

省长吕公望

照抄丕尔斯君原条问

贵国何处农民池塘蓄鱼最盛,何处最佳,以往何处考察为最宜,寓处、伙食等事应如何筹备。

(原载《浙江公报》第一千六百四十九号,五至六页,训令)

浙江省长公署训令第七百六十一号①

令东阳县知事准内务部咨复该县请拨
山川坛旧址筹办苗圃应准拨用由

令东阳县知事俞景朗

案准内务部咨称，"据东阳县知事张寅详请拨用城南山川坛旧址四围荒地一十亩零五分，筹办苗圃等情，应请核准拨用，以重林政。除分咨财政部外，检同图说咨陈大部，请烦核复等因到部。准此，查浙省各属县请拨官荒基地筹设苗圃者，迭经本部核准拨给有案。此次东阳县知事所请，事同一律，应即准其拨用，相应咨复查照。此咨"等由。准此，合行令仰该知事查照办理。此令。

中华民国五年十月十三日

省长吕公望

（原载《浙江公报》第一千六百四十九号，六页，训令）

浙江省长公署训令第七百六十二号

令发省立第三苗圃编送《植树浅说》由

令旧金华道属各县

案查省立第三苗圃圃长徐一亨前以"考察本属，山民于种树类多漠视，皆由昧于方法，若仅令领种本圃分发苗木，仍恐无善果可期，拟将种树编成《浅说》呈请分发旧金华道属各县，广为劝导"等语，呈奉前民政厅指令准予印刷成帙，送请分发在案。兹据前民政厅转呈第三苗圃圃长徐一亨呈"送印就《种树浅说》共计一百五十二本，请予分发，并声明本圃经费有限，所印《浅说》无多，拟请饬县广为重印，以期普及"各等情前来。除指令并分行外，合亟检同《种树浅说》令仰该知

---

① 此通训令，又以第七百十六号编行，事由、内容完全相同，两天之后重复刊登于《浙江公报》第一千六百五十二号，四页，因此后者不再收录。

事遵办。此令。

计附发《种树浅说》八本。另寄。

中华民国五年十月十三日

省长吕公望

（原载《浙江公报》第一千六百四十九号，七页，训令）

浙江省长公署训令第七百六十三号

令警政厅各县知事为外人招募华工如确系雇充
工人应随时具报外交内务农商三部核准由

令警政厅长、各县知事

本月九日准国务院华密佳电开，"近来外人招募华工，时有所闻，如确系雇充工人，事属可行，惟须随时详报外交、内务、农商三部核准，希即转饬所属一体知照"等由。准此，除分令外，合行刊登《公报》，不另行文，仰该厅长、该知事遵照办理。此令。

中华民国五年十月十三日

省长吕公望

（原载《浙江公报》第一千六百四十九号，七页，训令）

浙江省长公署训令第七百六十四号

令高审检厅为奉令任命本省高等审判厅长范贤方
为广东高等审判厅长高等检察厅检察长
殷汝熊为湖南高等审判厅长由

令高等审判厅长范贤方、高等检察厅检察长殷汝熊

本月十日准司法部佳电开，"八日奉大总统令，浙江高等检察厅检察长王天木着免职，另候任用。同日奉令，任命陶思曾署浙江高等检察厅检察长各等因，已电湘省长转令该员迅速赴任，特闻"。又，同日准司法部佳电开，"八日奉大总统令，任命范贤方署广东高等审判

厅长,殷汝熊署湖南高等审判厅长,希转令迅赴新任"各等由。准此,除令检察长、审判厅长外,合行令仰该厅长、该检察长遵照。此令。

中华民国五年十月十三日

省长吕公望

(原载《浙江公报》第一千六百四十九号,七至八页,训令)

附 北京司法部来电两道

吕兼省长鉴:八日奉大总统令,"浙江高等检察厅检察长王天木着免职,另候任用",同日奉令,"任命陶思曾署浙江高等检察厅检察长"各等因,已电湘省长转令该员迅速赴任。特闻。司法部。佳。印。(中华民国五年十月九日)

吕兼省长鉴:八日奉大总统令,"任命范贤方署广东高等审判厅长,殷汝熊署湖南高等审判厅长",希转令迅赴新任。司法部。佳。印。

(原载《浙江公报》第一千六百四十九号,一一页,电)

浙江省长公署指令第 号

令交涉署署长林鹍翔

呈一件为请转咨追缴屯溪东亚药房欠款由

呈、单均悉。候转咨安徽省长,得复后再行令知可也。此令。单存。十月 日

(原载《浙江公报》第一千六百四十九号,九页,指令)

浙江省长公署指令第一千五百七十六号

令高等检察厅长殷汝熊

呈一件为呈报各县监所烟赌人犯拟令自备口粮由

准如所拟办理。惟烟犯自备口粮,易滋弊混,应由各管狱员督率

看守员役随时认真稽察,仰即转饬该县暨通令各县知事一体遵照。此令。十月十二日

（原载《浙江公报》第一千六百四十九号,九页,指令）

附　浙江高等检察厅训令第六百三十八号

令各属为变通囚粮由

令杭、鄞地检厅长,杭监典狱长,七十三县知事

案据黄岩县知事、专审员、管狱员会同呈请变通囚粮办法等情,当经本厅以"该知事等所请,令烟、赌两项人犯自备口粮,系为撙节经费、惩禁兼施起见,事尚可行,据情呈请省长核示"在案。兹奉省长第一五七六号指令,内开,"准如所拟办理。惟烟犯自备口粮,易滋弊混,应由各管狱员督率看守员役随时认真稽察,仰即转饬该县暨通令各县知事一体遵照。此令"等因。奉此,除转令黄岩县外,合行附抄原呈编报,通令该厅长、该典狱长、该知事一体遵照办理,并于造报囚粮时在备考栏内注明自备口粮人数,以凭稽考,切切。此令。

中华民国五年十月十八日

高等检察厅长殷汝熊

附　原呈

呈为各县监所烟、赌人犯拟令自备口粮据情转令鉴核示遵事。

案据黄岩县知事兼检察官汤赞清、首席专审员陈景元、管狱员崔铭呈称,"案奉令发监狱、看守所预算表,令自审检所成立后一律奉行等因。奉查黄邑监犯盗窃居多,即按现有人数实已超过预算,不特无可疏通,且将有加无已,既不能因噎废食,即难以无米为炊。所有困难情形,节经赞清陈请实支实销在案。兹奉缩减预算,更觉枯窘,再四会商,实难勉副,似不得不将囚粮支给

方法酌拟变通。查羁押人犯除民事向多自备饭食不计外,其刑事烟、赌两项不但浪费宜惩,且非贫窭可比,盖生计何等艰绌,犹嗜樗蒲,烟价如此贵昂,尚甘鸩毒,是峻罚之且不为苛。如在押必由公家膳养,似转顺其倚赖惰性,释出仍难期改良,此种罪犯,口粮拟一律令其自备,以示惩儆,详情示遵"等情到厅。据此查《拘押民事被告人暂行规则》第十三条之规定,管收人费用由败诉人负担,举凡民事案内之管收人,本不应支给口粮,虚糜公帑,犯鸦片烟之种运售吸诸罪者,从重惩治,已奉明令。赌博为害不恶于鸦片烟①,惩办亦不容稍宽。所请烟、赌两项人犯令其自备口粮,系为撙节经费、惩禁兼施起见,似尚可采。惟不问犯人究竟是否实系贫困不能自给,概令自食,亦有未妥,应酌量犯人生活程度,如实不能自备者,仍由监狱给与,庶几于节省经费之中仍寓矜恤之意。是否有当,理合据情转呈,仰祈钧长鉴核俯赐批示祗遵,深为公便。再,此案如蒙准行,拟由职厅通令各县一体照办,合先声陈。谨呈。

（原载《浙江公报》第一千六百五十七号,一九一六年十月二十四日,九至一〇页,训令）

附　浙江高等检察厅训令第八百一十九号
令各属奉令为嗣后各监所烟赌人犯责令自备口粮由

令杭地方检察厅、鄞地方检察厅、杭县监狱、各县知事（除杭、鄞两县）

案查各监所烟、赌人犯拟令自备口粮,呈奉省长指令照准,业经抄录呈稿登载十月二十四日《浙江公报》通令遵办在案。是项人犯于衣食之外,犹有余资从事烟赌,责令自备口粮,寓节省

---

① 不恶,疑为"不亚"之误。

于惩儆之中,实一举而两善皆备。惟各该监所造送囚粮一览表,向无案由,如仅于"备考"栏内注明人数过于简单,不易稽核,合再拟定表式登报,通令该厅长、该典狱长、该知事查照依式造表一份,连同送部犯粮一览表送候备核,毋稍违延,切切。此令。

附发表式二份。

中华民国五年十一月二日

高等检察厅长殷汝熊

某某县监狱民国五年十月分监犯一览表							
姓名	籍贯	案由	刑期	收监月日	释放日期	本月在监日数	备考

某某县看守所民国五年十月分押犯一览表					
姓名	籍贯	案 由	收所月日	本月在所日期	备 考

(原载《浙江公报》第一千六百七十三号,一九一六年十一月九日,一三至一四页,训令)

浙江省长公署通告

前任天台县知事田泽勋呈报,于本月一日卸交,现任知事蒋恦如接署。

(原载《浙江公报》第一千六百四十九号,一二页,通告)

浙江省长呈大总统

据高检厅呈为浙省检察经费拟恳援例流用乞鉴核转呈由

呈为浙省检察经费拟请准予流用以资挹注,仰祈钧鉴事。

　　窃据高等检察厅检察长殷汝熊详称，"查浙省各级检察厅暨各看守所五年度预算，仍照四年下半年原案办理，其各厅经费第一项俸给、第二项办公，搏节动用，尚可勉就范围；惟第三项杂费，将调查、拘传等款一并列入，所列之数又因经费困难过从节省，于事实上本不相符，是项费用因案发生，未便以度支艰窘停止进行，是以每月结算，恒多超逾。杭地检厅，三、四年度及本年上半年一、二两项结存，解由职厅转解金库，三项不敷之款，现于司法收入挪垫，既不敢违例请销，又无从设法弥补，拘守成文，实多窒碍。至看守所口粮，近因人数渐增，溢额甚巨，此则计口授食，更属不容短少。种种为难，匪可言状。兹拟援照《会计法》第十六条之规定，及奉天、湖北、安徽等省呈准流用司法经费之成案，请将本省检察经费概算定额各项互相流用，以甲项通融乙项，以上月捃注下月，并以厅款之盈余移补犯粮之不足，仍将流用原由，于编造决算案内逐款说明，便于稽核。似此变通办理，庶可稍事补苴，司法前途不无裨益。理合呈请鉴核转呈"等情。据此，伏查浙省检察经费因原定预算过从节省，该检察长所陈各节，系属实在情形，既有奉天、湖北等省成案可援，核与《会计法》第十六条"但书"之规定，亦无不合，应请准予流用，藉资捃注。所有浙省检察经费拟请援案流用缘由理合呈乞大总统鉴核训令施行。谨呈

大总统

浙江省长吕公望
中华民国五年十月十四日

（原载《浙江公报》第一千六百五十号，一九一六年十月十七日，七页，呈）

浙江督军公署训令第二百六十六号[①]

令各厅转饬各属奉大总统令台州镇守使
移驻宁波改称宁台镇守使由

令财政厅长莫永贞、高等审判厅长范贤方、高等检察厅长殷汝熊、警政厅长夏超

本月六日接京电奉大总统令："浙江台州镇守使著移驻宁波，改称宁台镇守使，此令。""任命顾乃斌为宁台镇守使。此令"等因。奉此，除令该镇守使遵照并分别行知外，合行令仰该厅长并转行所属一体知照。此令。

中华民国五年十月　日

都督吕公望

附　浙江财政厅训令第六百三十三号

令各属奉督军训令台州镇守使移
驻宁波改称宁台镇守使由

令各公卖分局、各统捐局、各特别捐局、各官营产事务所、各沙地事务所

本月九日奉督军署训令第二六六号内开，"本月六日接京电奉大总统令：'浙江台州镇守使著移驻宁波，改称宁台镇守使，此令。''任命顾乃斌为宁台镇守使。此令'等因。奉此，除令该镇守使遵照并分别行知外，合行令仰该厅长并转行所属一体知照。此令"等因。奉此，合行令仰该局长、该所长知照。此令。

财政厅长莫永贞

---

① 本文由浙江财政厅训令第六百三十三号析出。

中华民国五年十月十四日

（原载《浙江公报》第一千六百五十一号，一九一六年十月十八日，七页，训令）

浙江督军公署训令第二六七号
浙江省长公署训令第七七一号

令各属准江苏省长咨葡人张蕙史等来浙游历由

令交涉署长、温州交涉员、宁波交涉员、宁警厅长、警政厅长、暂编第一师长、暂编第二师长、暂编混成旅长、嘉湖镇守使、台州镇守使、各县知事

本年十月三日准江苏省公署咨开，"案据特派江苏交涉员杨晟呈称，'顷准葡国总领事函，以张蕙史、文秉朝各带擎猎枪两枝，子弹一千粒，赴江苏、浙江、安徽游历，缮给护照请盖印前来。除将护照印发外，理合呈请察照，转饬各属，俟该商人到境呈验护照时，照约保护'等情。据此，除训令各属保护并分咨外，相应咨请贵省长查照，希即转行各属照约一体保护"等由。准此，除分令外，合行令仰该 即便转令所属一体照约保护，并将该商人入境出境日期呈报备查。此令。

中华民国五年十月十四日

督军兼署省长吕公望

（原载《浙江公报》第一千六百五十号，八页，训令）

浙江督军公署训令第二六八号
浙江省长公署训令第七七〇号

令各属准江苏省长咨日人佐佐布质直来浙游历由

令交涉署长、温交涉员、宁交涉员、宁警厅长、警政厅长、暂编第一师长、暂编第二师长、嘉湖镇守使、台州镇守使、暂编混成

旅长、各县知事

本年十月三日准江苏省公署咨开，"案据特派江苏交涉员杨晟呈称，'顷准日本国总领事函，以佐佐布质直赴江苏、江西、浙江、安徽、山东、直隶、湖南、湖北游历，缮给护照请盖印前来。除将护照印发外，理合呈请察照，转饬各属，俟该日本人到境呈验护照时，照约保护'等情。据此，除训令各属保护并分咨外，相应咨请贵省长查照，希即转行各属照约一体保护"等由。准此，除分令外，合行令仰该

即便转令所属一体照约保护，并将该日人入境出境日期呈报备查。此令。

中华民国五年十月十四日

督军兼署省长吕公望

（原载《浙江公报》第一千六百五十号，八至九页，训令）

浙江督军公署训令第二六九号
浙江省长公署训令第七六九号

令各属准江苏省长咨日人岩田虎一来浙游历由

令交涉署长、温交涉员、宁交涉员、宁警厅长、警政厅长、暂编第一师长、暂编第二师长、嘉湖镇守使、台州镇守使、暂编混成旅长、各县知事

本年十月三日准江苏省公署咨开，"案据特派江苏交涉员杨晟呈称，'顷准日本国总领事函，以岩田虎一赴江苏、浙江、安徽、湖北、广东、河南、山东、直隶游历，缮给护照请盖印前来。除将护照印发外，理合呈请察照，转饬各属，俟该日本人到境呈验护照时照约保护'等情。据此，除训令各属保护并分咨外，相应咨请贵省长查照，希即转行各属照约一体保护"等由。准此，除分令外，合行令仰该　　即便转令所属一体照约保护，并将该日人入境出境日期呈报备查。此令。

中华民国五年十月十四日

督军兼署省长吕公望

（原载《浙江公报》第一千六百五十号，九页，训令）

浙江督军公署训令第二七〇号
浙江省长公署训令第七六八号

令各属准江苏省长咨日人盐岛美雄来浙游历由

令交涉署署长、温州交涉员、宁波交涉员、各县知事、宁波警察厅、警政厅厅长、暂编第一师师长、暂编第二师师长、暂编混成旅旅长、嘉湖镇守使、台州镇守使

本年十月三日准江苏省公署咨开，"案据特派江苏交涉员杨晟呈称，'顷准日本国总领事函，以盐岛美雄赴江苏、浙江游历，缮给护照请盖印前来。除将护照印发外，理合呈请察照，转饬各属，俟该日本人到境呈验护照时，照约保护'等情。据此，除训令各属保护外，相应咨请贵省长查照，希即转行各属照约一体保护"等由。准此，除分令外，合行令仰该　　即便转令所属一体照约保护，并将该日人入境出境日期呈报备查。此令。

督军兼署省长吕公望

中华民国五年十月十四日

（原载《浙江公报》第一千六百五十号，九至一〇页，训令）

浙江省长公署训令第七百六十七号

令嵊县知事据前民政厅核复该县条陈关于警政各节由

令嵊县知事

案据前民政厅呈复本署令发核议该县条陈地方兴革事宜一案，关于警务各节，内称"该条陈所称所长另设专员，归县监督一节，现在政局业经统一，改革警察官制，拟请即予咨明中央政府采择。至警佐由县知事荐任，万难照行"各等语。据此查此案前经本署饬核议，

并行知该县在案。兹据前情,本署复加察核,除所长一职事关官制,应俟中央修改公布,毋庸专咨外,其余应即如议办理,合亟抄呈,令知该县遵照。此令。

计发抄呈。

中华民国五年十月十三日

省长吕公望

(原载《浙江公报》第一千六百五十号,一〇页,训令)

浙江省长公署训令第七百七十三号

令镇海县准交通部咨将虞和德所办
电话交由该处电局管有由

令镇海县知事吴万里

案准交通部咨开,"案查虞绅和德所办镇海北乡电话,自团桥至江北岸一线,确与原案不符一案,迭经本部电咨前浙江巡按使转饬停止工作,暨勒令撤线,或照该绅所请将所有材料估价收回各在案。嗣准前浙江巡按使咨开,据会稽道尹详称,转据该绅复称,'和德所设电话,与地方至有关系,倘若撤去,一旦有事,呼应不灵,与地方治安大有窒碍',请求本部批准所有线路永远存在,始遵照部饬给价收回,并开送材料工程清册到部。查私设电话之通信范围,本限于一定之区域,如有违反,按照《电信条例》第十九条,应没收其杆线及机器。该绅所办电话于禀准区域之外,擅设团桥至江北岸一线,实已触犯《电信条例》第十九条之规定,本部前咨所以有给价收买之说者,为顾全地方交通起见,勉从该绅之请。乃查册开材料工程等价,须银四千六百九十一两零、洋一千八百九十元零,价值太昂,未便收买,其与原案不符之线,亦未便诿之地方治安,置之不问。兹为变通办理起见,将该绅所办电话交与该处电局管有,庶于地方交通、本部定章两无妨碍。否则惟有按照《条例》咨请令知该县执行,相应咨请查照令遵"等因。准此,合就令行该知事仰即转行该电局暨该绅遵照办理具报。此令。

中华民国五年十月十三日

省长吕公望

(原载《浙江公报》第一千六百五十号,一〇至一一页,训令)

浙江省长公署训令第七百七十四号

令警政厅杭县等三县保护华商顾敬记长康汽船由

令警政厅,杭县、嘉兴、吴兴等县公署

案准交通部咨开,"据江海关监督呈称,'准税务司函,以华商顾敬记有长康汽油船一只,备具呈式,请注册给照等因,理合呈部察核'等情。查该轮航线起苏州讫杭州,经过嘉兴、湖州,核与定章尚无不合,除由本部注册填就执照一纸,发交该监督转给承领暨分行外,相应咨请查照,希即分令各该属随时保护,实纫公谊"等因。准此,除分令外,合就令仰该厅长转令该管水警、该知事妥为保护。此令。

中华民国五年十月十三日

省长吕公望

(原载《浙江公报》第一千六百五十号,一一至一二页,训令)

浙江省长公署训令第七百七十五号

令警政厅嘉善等五县保护华商时和公司年丰小轮由

令警政厅,嘉善、平湖、海盐、嘉兴、桐乡等县公署

案准交通部咨开,"据江海关监督呈称,'准税务司函,以华商时和公司之年丰小轮改变航线,备具呈式,呈缴旧照,请注册换照等因,理合将呈式、旧照呈送察核'等情到部。查轮改驶航线起上海讫西塘,经过松江、平湖、新仓、海盐、嘉兴、濮院等处,尚无不合,除由本部涂销旧照准予注册,填给新照发交江海关监督转给承领,并分咨江苏省长

外，相应咨请查照，分令各该属随时保护，实纫公谊"等因。准此，除分令外，合就令仰该厅长转令该管水警、该知事妥为保护。此令。

中华民国五年十月十三日

省长吕公望

（原载《浙江公报》第一千六百五十号，一二页，训令）

浙江省长公署训令第七百七十六号

令警政厅嘉善县保护华商孙顺昌号昌顺小轮由

令警政厅、嘉善县公署

案准交通部咨开，"据江海关监督呈称，'准税务司函，华商孙顺昌号昌顺小轮变更航线，备具呈式，请注册换照，并缴旧照等因，理合将送到呈式、旧照呈部核办'前来，并据该商禀缴册照费到部。查该轮改驶航线起嘉善讫芦墟镇，经过西塘，除由本部涂销旧照，另注新册，填就执照一纸发交该监督转给承领暨分咨外，相应咨请查照，分令各该属保护，至纫公谊"等因。准此，除分令外，合就令仰该厅长转令该管水警、该知事妥为保护。此令。

中华民国五年十月十三日

省长吕公望

（原载《浙江公报》第一千六百五十号，一二至一三页，训令）

浙江省长公署训令第七百七十七号

令余杭等县为准内务部咨请将地方警察
传习所学员回籍旅费提前解部由

令余杭、义乌、遂安、松阳、龙游、武康、长兴县知事

案查该县应解浙省选送地方警察传习所学员薪津，业经前民政厅以六百六十三号训令限文到三日内解厅汇转在案。现在该厅业经改组，前项学员薪津并准部咨催解，合再令仰该县迅即查照民政厅训

令克日径解本署，以凭汇解，毋得相延。此令。

中华民国五年十月十三日

省长吕公望

（原载《浙江公报》第一千六百五十号，一三页，训令）

浙江省长公署训令第七百八十五号

令警政厅永嘉县奉督军咨郑炳垣眷属上年
在永嘉县属被劫一案请令勒限严缉由

令警政厅厅长、永嘉县知事

案准督军署咨开，"案据暂编浙江混成旅旅长俞炜呈称，'据职旅第二团团长郑炳垣呈称，窃职父希漳于上年十月十九日由青田原籍挈眷来杭，途经永嘉县六埠江口，被盗持械抢劫衣饰、银洋等约值五百余金，由职呈蒙前将军朱，暨职弟炳枢禀蒙前巡按使屈，严饬永嘉县协营勒限务获在案。查永嘉之六埠江口，实为旧处属船舶所必经过之区，该匪胆敢结伙多人，鸣枪抢劫，实属目无法纪。况该匪于遗弃盗船内曾遗有居民托寄信件一纸，载有姓名、地址及船户姓名，又遗用雨伞一把，亦刊明姓名，均由外海水上警察第九署署长收存备案。设使官厅实使侦查之手续，自应不难破获真盗。乃延隔多时，案如冰搁，非特职损失银洋物件难望追还，并恐盗胆益张，盗风益炽，如此商埠，势成畏途，实为治化攸关。再四思维，惟有呈请钧部转呈，严令永嘉知事暨外海水上警察第九署迅将是案盗匪勒限弋获，按律惩治，俾还原赃等情到旅。据此，除指令外，理合呈请钧署转咨，实为公便'等情。据此，除以'呈悉。仰候咨请省长公署转令严缉，并仰转令知照'等语指令外，相应备文咨请贵省长，希即查照转令永嘉知事暨水上警察第九署勒限严缉，讯办追赃，足纫公谊。此咨"等因。准此，查此案经前巡按使署迭限破获，并准悬赏购缉在案。兹准前因，除分令外，合行令仰该厅长转令该管队长迅即会县督属、该知事从速会同该管水警队长认真侦缉,务将案内盗犯及未获原赃克获具报,毋得再延,致干未便,切切。此令。

中华民国五年十月十四日

省长吕公望

(原载《浙江公报》第一千六百五十号,一三至一四页,训令)

浙江省长公署指令第一千五百九十二号

令永嘉县知事郑彤雯

呈一件据该县呈复前民政厅振兴蚕桑

办法并送预算书清册由

呈及附件均悉。该县郭前知事支给模范桑园经费银一百二十元①,本公署无案可稽,仰即录报备核。余拟办法,均尚切实可行,应准照办。附件存。此令。十月十三日

附 永嘉县公署垫款购运桑秧分配

各区种植计年课效办法

一、分区布种。永邑共有自治区,全县共十六区,其间除濒海之乡、地处卑洼及崇山环绕土性硗瘠各区外,宜桑之地可得十区,现拟取渐进主义,每区先以五十户入手,每户先种百株,各组一小桑园。

二、购秧分发。前项桑秧,由县公署派员赴湖州购办、分发宜桑各区自治会转发讲求种植各户先行试种。

三、领种手续。领种桑秧之户颁出具领种书,书内应叙明左列各项:

(甲)户主姓名;

---

① 郭前知事,即郭曾程,字南云,福建侯官(今福州)人。光绪十五年进士。民国三年九月至民国四年十月任永嘉县知事。

（乙）住址职业；

（丙）领桑株数；

（丁）桑园坐落及亩分。

四、培养切结。领种桑秧各户领种后，须出具依法培养，如无故荒废，致使桑树枯死者，愿甘赔偿切结，连同前项领种书缴由本区自治会转呈县公署备考。

五、分期考察。县公署据各区自治会呈缴前两条书结到署后，分为落种考察、成林考察及临时考察三期，按期亲往或委托林区区董实地考察，以成绩之优劣定奖惩。

六、奖惩办法。前条奖励，或记功，或奖给农林各报及各种培壅捕虫诸器；惩，则记过，或责令赔偿。

七、指示良法。县公署须将桑树栽植、培壅、捕虫诸法，编成白话浅说，分发领种各户参考。

八、计年课效。统计全县宜桑之地共十区，每区种桑之户五十户计算，年可得植桑之家五百户。今以五年为期，逐年依此递推，期满之后，官厅提倡栽植之桑在二十五万株以上，植桑之家当达二千五百户，从此绿荫遍野，取精而用宏矣。

九、购桑经费。按前项桑秧以全县五百户，每户植桑百株计算，共需五万株，每株价格约以十六文计算，共需洋八百元。拟仿前清童观察提倡栽桑办法①，半由种户自出，半由官厅于县税公益费项下借垫，俟领种两年后，桑树成林时，悉数缴还县公署归垫。似此办法，官厅借垫之期不过两年，此后三年皆可辗转周转，无藉他助，而丰俗阜民之政由此而成，所关岂浅鲜哉？

十、养蚕模范场。前项桑树成株后，饲种富足，即可从事养蚕而饲育之法，又不得不有模范，以资取法。今拟俟乙种蚕校第

---

① 童观察，即温处道童兆蓉(1838—1905)，字拙修，号劭甫，湖南宁乡人。光绪二十七年任分巡温处兵备道道员，光绪三十一年八月十六日病故于任上。

一届学生毕业后(大抵蚕校毕业时各区桑园亦皆成林),择其于实习上富有经验者,派往各区筹设改良模范养蚕场,使各蚕户入场参观,并示以改良方法,务使耳濡目染,莫之知而知,一面仍于蚕校试养春夏二季蚕期时,附设传习一科,招收中年子弟三十名,实习养蚕、制丝等法,其期间以蚕事方兴起,至蚕事终了止,年以为例。

(原载《浙江公报》第一千六百五十号,一五至一六页,指令)

浙江省长公署指令第一千五百九十五号

令平湖县知事张濂

呈一件为呈报办理农工各要政情形由

呈悉。该县既属水乡,农田水利自应格外注重,泖河关系浙江各县农田至巨,除兴修工程已并入修浚浙西水利案内汇办外,其两岸前被居民侵占之地,自应督饬一律清查归还,免生窒碍。至陆殿魁等禀请拨款浚河一案,经前民政厅批候该县转呈核办,并令据该厅呈复以"图欠详细,且该县有无公款可拨,无从悬揣,请仍俟该县呈到,再行汇案筹议"有案,应即由县查照办理。又,该县习艺所办理诸多不善,经调查赵委员查复后,业经前民政厅专案令饬整顿,应并查照遵办。其余森林、苗圃各要政,均准如拟督率积极进行,期收实效。又,该县系蚕业繁盛之处,对于蚕桑扩充、改良,该知事如何计划,以及现在办理情形,来呈均未据声叙,应再遵照前民政厅第七十四号训令,专呈候核,以重要政,毋稍违延,切切。此令。十月十三日

(原载《浙江公报》第一千六百五十号,一六至一七页,指令)

浙江省长公署指令第一千五百九十六号

令丽水县知事

呈一件据前民政厅转呈该县呈送调查实业报告书由

呈、件并悉。察阅《调查实业报告书》,尚属详明,应予存候核办,

仰即先就垦、畜二端切实计划进行,期收效益。附件存。此令。十月十三日

（原载《浙江公报》第一千六百五十号,一七页,指令）

浙江省长公署指令第一千五百九十七号

令浦江县知事

  呈一件据前民政厅转呈该县查复邬珍

  探矿需用炸药并无危险由

呈悉。应俟该知事将该商第一批应须炸药及附属物数量转呈来署,再行核办,仰即知照。此令。十月十三日

（原载《浙江公报》第一千六百五十号,一七页,指令）

浙江省长公署指令第一千五百九十八号

令遂安县知事

  呈一件据前民政厅转呈该县呈复调查纸料要项由

呈、件均悉。应予存候查核,仰即知照。件存。此令。十月十三日

（原载《浙江公报》第一千六百五十号,一七页,指令）

浙江省长公署指令第一千五百九十九号

令委员蒋国华及鄞奉镇三县知事等

  呈一件为会县呈复前民政厅履勘东钱湖及开会集议情形由

呈悉。此案既经公议,须待将来县议会查核议决,应准照行。仍俟交议咨复后,由该县等会衔呈候核夺,仰即转知鄞、奉、镇三县知事遵办。此令。十月十三日

附原呈

呈为奉令会同筹议疏浚东钱湖方法报以履勘暨开会情形仰

祈察核事。

　　窃委员国华奉令委赴鄞、奉、镇三县,会同各该县知事邀集地方绅耆筹议东钱湖水利工程进行方法,遵即由省起程驰赴鄞县,会晤知事绍箕检取卷宗详加研究。是湖完全在鄞县境内,沾利之田亦惟鄞居大半,镇、奉二县不过各居十分之一二,因择定在鄞县旧县学为召集筹议地点。当由知事绍箕函致鄞、奉、镇三邑绅耆计六十八人,一面分函镇海知事万里、奉化知事景曾,选派熟悉该湖之士绅与会讨论,以期众思集益。惟开会之前应躬往履勘,俾知该湖之真相,曾于本月十四日委员国华会同知事绍箕,招同原具呈人忻锦崖、董渊等,伴往该湖,往返二日,冒雨乘舟察看湖面,确系茭葑弥漫,尤以自钱堰起至下水湖一带为最多,前经派有临时测量队测绘全湖图说,是湖之须浚,水利之当兴,无待赘述。即忻锦崖奔走湖事,始终已二十五年,苦心孤诣,未可谓非。无如兹事体大,断非可以草率从事,而捐出地方尤不能不尊重舆论。爰于十六日开会集议,由知事绍箕提出议题,重要在亩捐、劝捐及推定劝捐人员,现在维持方法,并与委员国华先后发表意见,专以疏浚为前提,迭经至会士绅起立质问,先须责成前办人员报告过去成绩以及收支账略,方可提议疏浚,颇为坚持。嗣用表决法,多数赞成,应将过去账略由前董事开具清册呈送县知事,俟县会恢复后转交该会查核,其将来进行亦应由县议会议决等语,遂使亩捐、劝捐维持现状各节,已无磋商之余地,惟有俟县议会恢复后,由知事绍箕等正式交议,按序进行。是否有当,理合会衔呈报,仰祈钧长察核转详并候指令祗遵,诚为公便。谨呈。

　　(原载《浙江公报》第一千六百五十号,一七至一八页,指令)

浙江省长公署指令第一千六百号

令省立第三苗圃圃长徐一亨[①]

呈一件据前民政厅转呈该圃长呈送《种树浅说》请予分发由

呈、件均悉。应准转发。此令。十月十三日

种树浅说

故谚有曰："千株棕万株桐，一生一世吃不穷。千株桑万株柏，胜于拜相封侯。"可知种树之利大矣。然此特对于个人言之也。只伐不植，万山就荒；洋木内运，酿成漏卮。此对于国家利权之关系也。山童秃则水旱之灾易成，民不树则饥馑之忧难免。此对于国计民生之关系也。政府有鉴于此，通令各省从速创设森林苗圃。吾浙之已告成立者有二，一在杭州，一在兰溪，尚有二处，亦将赶办。设立苗圃之意，在就各该地方风土物性之相宜，选采各种树木种子育成良苗，分发各属人民栽种，以期普及种树，足民而足国，法至良、意至美也。

本圃设在兰溪，名曰省立第三苗圃[②]，所育苗木专以分发金、衢、严各属。惟将来苗木分发之后，深恐领种者未知方法，卤莽从事，将无善果可言，故将各种重要树木培植方法，自采种起，至种至山地止，撰成《浅说》遍发众览，领种者可按法种至山地，欲自行培苗者，亦不难由斯以实行。倘有不能了解之处，及种种困

---

① 徐一亨，底本缺姓，据浙江省长公署训令第七百六十二号（令发省立第三苗圃编送《植树浅说》由）（见卷六，1850页）径补。按上海《时事新报》一九一八年十一月五日第七版《浙省兴办森林之计画》一文中有"省立第一苗圃圃长汪和耕、第二苗圃圃长徐一亨、第三苗圃圃长楼鹤书、第四苗圃圃长杨品鳣"之句径补。又据浙江省长公署公布第十七号《为省议会添设第三第四苗圃案由》（《浙江公报》第一千八百三十三期），第三第四苗圃为民国六年四月二十三日添设，故本文所指第三苗圃疑为"第二苗圃"之误。

② 民国三年，选定兰溪新桥山背创办省立第二苗圃，占地一百九十余亩，设有苗圃区、示范林区、森林植物园及竹园等。

难情形,尽可函问或面询,指导敦劝,固本围所不辞也。今当分送《浅说》之前聊布数语,以当宣言,有心人幸观览焉。

松树效用甚广,小材可当柴烧,大材可造房屋、制船舶、建桥梁,其利益颇大,且种法易成长速,故论种树,特先言松。

松

采种 松子形如米而大,色褐有翅,生于松球(俗名松卵)鳞片中。采种之法,于十月间,见松树上松球已结未裂,尚带青色时,摘下盛之匾中,晒十五六天,球即裂种即出,未出者棒轻轻打出,布袋装之,挂于干燥地方。

下种 于下年四月上旬,取出种子,摘去其翅,簸去其芙杂物及不好种子,选面南高燥日光多之地,作阔三尺长随便之畦(俗名仓头)。如地力过瘦,当先浇以粪四水六之肥料后,再把匀作畦,畦面用二足略为踏结,畦边用锄敲之极坚,然后以手撒布种子于畦上。每一亩地约用纯粹种子二斗,惟种子不好者可再加多播,后用竹筛筛沟泥盖种约厚三分,筛后再略敲结,盖以稻草,压以竹片(或紧张以绳亦可)。如是约经一二十日即发芽,俟将发芽,即除去稻柴,撒以砻糠,以防土地干燥及大雨冲泥污苗之害,并可任其腐烂,以充肥料。发芽时种子之壳项上芽端易遭鸟害,宜慎防之。

管理 发芽后,如土地干燥,当于清晨或傍晚浇水,如地力薄弱,当在雨后或雨前浇料(水六粪四),生有杂草当勤为拔去,土地固结当时为拔松。如是善为管理,至第二年春,苗长已达四五寸。

移种 第二年四月下旬至五月上旬之间,其新叶尚未发生时,将苗掘起,剪去其根留三四寸已足,另于别地每隔三四寸见方种之,是即所谓移种也。移种者,将来种至山地易活,故不可忽视。但自原地掘起时,其根边宜多带土,故以浇水后或雨后行之为佳。种后仍如前善为管理,至第三年(即明年)春苗长已达一尺左右。

出山　第三年四五月之交,其新叶尚未发生时,将苗掘起,分别大小,过小之苗,可如上年更移种一年,至第四年出山,其佳者适宜修剪根枝,每隔三四尺见方(地力强者可五六尺见方)种之于山地,是即所谓出山也。种后将锄背力敲根边之土,务使坚实。初年松地,如有杂草,宜勤为除去。

附说　管理认真、栽种得法者,大约每斗种子第一年移种之际,可得三十五万余本,第三年出山之际,可得三十三万余本,出山后十年可充柴炭,过此以往,树身益大,可供建筑之用矣。

杉

杉有广叶杉、针叶杉二种,各以叶形得名,其种法亦大略相同,不过广叶杉喜燥,针叶杉喜湿而已。种杉之法,虽可扦插枝条,不用种子,但扦插者成长虽速,枯死亦易,且性质粗松难堪大用,其法金、衢、严各属有行之者,兹但就种子培苗法述焉。

采种　杉实形如球,但广叶杉大,针叶杉小,采法于十月十一日之交,选生约五十年至百年之母树,无病壮健而疏立者,采其中部所结球果,盛于匾晒二十余日,如松料理入袋收藏。

下种　下年(第一年)四月中,取种选别清楚,如下松法下之于畦,每一亩地(连沟道一并在内)约须种子四斗,下种后约经二十余日发芽。

管理　一切同松,但当年霉雨之后,当搭遮日棚,日覆夜去,以御炎日。秋九月中,日光已弱,可即撤除。至十一月之初,再搭遮霜棚,以避霜害。当年约长达四五寸。

移种　发生之下年(第二年)四月间,用锄掘苗,如移松法移种,夏搭遮日棚,冬搭遮霜棚及一切管理,悉同第一年。是年约长达七八寸。明年(第三年)当再移种一次,法悉如前,但苗之间隔须五六寸,霜日棚等概无须,施肥、除草,则不可怠。是年其苗已达一尺五寸左右。

出山　至第二次移种之翌年(第四年),乃以之栽植山地。成长不良而长仅在一尺以下者,可再移植一年,而至第五年出山。栽植时期与上移种同,每株距离六尺至八尺,四方各就所宜可也。

附说　植至山地之当年,仅有二三寸之成长,其翌年有一二尺,由三年始每年可有二三尺,在适地五十年生者高有八十余尺,周围三四尺云。

栎

栎树,俗名麻栗,金、衢、严一带称为石子。栽植方法如左。

采种　十月间,种子成熟,自落于地,可拾取之。若为期过迟,则生蛀虫,不适于用。采后浸水中三日。

下种　当年采种浸水后,可即下种,其法每离寸许,用棒打穴深二三寸,下种一粒,下后覆土敲结,如是大约至翌春三四月发芽。每亩地须种子三石余。

移种　出芽后一足年即宜移种,法于三月中选天阴风静之日,掘出苗木用剪截其根,留四五寸之长,距三四寸种之。

出山　移种后一足年即可出山,期以春季发芽前为适,然于秋季十月之间,苗木叶黄之时亦可。

截干　出山后三四年,则高达三四尺。此时宜截其干留约三四寸,使再行萌发小枝,以为薪炭之用。再经十余年,高达丈余,宜再截之,其截处宜较前截为高。如是经四五次截伐,树干渐枯不复萌芽可伐去,再植新苗。然欲得长大之材,则截干不宜也。

附说　栎树材质坚硬、耐久不腐,可为船只、车辆及各种用具之材,以充薪炭尤适,其叶可饲野蚕,树皮壳汁可染物,种子可制粉,腐木可产香蕈,且生长极速,栽培颇易,诚最良之树种也。

槐

槐树生长甚速,材质极良。兹述其栽培法如左。

采种　槐实形如念珠,至十月成熟时,用钩摘下,晒数日,俟干燥，乃去其壳而藏其子。

下种　下年四月取种下之，法于畦上，每离四五寸开一沟，深约寸许，槐种即匀播沟中，上覆细土，盖以稻草，照松法料理之。如是大约二三十日出芽，每亩地约须种子八九升。下种时种子如嫌过燥，可浸水三四日。

管理　出芽后管理悉同松、杉，但无须搭遮日棚，惟多霜地方至五月间宜搭遮霜棚，所用肥料以草木灰为佳。

移种　至第二年四月间，可如移松、杉法移种一次，每株间隔约三四寸。

出山　至第三年苗木长达三四尺，即可栽至山地，每株距离五六尺，其根剪留四五寸，横出之大枝及二叉之干亦宜适当修去。长仅三尺以下者，当再移种一年间。

附说　今有自西洋传来之槐，枝干有刺，名曰刺槐，俗称洋槐，其生长迅速，栽培法大略相同。

（原载《浙江公报》第一千六百五十号，一八至二二页，指令）

浙江省长公署咨复内务部

准咨关于医院医校等调查表通令遵填呈转由

浙江省长公署为咨复事。案准大部咨送公私立医药学校、医院通用调查表暨医士、药剂士现在调查表各二纸，咨请印发，饬属一体遵办具报等由。准此，除查照咨列表式，通令所属遵办具报外，相应备文先行咨复，一俟各属填报到署，再行汇报查核。此咨

内务部

兼署浙江省长吕公望

中华民国五年十月十四日

（原载《浙江公报》第一千六百五十一号，一九一六年十月十八日，四页，咨）

浙江省长公署训令第　　号

令为警务科事宜改由警政秘书督同原警务科人员办理由

令本署警政秘书陈簠、前警务科职员顾谟等

照得民政厅警务科事件，前因警务处未成立，暂由本署内务科长督同原来警务科人员暂时主办。兹据内务科长黄毓材面称，该科事务殷繁，不能兼顾，尚系实在情形，应即改由本署警政秘书督同原警务科人员于警务处未成立前主办前民政厅警务科事宜。合行训令，仰即遵照办理。此令。

中华民国五年十月十三日

省长吕公望

（原载《浙江公报》第一千六百五十一号，五页，训令）

浙江省长公署训令第七百八十八号

令各警局等准内务部咨关于医院医校等
调查表通令遵填呈转由

令省会警察厅、宁波警察厅、永嘉县警察局、各县知事

案准内务部咨开，"查医院、医药学校及西医、药剂师等类，实与驱除疾病、保卫健康有密切关系，故东西各国莫不加以适当之提倡与限制，使有进步而无流弊。我国医药两项向惟泥守旧法，故步自封，自西医西药输入以来，优劣悬殊，取舍顿异，得失所关，实匪浅鲜，欲图改良，非有是项专门人才，不易为力。况利益所在，人所共趋，如不详细调查，加以取缔，又难免无作伪乱真，希图射利，危害生命之种种弊害。本部为整顿卫生行政起见，特制定调查表两纸，一关于公私立之医院及医药学校，一关于中外毕业之西医及药剂师并开业地点，所有医院与医药学校两项，姑先调查概要，以凭逐渐考核。至西医及药剂师等类，务祈转饬各县详细调查，按格填记，不可稍有缺漏。一俟

调查完毕,即由贵省长汇齐早日报部,以凭查核而策进行。除分咨各省及特别区域外,相应咨请贵省长查照,印发转饬所属各县知事一体遵办具报可也"等由,并咨送调查表式二纸到署。准此,除咨复暨分令外,合亟连同原发调查表式依式刊登《公报》,仰该局、该厅、该县遵照办理,限于文到一月内填报来署,以凭转报,毋得延误。此令。

计发调查表二纸。

中华民国五年十月十四日

省长吕公望

(原载《浙江公报》第一千六百五十一号,五至六页,训令)

浙江省长公署训令第七百九十五号

令特派交涉员温世珍准免职以林鹍翔署外交部特派交涉员由

令外交部特派员林鹍翔

本月十日准外交部佳电开,"七日奉令,温世珍着免本职,另候任用。任命林鹍翔署外交部特派浙江交涉员,特闻"。合行令仰该交涉员知照。此令。

中华民国五年十月十四日

省长吕公望

(原载《浙江公报》第一千六百五十一号,六页,训令)

浙江省长公署训令第七百九十六号

令各厅署为各项劳绩保奖文职办法议决停止嗣后只另奖勋奖各章由

令各厅署

本月八日准内务部鱼电开,"各项劳绩保奖文职办法,现经本部提交国务会议议决停止,由国务院呈奉令准在案。嗣后各文员著有劳绩,应即另奖励奖各章,以资激劝。除通电外,合行电知"等由。准此,合行令仰查照。此令。

中华民国五年十月十四日
省长吕公望

（原载《浙江公报》第一千六百五十一号,六至七页,训令）

浙江督军公署指令第一千一百七十九号
浙江省长公署指令第一千五百二十八号①

令警政厅夏超

呈一件警政厅为前订《防务条例》请以明令废止由

呈悉。查《浙省防务暂行条例》与《警备暂行条例》同时为欧战发生,严守中立而订,其防务区域系按道区划分,现道尹既经裁撤,各警备队统辖区域与前道区不同,据称该警备队统带兼营道区防务事宜,办理殊多困难,察核情形,尚属实在。嗣后各地方防务,应责成警备队各统带就各该管区域内负完全责任,各县知事因防务上之必要,得照《警备队职权纲要》第五条办理。所有前订《防务条例》应即废止,前充正副指挥官兼衔并即一律撤销,以免纷歧而清权限。至警备事宜,仍由各该兼充司令官遵照旧章办理。除通令外,仰该厅长转令所属一体遵照。此令。

附 浙江警政厅训令第三百七十二号
令各属奉令为废止《防务条例》由

令各厅长、各县知事、各统带

本年十月七日奉督军公署第一一七九号、浙江省长公署第一五二八号指令本厅呈为前订《防务条例》请以明令废止由,内

---

① 本文由浙江警政厅训令第三百七十二号析出。

开,"呈悉。查《浙省防务暂行条例》与《警备暂行条例》同时为欧战发生,严守中立而订,其防务区域系按道区划分,现道尹既经裁撤,各警备队统辖区域与前道区不同,据称该警备队统带兼营道区防务事宜,办理殊多困难,察核情形,尚属实在。嗣后各地方防务应责成警备队各统带,就各该管区域内负完全责任,各县知事因防务上之必要,得照《警备队职权纲要》第五条办理。所有前订《防务条例》应即废止,前充正副指挥官兼衔并即一律撤销,以免纷歧而清权限。至警备事宜,仍由各该兼充司令官遵照旧章办理。除通令外,仰该厅长转令所属一体遵照。此令"等因。奉此,查此案前据警备队第一区统带王凤鸣呈请到厅,当经转呈核示在案。兹奉前因,除分行外,合亟抄录本厅原呈,令仰该厅长、该知事、该统带转令所属一体遵照。此令。

计抄发原呈一纸。

警政厅长夏超

中华民国五年十月十三日

附原呈

呈为呈请核示事。案据警备队第一区统带王凤鸣呈称,"窃查钱塘道尹奉裁,第一区防务事宜奉饬移交职区接管,统带职守所在,自应实力奉行。惟查《浙省防务暂行条例》内所订第一区系以钱塘道尹所辖旧杭、嘉、湖三府属为区域,新制警备队第一区仅以旧杭属及旧严属桐、分二县为区域,道尹既已奉撤,前颁《浙省防务暂行条例》虽未奉明文废止,似在当然取消之列,设仍继续有效,两制并行,则警备队第一区并可指挥第二区,纵非越俎代谋,究属权限不清,办事实多困难。应如何办理之处,伏乞厅长察核训示遵行"等情。据此,查《浙省防务暂行条例》本专为道尹兼理防务、便于指挥而订,是以就各道尹管辖区域定为防务区域,各道尹均兼有防务正指挥官之衔。现在浙省道尹既经裁撤,警备队各统带另定有管辖区域,其对于各该管区域内本负有防务上专责,似未便逾越权限兼管道区域内一应防务,所有就道区所定防务区域内事实上毋庸存留,即前颁《浙省防务暂行条例》似亦在应行废止之列。该统带所称'因《防务暂行条例》废止,奉饬兼管道区防务,办事诸多困难'各情委系实在,拟请将此项《防务暂行条例》以明令废止,俾清权限而免纷歧。再,查第五区统带刘凤威前奉饬委兼第三区防务正指挥官;又,旧金华道属各县知事,前经刘统带呈准兼充第三区各分区副指挥官,曾奉饬知有案,并请将此等兼衔一律撤消。所有本省各地方上防务,拟即责成警备队各统带,就各该管区域内负完全责任,即各县知事因防务上有必需警备队协助之处,尽可查照《警备队职权纲要》第五条办理。是否有当,理合备文呈请督军/省长鉴核训示饬遵。除分呈外,谨呈。

(原载《浙江公报》第一千六百五十一号,七至九页,训令)

浙江省长公署指令第一千六百零三号

令警政厅长夏超
呈一件民政厅警政厅呈复核议缙云县
请奖出力人员一案给奖办法由

据呈已悉。除哨官娄旭东一员已另案核准给奖外,其管带韩文彬准予记大功一次,警佐张耀南、郑仁杰准各记常功一次,哨官李盛轩等七员一并传令嘉奖,仰即分别令行遵照。此令。记功状三纸随发。十月十三日

(原载《浙江公报》第一千六百五十一号,一〇页,指令)

附　缙云县知事原详①

详为胪陈冬防期间及独立前后防务情形可否量予奖励请察核示遵事。窃知事自任事以来，于措施普通行政之余，日惟以地方治安为要，密派侦探、联络军警，以期消息灵通，有匪必获。一面会同警备队第四区第五营管带韩文彬、分驻县城哨官娄旭东等轮梭巡视四乡，以期全境地方无稍受盗匪之患，曾将办理详情分词先后详报前巡按使在案。是以冬防期间非但缙云全境一无抢劫骚扰案件发生，且能挈获邻境盗犯郑章兴、丁凤时等两名，匪犯卢振姜等十余名，均经警备队第五营分别咨送到县，由知事先后讯明羁押拟办，并备文详情前巡按使奖励各在卷。嗣因滇事影响，防务吃紧，又经知事会同警备队第五营管带韩文彬常川督率军警，严密巡防，并由韩管带文彬督饬全营各哨官兵等不辞劳瘁，于永、缙、仙各交界处所，加意冲散票匪，地方得免骚扰之虞。一面由知事督饬警佐张耀南、郑仁杰等率领长警小队等，严查旅馆及庙宇之散在村外者，俾土匪无从托足，地方得免惊惶。此独立前之防务情形也。

适至四月十二日，谣传省垣独立，吕东升旧部吕慎堂等议招旧部组织军政分府，致一般匪徒跃跃欲试，几有狂澜莫挽之势。幸知事与警备队韩管带文彬平时同抱宗旨，以保卫地方治安为务，临时防范加严，军警一致进行，卒无意外之虞。十五奉前总司令删电，"不准另设机关招兵"等因，奉经知事飞知韩管带文彬，由韩管带文彬知会吕慎堂等令其解散，一面加意放哨，穿梭巡防壶镇，一方面幸得无事。城厢则于十五日有卢炳奎，其招集匪徒二三百人，扬言假道缙云攻打丽水，知事探知立即会集警备队第四区第五营第一哨哨官娄旭东、警佐张耀南督率军警队，分

---

① 原详，为浙江警政厅训令第四百十五号《令警备队第六区统带奉省长指令本厅会同民政厅呈复核议缙云县请奖防务出力人员给奖办法由》附件。

巡城内外,严加戒备,并分别移咨丽水县、壶镇营。匪畏防范之严,旋即散,大患得以潜消,闾阎得以无扰。此独立后之防范情形也。

知事查自冬防以来,经过独立前后及至今日,警备队管带及各哨官兵等常川巡防于各乡各交界处所,警佐张耀南、郑仁杰及各长警暨小队常川检查于城镇村内,军警队任怨任劳,一致以地方为务,全境得保治安,均不无微劳足录。知事职守所在,未敢妄邀,惟警备队第四区第五营管带韩文彬,哨官李盛轩、邬凤标、阎道庸,哨长冯紫松、黄开盛、郭召云、王开泰,二等警佐张耀南,四等警佐郑仁杰等,应如何分别奖励,以昭激劝之处,伏乞钧裁。除将第一哨哨官娄旭东另文请奖外,所有缙云冬防期间及独立前后迄今防务得力情形,可否量予奖励缘由,理合备文详请,仰祈钧督察核示遵。谨详。

(原载《浙江公报》第一千六百六十号,一九一六年十月二十七日,一七至一八页,训令)

附　浙江警政厅训令第四百十五号
令缙云县知事奉省长指令本厅会同民政厅呈复
核议缙云县请奖防务出力人员给奖办法由

令缙云县知事欧阳忠浩

本年十月十四日奉省长指令本厅会同民政厅呈复核议缙云县请奖防务出力人员一案酌拟给奖办法由,奉令内开,"据呈已悉。除哨官娄旭东一员已另案核准给奖外,其管带韩文彬准予记大功一次,警佐张耀南、郑仁杰准各记常功一次,哨官李盛轩等七员一并传令嘉奖,仰即分别令行遵照。此令。记功状三纸随发"等因。奉此,查此案前奉省长在都督任内批发缙云县知事呈请核奖于上年冬防期间及本省独立前后防务得力营警人员一案,饬令会同查核议复等因,遵经核议会呈在案。兹奉前因,除注册并将管带韩文彬记功状一纸令行第六区统带查照转给外,合行抄呈连同奉发张耀南等记功状二纸,令仰该知事查照转给祗领,仍将领到功状日期具报备查。此令。

计发功状二纸。

中华民国五年十月二十二日

警政厅长夏超

(原载《浙江公报》第一千六百六十号,一六至一七页,训令)

浙江省长公署指令第一千六百零四号

令警政厅长夏超

呈一件呈复会议归并台州保卫团暨移交接收办法由

据呈已悉。候照咨台州镇守使转令移交,一面仰该厅令行警备队第四区统带黄继忠妥为接收办理册报查核。此令。十月十三日

(原载《浙江公报》第一千六百五十一号,一〇页,指令)

浙江省长公署指令第一千六百零五号

令警政厅长夏超

呈一件呈报外海水警第一队耗用子弹请核销由

呈悉。该外海水警第一队梭巡洋面,疑商船为匪船,查问未明,遽行开枪互击,销耗子弹至三千余颗之多。虽据报该黄岩船先放洋枪击伤巡警廖国栋,不得已放枪还击,办理究属卤莽,本应予以惩处,惟据称双方误会,并经该外海水警厅长讯供明白,即将该商民等逐一开释,暂免置议,所耗子弹姑准核销,仍应填表补报备查。至兵警巡洋,嗣后须加谨慎,毋得卤莽从事,仰一并转令遵照。此令。十月十三日

(原载《浙江公报》第一千六百五十一号,一〇页,指令)

浙江省长公署指令第一千六百零六号

令警政厅长夏超

呈一件呈为外海水警第二游巡队长周学濂缉获邻境
被劫油船救回难民酌拟给奖办法由

呈悉。该队长周学濂缉获邻境被劫油船并救回难民,勤奋可
嘉,准从优记大功一次。至是案各盗匪,仍仰外海水警厅督属不分畛
域上紧侦缉,务获究报,仰即分别令遵。此令。记功状随发。十月十
三日

（原载《浙江公报》第一千六百五十一号,一〇至一一页,指令）

浙江省长公署指令第一千六百零八号

令吴兴县知事

呈一件呈补送警佐张锡瓒因公负伤给恤调查表由

呈、表均悉。核与《警察官吏恤金给与条例》尚属相符,仰候汇案
咨部核给可也。此令。表存。十月十三日

（原载《浙江公报》第一千六百五十一号,一一页,指令）

浙江省长公署指令第一千六百十一号

令高等审判厅长范贤方

呈一件呈复整顿富阳暨各县审检所承发吏积习由

呈悉。仰仍随时督饬认真纠察,毋任阳奉阴违,是为至要。此
令。十月十三日

（原载《浙江公报》第一千六百五十一号,一一页,指令）

浙江省长公署指令第一千六百十二号

令高等审判厅长范贤方

呈一件呈请发还余杭管狱员庞杨祥证明文件由

呈悉。庞杨祥共和法校毕业证书、嘉兴县署书记员委状各一纸，又余杭县署政务助理员委状两纸，均随令发，仰即查收转给。此令。

十月十三日

（原载《浙江公报》第一千六百五十一号，一一页，指令）

浙江省长公署指令第一千六百十三号

令高等检察厅长殷汝熊

呈一件海宁县呈监狱经费不敷甚巨请示补救办法由

据陈困难情形，尚属实在，应如何酌量补救，仰该厅核明令遵具报。此令。十月十三日

（原载《浙江公报》第一千六百五十一号，一一至一二页，指令）

浙江省长公署指令第一千六百十五号

令永嘉县知事

呈一件呈报查办李应等与季昌波等聚众决斗一案会营解散由

呈悉。季、李两姓聚众决斗，既据会营弹压解散，尚无不合。至李徐氏等藉尸诈扰、聚众抗拒各节，前据高等检察厅派员查复属实，业经令厅转令该知事会营剿拘、讯明拟办在案。如果再有持械抗拒等事，应查照《营械使用法》办理，仰即遵照。此令。十月十三日

（原载《浙江公报》第一千六百五十一号，一二页，指令）

浙江省长公署批第四百九十三号

原具呈人董士廉等

呈一件为呈请将全浙监狱学校咨部追认立案由

呈悉。查本省龙山、浙江、共和各法校，并无事后经部追认立案之事，所请援案咨部之处，碍难照准。此批。十月十三日

（原载《浙江公报》第一千六百五十一号，一四页，批示）

浙江省长公署批第四百九十六号

原具呈人缙云曹书升

呈一件为曹金孝砍毙曹拱星一案请派委澈查由

呈悉。此案究与该民父子有无关系,候令高等审判厅饬县调查明确,秉公讯办可也。此批。十月十三日

（原载《浙江公报》第一千六百五十一号,一四页,批示）

浙江省长公署训令第七百八十九号

令绍兴县知事准农商部咨绍兴东关商务分所
改设商会一案区域如何划分各于章程内明定
并催城商会从速改组由

令绍兴县知事宋承家

本年十月六日准农商部咨开,"本年九月二十六日接准咨称,'据民政厅厅长转据绍兴县知事呈送县属东关商务分所改设商会章程暨履历并钤记公费银十五元,请核准施行'等因。准此,查绍兴县东关地方距城既有七十五里,商务繁盛,该处商务分所请改商会,与《商会法施行细则》第二条规定尚属相符。惟绍兴县城商务分会尚未据报改组,且该县属马山、柯桥、安昌、陡亹、孙端等处均有商务分所,如何办理并未声叙,此次《东关商会章程》内第三条、第四条区域虽有规定,是否与城商会协商妥洽,得其同意,究竟两商会区域应如何划分,仍希转饬彼此公同协议妥商后,各于《章程》内明定,以免日后争执,并饬催城商会从速改组,将《章程》等项送部再行汇核办理。除将钤记公费等项暂存外,相应咨行贵省长查照,分别饬遵,并希见复可也"等因。准此,合亟令仰该知事即便分别转知遵照,并案汇送《章程》等件,以凭核转。此令。

中华民国五年十月十四日

省长吕公望

（原载《浙江公报》第一千六百五十二号，一九一六年十月十九日，四至五页，训令）

浙江省长公署训令第七百九十号

令财政厅准国务院蒸电每月税收数目向限次月电报中央
应转饬财政厅迅速遵办由

令财政厅长莫永贞

本年十月十日承准国务院蒸电，内开，"案查各省每月税收数目，向限次月内电报中央，前以该省处延未遵报，曾于八月十六日电催照章报告。兹查该省处仍未报到，应即转饬财政厅长迅速遵办，以便汇核"等由。承准此，合亟令仰该厅遵照办理毋延。此令。

中华民国五年十月十四日

省长吕公望

（原载《浙江公报》第一千六百五十二号，五页，训令）

浙江省长公署训令第八百零二号

令各县准内务部咨行奉令严禁鸦片重申前令请通行遵照由

令各县知事

案准内务部咨开，"九月十九日奉大总统令，'鸦片流毒垂数十年（文云见九月二十六日命令门），惟有执法以绳其后，不容遗孽再毒新邦，懔之无忽。此令'等因。奉此，除由司法、教育两部分别饬属照办外，相应咨请贵省长查照，通令各地方官一律遵照办理可也"等因。准此，合即通令行知，为此刊登《公报》，仰各该知事遵照办理毋违，切切。此令。

省长吕公望

中华民国五年十月十六日

（原载《浙江公报》第一千六百五十二号，五至六页，训令）

浙江省长公署训令第八百零七号

令各县知事准省议会咨关于筹备义务教育之
设齐国民学校年限及办法并造就师资办法
两案议决情形仰分别遵办由

令各县知事

案照关于筹备义务教育之全省国民学校设齐年限及办法，并造就师资办法，前经本省长叙案提交省议会议决施行在案。兹准咨开，"本年九月八日准咨送议案十三件，内列关于筹备义务教育之全省国民学校设齐年限及办法案，又关于筹备义务教育之造就师资办法案，均经审查付议。金谓国立于人，人成于学，锻炼人格之始基，即培养国家之元气，先进名邦无失学儿童，故蔚成盛治。吾国人民知识未浚，不急谋教育普及，必至一蹶不振。故义务教育为今日立国要图，而实施义务教育，当以国民学校设齐为断，允宜明定年限，积极进行。本省筹备设齐国民学校年限，既据各县详查列表，拟限多在十年以内，应请省长按照所定办法督促施行。至欲求义务教育之实施，必当为造就师资之筹备，先事预图，刻不容缓。惟查联合县立师范讲习所经费，系由各县四成县税小学经费项下提省匀拨，减少各县小学经费，是为违反本省《筹画小学经费法案》暨《县自治章程》'县税处理方法由县议会议决'之规定，现当县自治亟应规复之际，此项联合县立师范讲习所未经毕业，不能中途停止，应请俟各讲习所次第毕业后一律停办，其经费则以本年十二月末日为限，仍暂由各县四成县税匀拨，自六年一月起至各讲习所毕业止，改由省税支出，庶现状既可维持，而法案不致久背。其各讲习所停止后，所有器具、图书应饬令所在地地方长官妥为保存，俟六年八月省立师校设立齐全后，一律就近移交各省立师校，以备附设讲习科之用。并经大会公决，相应将以上两案议决情形备文咨请查照施行"。又准咨开，"案查本年九月二十九日本会发奉省长咨文一件,内开关于筹备义务教育之全省国民学校设齐年限及办法案,又关于筹备义务教育之造就师资办法案,议决情形,计邀台阅,现复核得原咨文内,'以备附设讲习科之用'九字系属衍文,亟应删去,以免误会,相应咨请查照更正"各等由。准此,除刊登《公报》公布,并将各讲习所经费自六年一月起改由省税支出,编入六年度预算外,合行抄同议决全省设齐国民学校年限及办法原案,令仰该知事分别遵照办理。此令。

计抄发议决案一件。

省长吕公望

中华民国五年十月十六日

关于筹备义务教育之全省国民学校设齐年限及办法案

查义务教育为立国之根本,而国民学校即为义务教育实施之地,故义务教育之举行,必以国民学校之设齐为断。但设齐非可骤几,不得不分年筹备,且应需师资及经费,亦须先有年限,方可随同次第备办。此全省国民学校设齐年限所以须先规定也。查本省国民学校由前按署颁发表式通饬各县,由区学务委员按照就学距离及当地学龄儿童之多寡,酌定应设国民学校地点、校数;除已设外,应增若干校及应需经费数,并令各量当地财力每年可增几校,几年可以设齐,分别拟议详报。嗣据送齐表册,其设齐年限自一年至九、十九年不等①,当交由前按署谘议会议决。以原表所拟年限在十年内者计五十二县已居多数,应以十年为本省设齐年限最长期,将应增校数一律设齐,其原定在十年内者,悉仍其旧。复经前按署核准,自民国五年八月学年开始时起施行,至民国十五年七月为十年期满,并将各县每年应增校数分

① 九十九年,底本如此,后一个"九"疑为衍文。

别核定,饬再由各县按照各区原拟应增校数,并量其财力分年支配,即为各该区每年应增校数,责成该管学董及学务委员会同自治委员查照《地方学事通则》,先期就区筹集经费,依限次第设立,每学年终由省汇案考核。除依照《知事办学考成条例》及《地方兴学人员考成条例》分别办理外,其设不足数者,仍责令于次年补设齐全,以凭十年期满时实施义务教育各在案。查原定十年期限系根据各县所拟最多数之年限规定,核诸事实,当易推行,且十年之期于筹集经费造就师资,亦不致失之过急,可无障碍。惟"责成该管学董及学务委员会同自治委员"一节,拟于区自治成立后照章改为"责成自治会董会同该管学董依饬办理",以符部令而明统系。除造就师资办法另案交议,筹集经费应照部颁《地方学事通则》办理外,相应将国民学校设齐年限及办法案抄同简表提请贵会议决施行。

（原载《浙江公报》第一千六百五十二号,六至八页,训令）

浙江省长公署训令第八百零八号

令各联合师范讲习所准省议会咨关于筹备义务教育之
造就师资办法案议决情形仰遵照由

令各联合县立师范讲习所所长

案照关于筹备义务教育之造就师资办法,前经本省长叙案提交省议会议决施行在案。兹准咨开,"本年九月八日准咨送议案十三件,内关于筹备义务教育之造就师资办法案,经审查付议,佥谓欲求义务教育之实施,必当为造就师资之筹备,先事预图,刻不容缓。惟查联合县立师范讲习所经费,系由各县四成县税小学经费项下提省匀拨,减少各县小学经费,是为违反本省筹画小学经费法案暨《县自治章程》'县税处理方法由县议会议决'之规定,现当县自治亟应规复之际,此项联合县立师范讲习所未经毕业,不能中途停止,应请俟各讲习所次第毕业后一律停办，其经费则以本年十二月末日为限，仍暂由各县四成县税匀拨，自六年一月起，至各讲习所毕业止，改由省税支出，庶现状既可维持，而法案不致久背。其各讲习所停止后，所有器具图书应饬令所在地地方长官妥为保存，俟六年八月省立师校设立齐全后，一律就近移交各省立师校，以备附设讲习科之用。并经大会公决，相应将议决情形备文咨请查照施行"。又准咨开，"案查本年九月二十九日本会发奉省长咨文一件，内开关于筹备义务教育之全省国民学校设齐年限及办法案，又关于筹备义务教育之造就师资办法案议决情形，计邀台阅，现复核得原咨文内，'以备附设讲习科之用'九字系属衍文，亟应删去，以免误会，相应咨请查照更正"各等由。准此，除刊登《公报》公布，并将各讲习所经费自六年一月起改由省税支出编入六年度预算外，合行令仰该所长遵照。此令。

中华民国五年十月十六日

省长吕公望

（原载《浙江公报》第一千六百五十二号，八至九页，训令）

浙江省长公署指令第一千六百二十九号

令警政厅长夏超

呈一件呈报办理玉环民人蔡思岳控伊子蔡加法
被哨官黄树勋滥刑毙命一案由

呈悉。该已撤哨官黄树勋将蔡加福拏哨刑讯，既据查明属实，已涉及刑事范围，非仅撤差足以尽责，仰即提交该管审判衙门，依法讯究，以重人民而伸国法。至楚门警所负有看守之责，何以时在早晨听令蔡加福自缢，毫无觉察，其中有无别故，并仰令行玉环县知事查明，据实呈复，以凭核夺。此令。十月十四日

（原载《浙江公报》第一千六百五十二号，一二页，指令）

浙江省长公署指令第一千六百三十三号

令崇德县知事汪寿鋈

呈一件据呈前民政厅为蔡光寿等创设

肥料公司转送简章细则由

呈悉。案据该县呈请前民政厅为蔡光寿等创设肥料公司转送《简章》《细则》一案，察阅该公司《章程》及注册表，其股分以五元为一股，核与《公司条例》第一百二十四条不合。又，《细则》第十条，该公司存贮肥料，未能开窖，仍于卫生有碍；第二十一条所载，各户对于挑肥夫役须自负监察之责，即含有挑夫窃物，公司不任赔偿之意，流弊滋多，所请碍难照准，仰即转饬知照。附件及注册费发还。此令。十月十四日

（原载《浙江公报》第一千六百五十二号，一二页，指令）

浙江省长公署指令第一千六百三十四号

令上虞县知事

呈一件呈据上虞高小校长呈请发给美赛会教育品奖章由

呈悉。查教育品奖章应俟赴美赛会监督发寄来浙，再行令饬具领，仰先转行该校知照。此令。十月十四日

（原载《浙江公报》第一千六百五十二号，一二页，指令）

浙江省长公署指令第一千六百三十五号

令桐乡县知事余大钧

呈一件据呈前民政厅为商民王兆麟等

请在桐属开设各茧行由

查商民请设茧行，应各核明地点与《条例》是否符合。该知事遽予照转，殊属非是，所请应不准行，仰即转饬知照。此令。十月十四日

（原载《浙江公报》第一千六百五十二号，一二至一三页，指令）

浙江省长公署指令第一千六百三十六号

令孝丰县知事

　　呈一件为商人赵颐拟请开设茧行请核示由

　　呈悉。该县商民赵颐拟在西亩地方开设茧行,究与旧有《条例》是否符合,未据切实核明,碍难准行,仰即转饬知照。此令。十月十四日

　　　　　　（原载《浙江公报》第一千六百五十二号,一三页,指令）

浙江省长公署指令第一千六百三十七号

令孝丰县知事

　　呈一件为商人王练拟在泉湾开设利大茧行由

　　呈悉。既据核与前颁《条例》未符,应即毋庸置议,仰转饬知照。此令。十月十四日

　　　　　　（原载《浙江公报》第一千六百五十二号,一三页,指令）

浙江省长公署指令第一千六百四十五号

令吴兴县知事吕俊恺

　　呈一件为呈复查明朱璧光等禀严公记快船
　　不依规则等情一案办理情形由

　　案据该县呈复前民政厅查明朱璧光等禀严公记快船不依规则等情一案,办理情形已悉。仰即分令各该警佐将严公记、胡世芳快船一并严加取缔,以杜争端而安行旅可也。此令。十月十四日

附原呈

　　呈为查明朱璧光等禀控严公记快船不依规则等情一案办理情形呈请鉴核事。窃本年九月七日奉钧厅第三二七号训令开,"案据吴县民人朱璧光等禀,'严公记快船,未经商会注册,需索

船钱不依规定,请饬县整顿'等情。据此,除批'据禀各情是否属实,仰候饬县查明核办具复察夺。此批'等语挂发外,合行抄发原禀令仰该知事迅予查明核办具复毋延,切切。此令"等因下县。奉此,遵即分令菱湖、埭溪各警佐按照所控各节,切实调查并妥议整顿办法去后。兹据该警佐等遵查,"严公记快船前系埭溪现开染坊之陈顺宝所开,名曰公记快船,于去年六月间顶与严阿荣营业,故名严公记快船,其船每日由菱湖至埭溪单块回转,每客船钱一百二十文,至十月间与同走之胡世芳快船各争生意,减价二十文,只收船钱百文,至今仍之。密询该严公记快船往来趁客,均称便利,并无加价需索情事,如客人有行李货物令船伙荷送,愿出酒钱,不在需索之例。并查该船于本年三月间,领浙江内河水上警察厅营业执照,并经菱湖商务分会注册验明菱字第五百三十九号属实,核与所控各节诸多不符。惟查该快船曾雇有船伙四名,因与胡世芳之快船争兜生意起见,对于人客间有硬拖硬招手续,似欠文明。兹拟严饬该快船主严阿荣将所雇船伙限日开具姓名、年岁、籍贯,补报来所,以便查核,如有前项情事,除将该本犯人分别轻重按律惩办外,并惟该船主是问,并拟于菱湖、埭溪两处分贴明白告示,准被害人前来告发,查实严惩,庶行人不至有所妨碍,而船伙亦不敢再有硬拖硬招情事,备文呈请察转"等情会衔具复前来。知事详加复核,严公记快船被控各节,既经各该警佐查无其事,应请毋庸置议。惟强拉乘客为船户向有之恶习,严公记与胡世芳快船营业竞争,不免同蹈前辙,自应一律取缔,以杜争端而安行旅。除指令"各该警佐将严公记、胡世芳快船一并妥为取缔,并出示布告"外,所有查明办理情形,理合备文呈复,仰祈钧长鉴核。谨呈。

（原载《浙江公报》第一千六百五十二号,一三至一四页,指令）

浙江省长公署指令第一千六百四十六号

令余姚县知事邢炳旦

呈一件为呈报县属万馀丰花庄被劫诣勘情形由

呈及勘表、失单均悉。应速会督营警上紧侦缉，务将案内盗犯原赃破获，究结具报毋延。勘表、失单存。此令。十月十四日

（原载《浙江公报》第一千六百五十二号，一四至一五页，指令）

浙江省长公署指令第一千六百四十九号

令淳安县知事汤国琛

呈一件为呈送九月分开支侦探经费清册请准核销由

案据该县呈请前民政厅报销九月分侦探经费一案，查该县所设侦探既据称自十月分起遵令裁撤，所有九月分应给经费应准由准备金项下支销，仰并录报财政厅备案。册存。此令。十月十四日

附原呈

呈为造册报销侦探经费事。本年九月二十一日奉钧厅第一一九八号指令，内开，"淳安县造送八月分侦探经费清册请核销由，奉令'呈、册均悉。应准照销。至现在时局已平，地方安谧，应即于本月底一律裁撤，以节糜费，仰并录报财政厅备案。册存'等因。奉查淳邑前项侦探经费，历经按月造册报销，至本年八月分止"在案。兹九月分据各侦探按照预算定额，共领经费银元一百五十元，业经如数发给，除在准备金项下照案拨支并自十月分起遵令裁撤外，理合造册报销，仰祈钧长鉴核准销，俯赐指令备案，实为公便。谨呈。

（原载《浙江公报》第一千六百五十二号，一五页，指令）

浙江省长公署指令第一千六百六十六号

令杭县知事

呈一件呈复汪长至呈控被沈伯橹等串诈保金一案由

呈悉。查此案汪长至现有保证之责，如果陈申生实系无力措还，自应责成该民如数垫缴。至沈伯橹究竟有无串典情事，应再传案切实讯明，依法办理，以昭公允，仰即遵照。此令。十月十四日

（原载《浙江公报》第一千六百五十二号，一五页，指令）

浙江省长公署批第五百零三号

原具禀人杭属肉商吕国大等

禀一件为请减免警厅肉捐由

查肉捐系省警厅的款，列入警费预算，碍难减免，所请着毋庸议。此批。十月十四日

（原载《浙江公报》第一千六百五十二号，一六页，批示）

浙江省长公署批第五百零六号

原具呈人萧山金陈氏

呈一件为命案久搁勒写和据请查办由

呈悉。此案迭经批厅饬县严缉朱七十等务获究报在案。究竟钱莲德父子有无教唆情事，氏子仁法现在何处，有无和释议据呈递县署，候令高等检察厅转令萧山县知事迅行查明，依法办理，具复核夺，一面并将朱七十勒限严缉究报。此批。十月十四日

（原载《浙江公报》第一千六百五十二号，一六页，批示）

浙江省长公署批第五百零七号

原具呈人丁崇光

呈一件呈控韩士衡狡串陆知事滥刑伤骨
一案取具结保请准理由

呈悉。既据照章取具结保,仰候令行高等检察厅查明具复核夺。此批。结存。十月十四日

(原载《浙江公报》第一千六百五十二号,一六页,批示)

浙江省长公署批第五百零八号

原具呈人江山周正杍

呈一件呈为李春馥等谋杀周正熺一案
抄密函请电饬拘押由

呈暨抄件均悉。查此案前据该员呈控,业经饬据高等检察厅呈复,"已电饬金华高等分庭检察官李廷恺驰往查办,并将李春馥先行扣留",续据该员呈控毛翚、王霖等均有关系,复经令行该厅转令该检察官秉公查复各在案,应候复到再行核办,仰即知照。此批。抄件存。十月十四日

(原载《浙江公报》第一千六百五十二号,一六至一七页,批示)

浙江省长公署批第五百零九号

原具呈人温岭蒋共之

呈一件呈控杭看守所长一案遵批邀保具结由

呈暨附件均悉。保人刘山茅经本署派员查询,据称,"共和春酒号系展转相托,并非认识",殊欠确实,仰另觅取的保呈候核办。此批。切结存,保结发还。十月十四日

(原载《浙江公报》第一千六百五十二号,一七页,批示)

浙江省长公署批第五百十一号

原具呈人绍兴李骚问等

呈一件呈称伊与谢佩铭为状元府基地

纠葛一案不服判决提起诉愿由

呈及附件均悉。《诉愿法》为救济行政官厅违法或不当处分而设，此案系属司法范围，既经三审判决，依法不能再理，所请殊属误会，不准。此批。判决书暨邮票均发还。十月十四日

（原载《浙江公报》第一千六百五十二号，一七页，批示）

浙江省长公署批第五百十三号

原具呈人上虞张童氏

呈一件呈伊夫张亮采被张世骏枪毙一案请饬县缉办由

呈悉。查此案前据该县知事暨该氏等先后详禀，节经前都督府批饬上虞县严缉正凶张世骏务获究报，并提集张绍尧、林永顺、金树堂、金汝舟等讯明有无同谋情事，录供呈核在案。据呈各情，究竟张绍尧等是否同谋，林永顺等系何时保释，仰候令行高等检察厅饬县查案具复核夺，一面并将正凶张世骏勒限缉获究报可也。此批。十月十四日

（原载《浙江公报》第一千六百五十二号，一七页，批示）

浙江省长公署批第五百十五号

原具禀人兰溪县公民赵佩壬

禀一件为筹拟全国清理田赋编造鱼鳞册办法由

禀、折均悉。我国自洪杨以后，各省鱼鳞册籍毁失者居多，经界不清，田赋紊乱，诡寄欺隐，弊窦丛生，欲清其源，诚非重编鱼鳞册不可。察阅所拟《编造简明办法》，亦颇有可采。惟兹事体大，行之维

艰,人民难与图始,办理不厌详慎,应候令行财政厅悉心采择筹议复夺。摺存。此批。十月十四日

（原载《浙江公报》第一千六百五十二号,一七至一八页,批示）

浙江省长公署咨复省议会

为议员黄强等质问由

浙江省长公署为咨复事。准贵议会咨送议员黄强等《关于任用新昌县知事金城质问书》一件到本公署。准此,查金城被控,旋经告诉人自白诬告,高等检察厅并未起诉各节,已于议员林卓等质问书内答复矣。即祈查照转知黄议员等为荷。此咨

浙江省议会

浙江省长吕公望

中华民国五年十月十六日

（原载《浙江公报》第一千六百五十三号,一九一六年十月二十日,二页,咨）

浙江省长公署咨复省议会

为议员林卓等质问由

浙江省长公署为咨复事。准贵议会咨送议员林卓等《关于任用吴兴知事吕俊恺等质问书》一件到本省长公署。准此,查吕俊恺、吴万里虽曾任军官,然其平日对于民政各端,均甚留心,讲求政治智识,除吕俊恺一员现甫到任外,吴万里一员到任甫及三月,即能查禁陋规,严拿赌博,改良征收方法,革除催收积弊,乡民称便。审检所未成立前,重大刑事案件该知事亲自审理,结案迅速,拿获前任盗案正犯数名,均有案卷及调查报告可以考核。张元成一员,虽曾经大理院判决处刑,然罪非渎职,刑仅短期,已经执行终了,并非终身剥夺公权。金城一员,控案调阅高等检察厅卷宗,原告诉人自白诬控,该厅侦查

终结,并未起诉,旋准鄂省电差委,亦无被控贪婪,经巡按使停职之事,即无操守不可信之原因。特此答复,即祈查照为荷。此咨

浙江省议会

浙江省长吕公望

中华民国五年十月十六日

(原载《浙江公报》第一千六百五十三号,二至三页,咨)

浙江省长公署咨复省议会

以电政向由局电直接交通部本省长无管辖之权由

浙江省长公署为咨复事。准贵议会咨送议员胡禧昌质问临海东塍设立电局一案,请本省长答复等由。查东塍设立电报房,并非本省长公署饬办。至电政事宜,向由电局直接交通部办理,本省长无管辖之权,无从过问。特此答复。此咨

浙江省议会

浙江省长吕公望

中华民国五年十月十六日

(原载《浙江公报》第一千六百五十三号,一二页,咨)

浙江省长公署咨复省议会

咨行取缔旅店规则业经通过缮折请公布
至管理酒店规则应即废止由

浙江省长公署为咨复事。本月九日准贵会咨开,本年九月十六日准省长咨送议案七件,内列《修正旅店营业取缔规则》,又《修正浙江省管理酒店规则》,经先后提付大会讨论,并经审查付议。所有《旅店营业取缔规则》业经审查修正,三读通过,相应缮具清摺咨请公布施行。至《管理酒店规则》,察核所具理由,系为有关风俗、卫生两端,查营业自由,载在《约法》,对于妇女初无限制,即现在市廛各营业以

女子司事者,所在皆有,不独酒店,如有妨害善良风俗之行为,《警律》自有规定,其甚者,更得照《刑律》猥亵行为办理,何独于酒店一项专则取缔? 此理由之不能充分者一也。卫生一项,饮食品固居郑要部分①,然酒店而外,以饮食品为营业者,种类正多,如有妨碍卫生物品,依警察职权当然可以依法检查,又何独于酒店一项专则取缔? 此理由之不能充分者二也。本会讨论是项规则,议决认为应即废止。所有以上两案议决情形相应备文咨行省长请烦查照施行等由,并计附送清摺一件过署。准此,除将《旅店营业取缔规则议决案》刊登《公报》公布外,相应备文咨请贵会查照。此咨

浙江省议会议长沈

浙江省长吕公望
中华民国五年十月十七日

旅店营业取缔规则议决案

第一章　通则

第一条　本规则凡以房屋供旅客之住宿,而以营业为目的者,皆适用之。

第二条　旅店营业限于左列三种:

一、旅馆;

二、客栈;

三、宿店。

第三条　旅店营业者须具营业呈请书,于该管警察官署核准,给予营业执照,方准开设。其呈请书内应开明左列各项:

一、旅店主人姓名、籍贯、年龄;

二、旅店所在地;

---

① 郑要,底本如此,疑有误。

三、旅店字号及其种类；

四、房间号数及等次；

五、营业所用房屋是否己产，如系租自他人者，并记其租价及房主姓名；

六、店伙姓名、年龄、籍贯；

七、五家以上殷实铺户保结，如宿店得减用二家以上铺户保结。

第四条　该管警察官署受前条之呈请书后，须派员切实调查，如其人有不正当之行为及无确实铺保者，不得给予营业执照；其有左列各项之一者，得令其变更或为相当之设置：

一、供营业用之房屋有倾圮或有害卫生之虞者；

二、烟突等处有易于着火之虞者；

三、为预防灾变等事，无旁门可通出入者。

第五条　旅店房屋如系特别建筑或改造，须将房屋图样，并开具左列各项，呈由该管警察官署核准，给予建筑证据，方准兴筑，但设于乡村之旅店不在此限。

一、基地宽广若干尺；

二、临街门户共若干；

三、共造房屋若干间。

四、每房编列号数、每号房屋之宽广及门窗户若干，并其大小尺寸。

第六条　旅店营业者领到执照后，一个月无故不开业，将执照注销。

第七条　旅店如有迁移、扩充或改字号及更换店主时，仍须查照第三条办理。

第八条　旅店闭歇，须于五日前将其事故及日期呈报该管警察官署备查。

第九条　旅店如有故意容留匪类与紊乱风俗行为之实据，得注销其执照。

第十条　旅店应负之责任如左：

一、雇工人等须有妥实保人；

二、门首当悬挂字号招牌，夜间则以灯代之；

三、大门内须悬大粉牌一块，书明第几号房间，现住某客系何处人，于何日由何处来；

四、房间门首须编定号数；

五、房屋器具务须随时洒扫洁净，被褥、饮食务求清洁；

六、便所须设于臭气不能入客房之处，并不得与厨房毗连；

七、当揭示本规则于易见之处。

第十一条　旅店对于左列各项应禁止之：

一、暂居之游娼招引客人及留客住宿者；

二、旅客招致娼妓到店住宿者；

三、旅客在店聚赌者；

四、旅客于夜间十二时后高声唱歌、无故喧哗，有扰他客安眠者；

五、旅客任意蹧蹋，有害公共卫生及惹起火灾之虞者。

第十二条　旅店遇有左列各事，须立即报告该管警察官署。

一、增减更换雇工人等；

二、旅客不服第十一条各项之禁止者；

三、旅客带有军械及违禁物者；

四、旅客携带妇女或幼童、稚女，形似诱拐者；

五、旅客形迹可疑及与其往来之人，素不安分者；

六、旅客入店时，行李无多，随后渐见增加及任意挥霍者，但店主素识其人，无他可疑情形，得不呈报，由店主负其责任；

七、孤身女客之迹似逃亡者；

八、外国人到店住宿者；

九、旅客患有重病或传染病者；

有前项之情事，非报明该管警察官署查验明确命令迁徙者，不得逼令病客他迁。

十、旅客在店内死亡者；

有前项之情事，非报明该管警察官署查验后，不得殓葬，其衣箱物件亦不得移动。

十一、旅客未携带行李货物，无故出店在五日以上，不知去向者；

十二、旅客去后有遗忘物件者；

十三、旅客亏欠房、饭各款，持物抵偿，或留置旅客之物品者；

十四、旅店簿据如有遗失者。

第十三条　非来客之眷属，男女不得同住一处；非同伴之客，未得两客彼此应允者，不得强令同居一房。但宿店不在此限。

第十四条　旅客货物行李及珍重紧要物件、银钱等，须由旅客亲自点交帐房登簿收存，应给以收藏证据，如有损失毁坏，店主负其责任。

第十五条　凡往来各客须照颁发制定之旅客登记簿，按日登记，送交该管警察官署查验，其使用方法应照《旅客登记簿使用规则》办理。

第十六条　每日每房每人之房、饭金若干，或按日或几日一付，应揭示于帐台前及各客房内，除定额外，概不得任听雇工人等需索分文。

第十七条　旅店须设在城镇村庄，不得于荒僻地方开设。

第十八条　该管警察官署稽查旅店时，店主不得抗拒。

第二章　旅馆专则

第十九条　旅馆营业用之房屋,须有客房二十间以上,极大房间以设床铺二张为限,其客房之构造务使光线合度,空气流通,且为适当之装置。

第二十条　旅馆有楼房者,每十间须设宽阔四尺以上之扶梯二个以上。

第二十一条　旅馆准其派人在外招待旅客,惟衣上须标明店号,并其姓名或号数,晚间须持本号灯笼,所持招牌纸加盖图记;收到旅客行李、货物,即注明旅客姓名及件数,将纸交于本客入店后,逐一照数点交。

第二十二条　晚间掩门时刻,不得过一点钟。

第二十三条　旅馆营业者,应按月缴纳营业捐,其应缴定额,由各该管警察官署于十元以下六元以上范围内酌定数目征收之,并呈报省长备案。

第三章　客栈专则

第二十四条　客栈营业用之房屋,须有客房五间以上,极大客房以设床铺五张为限,须空气流通,扫除清洁。

第二十五条　客栈有楼房者,每五间须设坚固扶梯二个以上。

第二十六条　客栈营业者,非呈经该管警察官署核准,不得派人在外招待旅客。

第二十七条　晚间掩门时刻,不得过十一点钟。

第二十八条　客栈营业者,应按月缴纳营业捐,其应缴定额,由各该管警察官署于五元以下二元以上范围内酌定数目征收之,并呈报省长备案。

第四章　宿店专则

第二十九条　宿店营业用之房屋,须有客房二间以上,极大房间以设床铺十张为限,务须空气流通,布置简洁。

第三十条　宿店有楼房者,须设专备旅客用之坚固扶梯一个以上。

第三十一条　宿店营业者,不得派人在外招待旅客。

第三十二条　晚间掩门时刻,不得过九点钟。

第三十三条　宿店营业者,应按月缴纳营业捐,其应缴定额,由各该管警察官署于二元以下五角以上范围内酌定数目征收之,并呈报省长备案。

第五章　罚则

第三十四条　违反本规则第三、第七、第十七、第十九、第二十九各条者,得禁止其营业。

第三十五条　违犯本规则第五、第二十、第二十五、第三十各条者,照《违警罚法》第三十四条第二款处罚;违犯第十五条者,照《违警罚法》第三十四条第三款处罚;违犯第十六条,照《违警罚法》第三十五条第十四款处罚;违犯第十三条,照《违警罚法》第四十三条第三款处罚;违反第四条命令及违犯第十、第十一、第十二、第十四、第十八、第二十一、第二十二、第二十六、第二十七、第三十一、第三十二各条者,照《违警罚法》第三十三条第一款处罚;违犯本规则第九条者,除勒令歇业外,送由司法官厅究办。

第三十六条　本规则自公布日施行。

附旅客登记簿使用规则

一、每旅店发给旅客登记簿二本,挨日轮流填写。

二、每簿计订五十页,不得撕去,每日挨次写下,不得空行,倘填写错误,尽可涂改,或将本行涂去,另写下一行内,惟须于涂改或涂去之处加盖本店图章。警察官吏稽查登记簿时,亦加盖图章,以为涂改之证。

三、旅店每逢旅客到来,即时按表所列,请其逐项填写,不能填写者由帐房代写,不得漏去。

四、旅客倘第二日尚住店中,仍须照第一日填写,至第三日,则两簿已经备载,毋庸再写。

五、旅客去日,即于来日之表内"往何处去"及"起行月日"格内注明。

六、每日下午九时后,应将本日旅客之多少总结一数,挨次写下。

七、每日下午十时,由旅店派人将簿送至该管警察官署,将两簿互相调换。

八、每日警察官吏检核后,倘有错误,应令该店更正,并于人数总结处加盖图章。

九、本簿用完,于各该管警察官署保存一年,另换新簿填写。惟前来未去之客,仍须按照前表尽行登记于簿中。

十、军人、学生成队到店旅宿者,可记其率领者之姓名及其他各项,其余但记其人数。

十一、旅客到店后,如有形迹可疑之处,或察系政界要人及社会上著名人物,旅店应于其人姓名格内加以暗号,以便警察官吏之调查,其暗号即由该管警察官署拟定,通知旅店遵照办理。

十二、此项规则应刊印于旅客登记簿首页。

旅客登记簿式

房间号数	旅客					来自何处	因何来此	行李货物件数	往何处去	起行月日
	姓名	年龄	籍贯	职业	面貌特征					

(原载《浙江公报》第一千六百五十三号,三至一〇页,咨)

浙江省长公署咨农商部

据前民政厅呈送富阳场口镇商会章程等
及钤记公费由

浙江省长公署为咨行事。案据前民政厅呈称，"案查富阳县场口镇商会改组一案，前由该县知事详称，该镇距城四十里，商务繁盛，出产亦多，与《商会法施行细则》第二条相符，转送章程、名册请核，经届前都督批以'察阅拟送章程，核与《商会法》第五条所列各项未符，仰即转饬修正，再送核夺。此批。名册存，章程发还'等语印发去后。嗣奉省长于都督任内批发该县呈送遵批更正《场口镇商会章程》到厅，经厅酌加修改，转饬遵照。续据该县呈送《修正章程》，又经核准先予备案。旋奉省长批发该县呈送该商会职员名册并钤记公费银到厅，以所送章程、名册不敷存转，批饬呈补，并由厅先行呈复备在案。兹据该县将该商会《章程》《名册》先后补送齐全，除指令并抽存原送文件各一份备查外，理合检同原送各件及前缴钤记公费银，一并备文呈送，仰祈省长鉴核，准予转咨核复并请颁钤记，以便转发"等情，并附送该商会《章程》《发起人名册》《职员名册》及钤记公费银到署。据此，除抽存原送文件各一份备查外，相应检同原送各件及钤记公费银备文咨请大部查核，见复施行。此咨

农商总长

计附送《富阳县场口镇商会章程》《发起人名册》《职员名册》各一份，钤记公费银十五元。

浙江省长吕公望

中华民国五年十月十七日

（原载《浙江公报》第一千六百五十三号，一〇至一一页，咨）

浙江省长公署咨农商部

据前民政厅呈送嵊县商会检送钤记公费及章程名册由

浙江省长公署为咨行事。案据前民政厅呈称，"据嵊县知事牛荫麟呈称，'本年八月九日奉厅长通饬各县，商会改组所送章程不敷存转，应由县转知各该商会将章程、名册等续行分别补足各三份，未缴钤记公费者并即补缴'等因。奉此，当查嵊县商会已于上年十一月间改组，经前代理知事陈元慎将所送章程、职员履历、名册详奉前巡按使咨准农商部核复，间有字句更正，旋据该会函报各职员就职日期，又经前知事详请道尹转详。嗣于本年三月二十八日奉准部咨内开，'准咨送《嵊县商会更正章程》，与《修正商会法施行细则》尚有参差不符之处，应改各条另列于后，请饬改正送核。至商会图章，已定为钤记每颗应缴公费银十五元，请饬照缴送部刊发，咨行查照饬遵可也'等因，由按署黏抄饬道转行到县，即经知事转知商会遵办。旋据商会缴到请领钤记公费银十五元，并以该会附设公断处，组织就绪，造送公断处职员名册，复经知事详送道署，请予核转，均奉批回各在案。惟第二次奉准部咨改正《嵊县商会章程》，未据照造送县转呈，奉饬前因，当经知事行知该会长周之桢补送去后。兹据将《改正章程》补造三份，函送前来，理合备文呈送，仰祈厅长核转并请刊发钤记，俾得将现用图记缴销，以资信守而昭划一，实为公便'等情，并附送《商会改正章程》三份到厅。当以'呈及附件均悉，查检前会稽道署档卷并无该县商会公断处职员名册，仰即迅造补送，以凭汇案转呈。附件存。此令'等语指令印发去后。兹据该知事复称，'遵经函知该商会迅将商事公断处各职员补造名册转送三份，计九本'到厅，除指令并抽存一份备查外，理合检同该商会前缴钤记公费，续送《修正章程》暨《商事公断处职员册》，一并备文呈送，仰祈省长鉴核准予转咨备案，并请刊颁钤记，以便转发"等情，并附钤记公费银十五元，《修正章程》《商事公断处职员名册》各二份到署。据此,除抽存原送文件各一份备查外,相应检同原送《章程》《名册》及钤记公费一并备文咨请大部查核见复施行。此咨

农商总长

计附送《嵊县商会修正章程》一份、《商事公断处职员名册》一份,计三本,钤记公费银十五元。

浙江省长吕公望

中华民国五年十月十七日

（原载《浙江公报》第一千六百五十三号,一一至一二页,咨）

浙江省长公署公函第十七号

函驻宁英领事为诸暨县蟹眼桥基地纠葛案令速讯结由

径复者。顷准贵领事照会,"以诸暨县英教会何约翰教士为蟹眼桥基地纠葛一案,请迅饬县传集讯结"等由。准此,查此案前经本署批令民政厅转饬该县迅行传集人证,秉公讯结在案。兹准前由,除令催该知事赶速查照前饬办理外,至诸暨县知事更调之说,现无其事,相应函复贵领事查照。此致

驻宁英领事陶

省长吕公望

中华民国五年十月十六日

（原载《浙江公报》第一千六百五十三号,一三页,公函）

浙江省长公署委任令第七百九十八号

令刘传亮调充本署机要助理秘书由

令刘传亮

查本署机要助理秘书千秋鉴另有差委,遗缺查有本署民政助理秘书刘传亮堪以调充,仰将发去任命状一纸祗领,即行到署供职。此令。

计发任命状一道。

中华民国五年十月十六日

省长吕公望

（原载《浙江公报》第一千六百五十三号，一四页，训令）

浙江省长公署训令第八百十三号

令查勘宁海县属设置新化县治地点由

令临海县知事、宁海县知事

案准浙江省议会咨开，"案据宁海县公民胡佩珍等陈请建议设置新化县一案书称'维黄帝画野，始分都邑，设官分治，代有变迁。考旧台属六县全图，共占面积三万六千方里，而临海、宁海两县合计面积一万八千方里，适占台属一半地面，而尤以宁海之南乡、临海之东乡，幅员最为辽阔，合计占面积九千二百方里，居两县全境一半有奇。前清光绪季年台州知府郭式昌曾以临海县东乡之花桥县丞所辖区域与宁海县南乡之亭旁县丞所辖区域，地属毗连，均距县治邈远，县丞权力微薄，管理维艰，详请析置县治，即就花桥、亭旁两县丞该管区域改并为新化县，设置县治于适中之仙岩庄，节经核议筹设在案。民国初年，健跳、花桥、亭旁三处均以县治鞭长莫及，各设区官分治，有案可稽。旋以地方官制不符，遽行裁撤，而该两乡更成为盗贼渊薮，一若无官治之荒域者。其地方自宁海县南境七十里外之大龙岭，迤逦望海楼山、中崎花山、大山、双尖沿海游港入三门湾之蛇蟠洋；自临海县东境七十里外之宁和岭，蜿蜒笔架山下，达白石、三石、二岭，沼濑头河入海门湾之三石浦，为天然界限。原属于临海县区域者，为花桥镇、桃渚镇，海门湾群岛隶焉；原属于宁海县区域者为亭旁镇、健跳镇，三门湾群岛隶焉。水陆兼备，犬牙交错，户口繁盛，形势冲险，东西直径一百二十里，南北直径一百里，折计占地积六千方里①，实较广

---

① 地积，疑为"面积"之误。

于黄岩、温岭等县。况该处为三门湾腹内地,乃浙东之屏蔽,诚航路之要津,此间人口不下四十万,富有渔盐、农桑、森林、矿产诸利,特以海隅僻处,风气未开,巡缉、抚绥,官厅力有未逮,教育、实业,地方提倡乏人。俗尚悍强,人等化外,刑民诉讼迁滞莫济,聚党废业,仇杀相寻,以故贫者为盗,富者被盗,而强者以盗为爪牙,弱者任盗而嗾使,所谓台属多盗,浙洋患盗,而其盗源尽在于斯。若非划并区域,设县制治,既不足立补偏救弊之方,又无以收化民成俗之效。且该区官力不逮,向多无赋之田,一经设县,则赋税清厘,收入自能倍增,政费不假他助,民蒙治化,纳税义务,自必欣然尽之。际兹革故鼎新,与民更始,纯珍等生长是邦①,情形洞悉,为台属永久治安、该区将来发达起见,不忍坐视秦越,长此沦胥,用特绘具图说,循案请求贵会审查议决,咨请公布设置新化县治,以资镇摄而利推行,全台幸甚,全浙幸甚'等情到会。本会当经议付审查。旋由特务审查股报告内开,'查宁海南乡、临海东乡地广九千余方里,县治鞭长莫及,几成盗贼渊薮,设县治理,自系要图。据陈请书所述,曩曾有就临海花桥、宁海亭旁间之仙岩庄设置县治之议,故现所附呈绘图,仍拟就该处设县。或者谓临属之涂镇(即杜下桥)介乎宁、临之间,方二十里内人口达两万户,杜渎场盐署即在该处,似亦宜于设县。惟县治所在,于地利人和均有关系,决不能凭臆断为定论,拟请官厅派员实地查勘上述地点,究以何处宜于设县,此外有无比较适宜之处,俟查勘后再由本会请愿国会决议。审查股意见'。为此请公决后,由本月七日大会议决,新化县应否设置及设置地点究以何处为宜,须咨请官厅派员查复,再行付议议决在案。相应咨请省长烦为查照,迅予派员前往调查踏勘,查勘后并希将查得各情详晰咨复,以便付议"等由。准此,除令临海县、宁海县知事会同查勘外,合行令仰该知事会同临海县/宁海县知事实

---

① 纯珍,底本开头作"胡佩珍"。

行查勘①,究竟该县有地丁人口若干,原有地方公共事业如何,与应否设置县及设置地点究以何处适宜,详细查明绘图附呈帖说,会同具报,以便咨复。此令。

中华民国五年十月十六日

省长吕公望

(原载《浙江公报》第一千六百五十三号,一四至一六页,训令)

浙江省长公署训令第八百十四号

令诸暨县为该县蟹眼桥基地纠葛案令速讯结由

令诸暨县知事

本月十二日准驻宁英领事照会开,"案查诸暨县英教会何约翰教士于光绪三十四年向马奎金、郦吉星、章敬良、周懿浒、赵会材、赵楚波、杨香圃等价买诸暨城内蟹眼桥基地二亩零,四至开明,有钟阿生居中。上年钟阿生串同县公署司书生李虹桥、陈炎记及现充县公署号房陈炳生出头,于该地上钉立文应祠界石三块,该教会禀明驻杭领事,于上年七月六日、七月十五日以至九月一日、九日,迭经函请前巡按使并特派交涉员饬令拔去界石,并将钟阿生、李虹桥、陈炳生等惩办等情,由本署领事叠次函请前会稽道尹、宁波交涉员孙立将此案情由及诸暨县知事延搁不理详请贵省长示明办法,此案是否应由诸暨县知事负责,抑或另派专员办理之处,尚希示复等由。八月九日准宁波交涉员函复,以准浙江民政厅公函内开,'奉省长公署批,仰民政厅转饬诸暨县知事迅行传集全案人证,秉公讯结,具报查核,毋任延宕'等因各在案。又隔两月仍未将办理情形复到,实深殷盼。兹复据该教会禀称,'此案延搁年余,该县知事仍未将是案办法②,现闻诸暨县

---

① 底本如此。该知事似当指临海县、宁海县知事。

② 办法,疑为"办理"或"办结"之误。

知事有调往他任之信,将来办理是案更多棘手,合再恳照请迅结,以便收地管业'等情。据此,本署领事查是案延搁年余,该县知事竟置若罔闻,似此情形,以后办理交涉案件,殊多困难,实非郑重邦交之道。为此备文照会,请烦查照,迅赐饬知诸暨县知事,迅予传集全案人证,秉公讯结,毋任意延宕,抑或请贵省长遴派妥员前来办理之处,统希酌裁"等由。准此,除函复外,查此案业于七月间批行民政厅转饬该县迅行传集全案人证秉公讯结具报查核在案,何以时隔两月,尚未讯结,殊属玩延,合亟令仰该知事迅速查照前饬,限一月内办理完结,并将办理情形呈报察核,毋得稍延,致干未便,切切。此令。

中华民国五年十月十六日
省长吕公望

(原载《浙江公报》第一千六百五十三号,一六至一七页,训令)

浙江省长公署训令第八百二十九号

令财政厅准财政部电为五年内国公债展缓截收期限希饬各属劝募由

令财政厅长莫永贞

本年十月一日准财政部电开,"本部前于号电请催募五年债款,未准电复,现在此项公债业届截止之期,鄂、豫各省电请展限至十二月底止,业经照准。浙省事同一律,希即照展,奖金一项照旧发付,实收九四,其第二期利息,应俟明年四月到期,凭票照付。经手费一项现拟从宽,不论募债多少,概给六厘,以昭划一而资办公。现届秋谷登场,商民财力稍纾,果能认真劝募,必有成效可期。购债奖励,仍照旧章,务希督饬各属迅速进行,并将所收债款随时报解,以济急需,是所至祷"等因。准此,查劝募五年内国公债前由该厅呈请展缓截止期限到署,即经据情咨达,并指令通行劝募在案。准电前因,合行令仰该厅查照办理。此令。

中华民国五年十月十七日

省长吕公望

（原载《浙江公报》第一千六百五十三号，一七页，训令）

浙江省长公署训令第八百三十一号

令财政厅长兼烟酒公卖局长据温岭县酒类公卖支栈
查缸员杨锐为定海县知事委充要犯韩士衡
为视学员请饬县押解严办由

令财政厅长兼烟酒公卖局长莫永贞

据温岭县酒类公卖支栈查缸员杨锐以"定海县知事包护要犯韩士衡，委任为视学员，请求饬县押解严办"等情具呈前来。此案原委若何，本署无卷可稽，无凭悬断，合行令仰该兼局长查案核办，并令该管分局转行知照。此令。

计抄呈。

中华民国五年十月十七日

省长吕公望

（原载《浙江公报》第一千六百五十三号，一七至一八页，训令）

浙江省长公署训令第八百三十二号

令金华县知事据卸任永康县知事吕策电陈永绅胡耀南等
挟恨要索张知事违法助焰请主持公道由[①]

令金华县知事钱人龙

案据卸任永康县知事吕策电称，"策交卸清楚，奔丧情迫，永绅胡耀南、王观等挟平日干讼荐人不遂之恨，藉吞没地方公款为言，托自

————————

① 张知事，指张元成，民国五年九月到任，民国六年二月在任。

治委员应贻哲、陈警佐转辗传达,声言要洋三千元,继减要千五百元,最后要求少不能下千元,一了百了。即张知事面与策言,亦要敷衍,乃可了事。俭日钧电准策奔丧,张知事竟匿三日不交阅,俟索得知,遵即离永。起行至武,张知事迭派警队四路来追,如捕大盗,并擅将知事掾属人员派警看守,仆人竟交小队看管。共和再造,不图勒赎行为见于绅县①,策于地方款动支均详销核准有案,果有挪移,亦应由交案算结归公,不能私相授受。姚主任就金华县馆,并未远离,交案留永会算,无此办法,张知事违法助焰,是诚何心?已于支日电请省长示遵,请主持公道,以挽浇风"等情。据此,查该吕前知事卸任后,姚主任既已离永不负责任,自应举有完全负责代理之人,方得远行,岂能置交款于不顾?惟据称"永绅胡耀南等托自治委员应贻哲、陈警佐转辗传达,声言要洋三千元"等语,如果属实,此风又何可长?合亟令仰该知事确切查明,依法办理,并将办理情形具报。该知事负有监盘之责,并应督催前后任赶将交代算清,依限结报,均毋违延,切切。此令。

中华民国五年十月十七日

省长吕公望

(原载《浙江公报》第一千六百五十三号,一八页,训令)

浙江省长公署指令第一千六百五十六号

令长兴西安督察分所警佐蒋奇云

呈一件为创设小菜暨停车各场

并重修市道请行文绅董劝募由

呈悉。仰商承该县知事会同就地绅商筹办可也,所请应毋庸议。再,嗣后如有呈请文件,应呈由该县知事兼所长核转,毋得越呈,并仰

---

①　绅县,疑为"县绅"之误。

知照。此令。十月十四日

（原载《浙江公报》第一千六百五十三号，二一页，指令）

浙江省长公署咨复省议会

为本署顾问谘议已实行裁撤由

浙江省长公署为咨复事。案准贵议会咨开，"案查吾浙独立以来，顾问、谘议多至数百人，省长延揽英才，用意至盛。第官以治事，禄以养廉，无所事而予以俸给，非君子爱人以德之道。况今国家以借债为生，人民以重税为苦，财政艰难达于极点，又何可滥耗巨款，以养闲曹？其有德业闻望，不能系以一官，而政事之谘询，容有待于硕彦，不得已特定名称，优其位置，本非不可，但须一律改为名誉职，以节经费。本会依照《省议会暂行法》第十六条第九项提出《顾问谘议改为名誉职建议案》，业经大会公决，相应备文咨请查照施行"等由。准此，查本署顾问、谘议等职，业于本月一号起分别裁撤，其德望较隆，堪备政治之谘询者，亦复改为名誉职，不支月薪，并经分别函知。合将前已办过情形备文咨复贵议会查照。此咨
浙江省议会

浙江省长吕公望

中华民国五年十月十七日

（原载《浙江公报》第一千六百五十四号，一九一六年十月二十一日，四页，咨）

浙江省长公署咨农商部

咨送葛景伊等请采诸暨锌矿矿图保结等件由

浙江省长公署为咨行事。案据矿商葛景伊等呈称，"拟在诸暨县小东乡吾家坞村铜岩山地方开采锌矿，共计矿区面积五十二亩八分六厘，遵章备具矿图、保结等件，送请转咨核给采照，并声明此案经先

禀准农商部备案"等情前来。当经饬县查复，并无纠葛错误，附呈矿图，核与《条例》规定亦属符合，惟出具保结之平湖县商会总理陆惟鋆，即系该公司合办矿业人，能否列名担保，按照《审查矿商资格规则》，并无明文规定。除批示外，相应据情并检同矿图三分、履历保结一分，备文咨送贵部请烦核复施行。此咨

农商部

计咨送矿图三分，保结一分。

浙江省长吕公望

中华民国五年十月十八日

（原载《浙江公报》第一千六百五十四号，四至五页，咨）

浙江省长公署咨财政部农商部

为财政厅呈为转报地方实业银行派选董事稽查人员请核咨由

浙江省长公署为咨明事。本年十月七日，据财政厅长莫永贞呈称，"案查浙江地方实业银行前送《章程》，曾于本年二月间奉前巡按使公署转准财政部咨复，'应将第二等条分别删改'等因，饬知遵办，当经吴前厅长转饬该银行遵照办理。嗣据具呈以'《章程》内官派稽查拟请改定一人，以节经费'等情，又经核准照办在案。兹据该银行以'《章程》规定董事九人官四商五，已奉省长委任顾松庆、周锡经、袁钟瑞、张宗峄四人，并由商股东公举朱荣璪、朱佩珍、楼景晖、朱钧、胡道源五人为本银行董事。又规定稽查二人官商各一，已奉钧厅委任温玉，并由商股东公举施凤翔为本银行稽查员。应请转呈省长报部备案'等情，并据将《章程》修改缮送前来。厅长复加查核，《章程》内第十一等条尚未妥洽，原送《储蓄章程》亦与部颁则例未符，除再一并发还令饬更正缮送外，所以该银行派选董事、稽查人员合先具文呈报，仰祈核咨"等情。据此，本省长复核无异，除指令并分咨农商部、财政部外，相应咨明大部，请烦查照备案。此咨

财政部

农商部

浙江省长吕公望

中华民国五年十月十八日

（原载《浙江公报》第一千六百五十四号,五页,咨）

浙江督军公署训令第二九六号
浙江省长公署训令第八四一号

令各属准江苏省长咨台湾人周少卿等来浙游历由

令交涉署长、温交涉员、宁交涉员、宁警厅长、警政厅长、暂编第一师长、暂编第二师长、嘉湖镇守使、台州镇守使、暂编混成旅长、各县知事

本年十月七日准江苏省公署咨开,"案据特派江苏交涉员杨晟呈称,'顷准日本国总领事函,以台湾人周少卿、周文祥赴江苏、江西、湖南、湖北、浙江、福建、安徽、直隶游历,缮给护照请盖印前来。除将护照印发外,理合呈请察照,转饬各属,俟该台湾人到境呈验护照时,照约保护'等情。据此,除训令各属保护并分咨外,相应咨请贵省长查照,希即转行各属照约一体保护"等由。准此,除分令外,合行令仰该　　即便转令所属一体照约保护,并将该台湾人入境出境日期呈报备查。此令。

中华民国五年十月十八日

督军兼署省长吕公望

（原载《浙江公报》第一千六百五十四号,六页,训令）

浙江督军公署训令第二九七号
浙江省长公署训令第八四二号

令各属准江苏省长咨葡人蔡和霄来浙游历由

令交涉署长、温交涉员、宁交涉员、宁警厅长、警政厅长、暂

编第一师长、暂编第二师长、嘉湖镇守使、台州镇守使、暂编混成旅长、各县知事

本年十月七日准江苏省公署咨开,"案据特派江苏交涉员杨晟呈称,'顷准葡国总领事函,以蔡和霄随带散子猎枪三枝、子弹一千五百粒,赴广东、山东、浙江、江苏、直隶、湖北游历,缮给护照请盖印前来。除将护照印发外,理合呈请察照,转饬各属,俟该葡人到境呈验护照时,照约保护'等情。据此,除训令各属保护并分咨外,相应咨请贵省长查照,希即转行各属照约一体保护"等由。准此,除分令外,合行令仰该　即便转令所属一体照约保护,并将该葡人入境出境日期呈报备查。此令。

中华民国五年十月十八日

督军兼署省长吕公望

(原载《浙江公报》第一千六百五十四号,六至七页,训令)

浙江督军公署训令第二九八号
浙江省长公署训令第八四三号

令各属准江苏省长咨英人该赐来浙游历由

令交涉署长、温州交涉员、宁波交涉员、宁警厅长、警政厅长、暂编第一师长、暂编第二师长、暂编混成旅长、嘉湖镇守使、台州镇守使、各县知事

本年十月七日准江苏省公署咨开,"案据特派江苏交涉员杨晟呈称,'顷准英国总领事函,以该赐随带猎枪二杆,赴江苏、江西、浙江、安徽游历,缮给护照请盖印前来。除将护照印发外,理合呈请察照,转饬各属,俟该英人到境呈验护照时,照约保护'等情。据此,除训令各属保护并分咨外,相应咨请贵省长查照,希即转行各属照约一体保护"等由。准此,除分令外,合行令仰该　即便转令所属一体照约保护,并将该英人入境出境日期呈报备

查。此令。

中华民国五年十月十八日

督军兼署省长吕公望

（原载《浙江公报》第一千六百五十四号，七页，训令）

浙江督军公署训令第二九九号
浙江省长公署训令第八四四号

令各属准江苏省长咨奥人立巴尔来浙游历由

令交涉署署长、温州交涉员、宁波交涉员、宁波警察厅厅长、警政厅厅长、暂编第一师师长、暂编第二师师长、混成旅旅长、嘉湖镇守使、台州镇守使、各县知事

本年十月七日准江苏省公署咨开，"案据特派江苏交涉员杨晟呈称，'顷准奥国总领事函，以立巴尔赴江苏、江西、安徽、浙江、河南、山东、直隶、湖北游历，缮给护照请盖印前来。除将护照印发外，理合呈请察照，转饬各属，俟该商人到境呈验护照时，照约保护'等情。据此，除训令各属保护并分咨外，相应咨请贵省长查照，希即转行各属照约一体保护"等由。准此，除分令外，合行令仰该　即便转令所属一体照约保护，并将该奥人入境出境日期呈报备查。此令。

中华民国五年十月十八日

督军兼署省长吕公望

（原载《浙江公报》第一千六百五十四号，七至八页，训令）

浙江督军公署训令第三〇〇号
浙江省长公署训令第八四五号

令各属准江苏省长咨日人人神尾茂来浙游历由

令交涉署署长、温州交涉员、宁波交涉员、宁警厅厅长、警政厅厅长、暂编第一师师长、暂编第二师师长、混成旅旅长、嘉湖镇

守使、台州镇守使、各县知事

本年十月七日准江苏省长公署咨开,"案据特派江苏交涉员杨晟呈称,'顷准日本国总领事函,以人神尾茂赴江苏、浙江、安徽、山东、直隶、河南、湖北、湖南游历,缮给护照请盖印前来。除将护照印发外,理合呈请察照,转饬各属,俟该日本人到境呈验护照时,照约保护'等情。据此,除训令各属保护并分咨外,相应咨请贵省长查照,希即转行各属照约一体保护"等由。准此,除分令外,合行令仰该即便转令所属一体照约保护,并将该日本人入境出境日期呈报备查。此令。

中华民国五年十月十八日

督军兼署省长吕公望

（原载《浙江公报》第一千六百五十四号,八至九页,训令）

浙江省长公署委任令第二十七号

令委建德县知事验收第九中校三年度建筑工程由

令建德县知事

案据前省立第九中学校校长徐檀呈称,"窃敝校三年度建筑费银二千元,前经绘图呈明,拟建楼房上下十六间,估洋一千五百元,平屋五间,估洋五百元。讵知投标后,得标者以材料昂贵,延宕不前,经函请建德县知事追回领款,改为雇工另办。现已建成楼房一座,计上下六间,与原绘图样无异,又音乐教室一座,计平屋三间半,盥洗室一座,计平屋七间,均于报销册内详细说明。计三座共用银一千五百五十七元三角五分九厘,仰恳派员勘验核销"等情,并送报销册到前民政厅。据此,除令复外,合行检同报销册及该校前送《建筑图说》各一本,令仰该知事就近前往该校切实勘验工程是否结实,装置是否齐全,款项有无浮冒,详细具复,以凭核夺。册、图仍缴。此令。

附发《建筑图说》及报销册各一本。

中华民国五年十月十七日

省长吕公望

（原载《浙江公报》第一千六百五十四号，九页，训令）

浙江省长公署训令第八百十六号

令海宁等县参照杭县暨警政厅打捞野荷花办法由

令余杭、海宁、崇德、吴兴、长兴、嘉兴、平湖、桐乡、德清、武康、嘉善、海盐县知事

案查运河一带滋生野水荷花，妨碍交通，迭经前按署暨前民政厅先后饬行各该县知事会同各驻在水警署队不分汶港、运河，一律勘拔各在案。嗣据杭县知事拟定办法四端，呈由前民政厅指令照准，并将奖励水警及验收多寡各办法咨请警政厅转令核议去后。兹据该厅将是项办法列摺呈送前来，经本公署逐款查核，尚属可行。惟此次野荷滋生水面，飘泊无常，非各县同时并举，不足以净根株，应即定于十一月一日一律举行。除指令暨分令外，合就抄同呈、摺各一件，令仰该知事会同各该水警参酌办理，经此次通令会同拔除以后，倘查有根株尚未净绝之处，定惟各该知事及经办人员是问。事竣仍将办理情形暨所需款项核实造报，以凭派员查勘察夺，切切。此令。

计抄发呈、摺各一件。

中华民国五年十月十七日

省长吕公望

附原呈

为咨复事。案查打捞野荷花一案，前准贵厅咨照来厅，当即训令内河水上警察厅转饬赶速妥议办理，并将议办情形具复。兹具该厅复称，"奉经转饬第一队长何元杰妥议呈复去后，兹具

该队长呈议办法十款,缮具清摺前来,合行呈送核转"等情。据此,敝厅详加察核,尚属可行,准咨前由,相应抄录清摺,备文咨请贵厅长查核,仍希见复,以便转令遵行。此咨

浙江民政厅厅长王

计咨送清摺一扣。

警政厅长夏超

谨将遵议打捞境内野荷花办法十条开具清摺,呈送钧核。

计开:

一、填积处宜编竹排装运也。野荷滋长,日增月盛,谬种流传,久成深患,自古蔓草无此难图,其各桥下及有障碍之处,委积尤多。小舟往返运装,多费人工时间,宜编大竹排数具,用两小船曳至各该处最多处,人在排中,先将野荷手取入排,铺满一层,即立草上,愈高则用长柄铁叉叉取,堆至不能再装而止。仍以两小船曳至指定堆积地点,搬运上岸。

一、宽阔处宜制大绳拦截也。是项野荷不胜其多,虽极空阔之处,亦常漂流满河,随处捞拔,一时断难净尽。宜制数十丈大麻绳数条,每隔数寸,四围依次插以竹签,两端各曳一船,左则皆左,右则皆右,同时摇至岸旁,则绳内野荷均已拦至边,填积一处,即用多数小工立时就岸搬运,极为迅捷。此系历试有效者。惟大绳在河,遇有停止通航之必要时,得随时暂令各该船只停泊,由督率水巡指挥之。

一、风起宜亟打捞也。例如北风一起,所有野荷尽集于北星、拱宸等桥之北,南风起,则集桥之南,宜乘此时期多集百夫,奋勇打捞,收效较易,成绩自多。

一、器用宜先置办也。善事利器,昔有明训。上年所置应用各件,久已损坏殆尽,不可复用,所有竹排、麻绳、篾筐、铁叉等项,应先支五十元,克日备齐,黏据支销,用昭核实。

一、官民宜通力合作也。野草蔽河，公费有限，凡属居民航民，其利赖此河道者，当然有通力合作之义务。宜由水警会同县公署随时随地剀切劝导，但不准藉端勒索，别滋情弊。

一、机关宜同时并举也。凡有管理地方之责而辖境内发见此项野荷者，虽半丈寸茎，一律芟夷净尽，非种必锄，毋以邻国为壑。

一、上流宜阻绝也。野荷之生，下河滋长固多，上河蔓延亦盛。下河之草不能越坝而上溯，上河之草无不尾闾于下流。若任因风乘流而止，则甫经捞尽，转瞬即满，或至倍蓰，将无复澄清之日。是宜责成坝夫悉力堵截，尽数芟除。

一、验收宜切实也。冬令野荷霜萎，收买省费，上年第二次打捞已值冬令，故即以筐计数，每筐给价一分七厘，至收买净尽而止。现正发达之时，枝粗叶大，数枝即盈一筐，计筐给价，费多难继，应仍以工数计算。兹拟每工每日给银元二角五分，租船一只每日两角，在外每一工日缴野荷三十余筐至四十余筐为率，不及三十筐者，罚令于翌日补足。至该野荷由河捞至船排，上岸点收时，每筐发筹一根，以便计数。用两水巡分司其事，一在岸旁发筹，一在积所收筹。筐内尤须装满结实，方准起卸。

一、工资宜稽核也。人夫孔多，非工头无以总其成，所有工资即不能不交工头以转给水警，事烦若令各该小工逐日赴队亲领，恐致稽延伫候之劳。惟工头是否实发，有无挪移，流弊不可不防，宜三五日亲自点名核给一次，如查有克扣延欠情事，立即追缴补发，以示体恤而免烦言。

一、奖励宜规定也。肃清河道，水警天职，栉风沐雨，敢惮烦劳。惟督除此项野荷，则各该水巡艰辛困苦，劳怨不辞，非徒循分供职而已。其善也急起直追，事半功倍；其不善则款掷虚牝，官民胥受其敝。是以督率不严，不得不加以相当之惩戒，而勤劳卓著,亦应予以特别之奖励。兹拟督率水巡长、水巡照案每日每名津贴饭费银元二角不计外,如果办公勤奋,蔓草胥除,水巡长应汇案分别呈请酌记大功、常功,水巡援照《赏罚暂行规则》奖赏银元自二元至二角不等,专文呈报核示。

（原载《浙江公报》第一千六百五十四号,九至一二页,训令）

浙江省长公署训令第八百二十号

令私立法校准教育部咨该校所请设立别科应毋庸议由

令代理私立浙江法政专门学校校长许壬

案准教育部咨开,"准咨开,据私立浙江法政专门学校校长阮性存禀称,'设别科缘由均属正当,应请准设别科,并请从速示复'等因到部。查法政别科,本部元年第二十号部令,限于四年七月三十一日一律停止。嗣因鉴于流弊,于二年十一月提前停办。即无提前停办之举,按诸元年部令,现亦早届停止之期。至法政毕业人员,现在统计,全国不下二万余人,而此项专门以上学校经部准予认可或备案者,合计公立、私立凡四十余所,每年每校毕业生平均以百应计之,几近四千余人,以之分布国家机关及社会各方面,度无不敷之处。若为深于旧学之人无处求学起见,当俟宪法成立,各项法规正式公布之后,听各地方酌设讲习所,择要讲授,造成适于实用之材,较诸空说法理,偏重学说,似差胜一筹,此时实无添设别科之必要。该校所请,应毋庸议。相应咨复查照饬遵"等由。准此,合就令仰该校长遵照。此令。

中华民国五年十月十七日

省长吕公望

（原载《浙江公报》第一千六百五十四号,一二至一三页,训令）

浙江省长公署训令第八百三十三号

令瑞安县知事据水利委员会呈为
瑞安北乡塘西等河涨地一案由

令瑞安县知事李藩

案据水利委员会技正林大同呈称，"本年十月四日据瑞安县公民林同等呈称，'窃缘瑞安县北乡廿六、廿七、廿八、廿九、三十等五都所有关于农田水利之河流，均发源于仙门、福泉两山，而必先经流于近山之塘西、石牌、下埭、滩塘、东桥等河。该河近在山麓，势已涨塞，年久失浚，涨塞日多，就近贫民因势为高，占作私田，相沿日久，侵占愈多，蓄泄不灵，为害滋大，约计面积得有百余亩。民国元年，本地自治团体因鉴于利害关系，业经集议疏浚，恢复原状，后以自治停废中止。民国元、二两年之水灾，因该河宣泄不灵，漂没患重。三年之旱灾，因蓄汇无功，损失更巨。盖此地为同等世住之乡，利害关系尤为密切，即是否官荒河涨，知之亦甚明了，况填涨之田虽久，而原河之样犹存，一勘即明，何劳推测？同等方幸自治庶几恢复，拟欲实行疏浚之前议，藉救水旱于将来。不料此等河涨，竟有不顾公益，出与贫民争占之劣绅，已于去年十二月间妄引垦荒之条例，朦报国有于县官。当时林前知事不加审慎①，遽尔派充亢汝丽前往勘丈在案。本年夏间该劣绅等私幸奸计得售，复又呈催县署，估计地价，请予报买给照管业。若果任其所为见诸事实，是逐渐填涨之私田，一变而为官卖价购之实业，彼时犹欲以疏浚水利之举开凿河涨，恢复原状，其能济乎？究其所极，无非仅二三报旱之劣绅欢天喜地，幸获利之独丰，而一般被害人民必至痛哭流涕，恨官绅而切骨也。贵会为兴办全省水利之中枢，同等利害攸关，不能不告，恳祈主持一切，准予分别转呈令饬核销县

---

① 林前知事，指林钟琪，字宝馨，福建侯官人。民国三年七月至民国五年六月任瑞安县知事。

案,以便异日照旧疏浚,补救水旱,地方幸甚,同等幸甚。为此敬乞会长迅速据案转呈,令县撤销而保农田,诚为公感'等情。据此,窃查该邑北乡近山之塘西等河,为该乡数万亩农田所藉以溉浸者,只以逼近山麓,冲卸泥沙,逐年淤塞,技正生长是邦,知之甚悉。兹据来禀所称,竟有二三劣绅指河涨为官荒,变公地为私有,如果属实,殊属骇人听闻。姑无论朦报官荒已有应得之咎,即以水利一端而论,河流愈窄,容水愈少,蓄泄失宜,旱潦可虑,其妨害水利,当为有识者所共知。况今日之河涨,经官荒之阶级变为私产,他日者河流愈窄,淤塞愈速,子母相生,侵占更易。此端一开,流弊遂无底止。事关水利,技正责任所在,未敢安于缄默,理合据情转呈,伏祈省长迅予调令瑞安县知事派员切实查明,取消前案,实行禁垦,并一面督同就地士绅,清查占地,筹议疏浚,总期恢复原状,庶隐患可以消除而民生不致憔悴"等情前来。查所称该县北乡塘西等河,如果有关该乡农田水利,曾经地方团体集议疏浚,自未便率准私人领垦,致妨灌溉。据呈前情,除令候行查外,合亟据情令仰该知事迅行查明前案,并绘附该各河形势,具复核夺。事关水利,毋稍徇延,切切。此令。

中华民国五年十月十七日

省长吕公望

（原载《浙江公报》第一千六百五十四号,一三至一四页,训令）

浙江省长公署训令第八百三十四号

令财政厅据天台袁魁杰呈张月波私开
典押冒领当帖请依法处分由

令财政厅长莫永贞

本年十月六日据天台袁魁杰呈称,"窃民等举发张月波私开典押,病民蠹国各等情,迭经奉饬天台县知事查明详复在案。讵张月波神通广大,贿嘱田知事任意捺搁,三奉钧批,延不一复。兹因田知事呈准辞职,张月波自知终难掩盖,辄敢化名张月槎,径向财政厅请领张春和号当帖,以为掩耳盗铃之计,蒙烛奸隐,批以'张春和一户请领当帖,其开设在城区,自应遵章照繁盛缴纳,未便准领偏僻,以杜取巧,并仰转饬该商补足捐银,换其申请书,再行呈请给帖'等示。叩察张月波凭执前清光绪年间早经闭歇之张春和废帖,私开典押,盘剥贫民,如克扣当本,婪索重利,缩短期限,上下洋申等弊,民之受其毒者,无不痛深骨髓,而张月波则因此家累千金。民国更新,犹不缴换新帖,遵章纳税,蠹国病民,莫斯为甚。现经民等举发,乃始则贿嘱掳复,继则化名冒领,奸商鬼蜮伎俩,诚有出于明鉴之外者。仰恳吊核全卷,扣留捐银,一面饬县将张月波私号先行封闭,并追缴历年侵蚀粮税,处以应得之罪,庶足以警奸商而杜冒混。为此请求察核施行,实为公便"等情。据此,除批以"呈悉。所控各节,究系是何实情,仰候令行财政厅查明核办。此批"等语印发外,合亟令仰该厅长即便查核办理具报毋延。此令。

中华民国五年十月十七日

省长吕公望

(原载《浙江公报》第一千六百五十四号,一四至一五页,训令)

浙江省长公署训令第八百三十七号

令瑞安知事据该县民陈珍生暨黄黼枢等
呈争显佑庙产一案仰即遵令办理具复由

令瑞安县知事李藩

据前民政厅转呈,据该县民陈珍生等呈称,"蔡贻芳、黄黼枢管理显佑庙产,破坏公益,请饬县照章委绅接管"。同时并据该厅转呈,据惠民仓董黄黼枢等呈称,"学校透支仓款,请饬县令校如数拨还,以重仓储"各等情。据此,查是项庙产,经前按署饬据该县林前知事复称,"业经由县担任整顿,并拟定《仓庙办事规则》二十条,俾知遵守"在案,何以又有私举董事、破坏公益等情事之发现?应由该知事查照前案,迅将该庙所款产及簿据等件一并提县,在地方自治未回复以前,即交由自治办公处暂行接管,以免争执。至透支之学款,究竟有无其事,并仰查明,推衡缓急,妥为议办。仍将办理情形具复,一面示谕该民等知悉。此令。

中华民国五年十月十七日

省长吕公望

（原载《浙江公报》第一千六百五十四号,一五页,训令）

浙江省长公署训令第　　号

令高检厅准司法部咨复兰溪管狱员
沈明时资格相符准予备案由

令高等检察厅长殷汝熊

本月十二日准司法部咨开,"前准贵公署咨开,'据高等审判厅长详称,'兰溪县管狱员病故,亟应遴员接充。兹查有沈明时,系浙江私立法政学校法律别科毕业,核其资格①,与《文职普通考试令》第三条第二款、第四款均属相符,详请核委'等情。当经复询该员人尚谨饬,堪以委署,除饬厅知照外,抄录履历,检同证明文件,咨陈核办'等因到部,经部复核无异,应准备案,相应连同凭证一通,咨复查照,并请转饬该厅遵照"等由,并附送文凭一件到署。准此,查该管狱员沈明时前据高等审判厅取具履历暨毕业证书,详经前巡按使核委,并咨部查核在案。兹准前由,合将文凭一件令发该厅,仰即查收给领,并转咨同级审判厅知照。此令。

计发沈明时毕业文凭一件。

中华民国五年十月十八日

省长吕公望

（原载《浙江公报》第一千六百五十四号,一五至一六页,训令）

---

① 其,底本误作"具",径改。

浙江省长公署训令第八百五十七号

令各县知事准农商部咨各商毋得任意
假冒外商牌号饬属示谕劝导由

令各县知事

本年十月二日准农商部咨开，"近闻各处商人每有假冒外商牌号，或将货物用相近外货之包皮并其颜色、式样、装饰伪造等弊，以图获利。似此作伪心劳，殊与各国商人声誉有关，而于本国商品转无发达之望，应请饬属示谕，善为劝导，但使国货力求改良，销路不难畅旺，毋得任意假冒，以保名誉而维信用。相应咨行查照办理可也"等因。准此，除分行外，合亟令仰该知事即便遵照办理。此令。

中华民国五年十月十八日

省长吕公望

（原载《浙江公报》第一千六百五十四号，一六页，训令）

浙江省长公署指令第一千六百八十四号

令桐乡县知事余大钧

呈一件为改委掾属开送履历请注册由

呈悉。准予注册。履历存。此令。十月十七日

附原呈

呈为改委掾属分配职掌开送履历请赐鉴核注册事。窃职署佐治掾属向设总务、民政、财政、教育四科，每科委任主任、助理各员，业经知事先后详奉前钱塘道道尹转奉前巡按使核准注册在案。兹查有总务科主任王绍庭、教育科助理应燊因事回籍，先后呈请辞职等情，据经照准，所遗总务科主任一缺，查有向充总

务科助理倪枳,学识优长,心思缜密,堪以升充;其教育科助理一缺,查有徐昌明,办事勤奋,尤谙教育,堪以委充。除分别委任外,理合将各该员职掌履历,缮具清摺,备文呈请,仰祈钧长鉴核俯赐注册备案,实为公便。谨呈。

（原载《浙江公报》第一千六百五十四号,一九页,指令）

浙江省长公署指令第一千七百零一号

令萧山县知事王右庚

> 呈一件呈前民政厅为仿办县属各高小校联合
> 运动会动支地方学款息金请示由

据呈已悉。应准照办。此令。十月十七日

（原载《浙江公报》第一千六百五十四号,一九页,指令）

浙江省长公署指令第一千七百零四号

令嵊县知事牛荫麐

> 呈一件呈前民政厅送县立中校四年度
> 管教员学生一览表由

呈、表均悉。查学生一览表内,原校一栏,未据将"毕业"或"未毕业"字样填明,无凭核办,应发还加填并装订成册,连同学年度管教员、学生一览表一并送候核夺,仰即转行遵照。此令。十月十七日

计发还表四份。

（原载《浙江公报》第一千六百五十四号,一九至二〇页,指令）

浙江省长公署指令第一千七百零五号

令淳安县知事汤国琛

> 呈一件呈前民政厅为三四年分教育报费早经清解由

呈悉。查该县前解两次报费系第一、二年之报价、邮费,据称三、

四年分教育报费,早经清解,殊属误会。至第三年报费,既准部咨催汇,亦不得延至年内再解,应仍克日遵照解候汇转,毋得稍延。此令。
十月十七日

（原载《浙江公报》第一千六百五十四号,二〇页,指令）

浙江省长公署指令第一千七百零七号

令云和县知事赵铭传

呈一件呈前民政厅查复县视学沈桐被控一案由

呈悉。各校补助费,既系由学务委员及学董等一同会议分配,尚无不公,应将该视学免予置议。惟嗣后视察不得再另委托,以重职务,仰即查照并转令该县视学遵照。此令。十月十七日

（原载《浙江公报》第一千六百五十四号,二〇页,指令）

浙江省长公署指令第一千七百零八号

令於潜县知事平智础

呈一件呈前民政厅为拟将旧教演场借充公众运动场由

查此案据郭前知事呈拟[①],即将县立高小校课外运动场作为公众运动场,经前民政厅以"该场究有面积若干,是否原系公共场地划分设置,于学校有无妨碍,批饬查明复核"在案。兹阅来呈,于前案一未提及,究竟该郭前知事所拟办法是否可行,是项公众运动场关系社会体育,须有各种设备,且系永久机关,场址一项务应确定,何以来呈又仅请借用旧教演场,应再由该知事切实查明,择定地址、勘明四至、亩分,绘图说呈候核夺,仰即遵照。此令。十月十七日

（原载《浙江公报》第一千六百五十四号,二〇至二一页,指令）

---

① 郭前知事,指郭曾煜(1881—?),号亦廉,福建侯官人。民国四年十二月在任,至民国五年八月交卸。

浙江省长公署指令第一千七百十六号

令嘉兴县知事

呈一件为条陈该县地方兴革事宜由

呈及清摺均悉。所拟兴革各项，业经分别核明批答、随令抄发，仰即遵照办理，仍将遵办情形具报。其原摺及本署批答并即分录报由主管各官署查考。清摺存。此令。十月十七日

实业条陈批答

据陈设立堆栈、缫丝厂，于商业前途均关紧要，着即妥拟办法，呈候核夺。

教育条陈批答

县内如有办理最善之校，尽可指令各校派员参观，不必标榜模范之名转滋纷扰。余如所拟办理。

财政条陈批答

该邑现征田赋较原额短收尚巨，挤查阖邑土面，既无整段荒产，其为隐熟作荒，以多报少，自无疑义。所拟变通《荒地承垦条例》限期呈报升科办法，果能切实举行，于国家收入、人民产权洵属两有裨益，仰即拟具细则并册照式样，送由财政厅详加审核转呈察夺。至地丁抵补金、滞纳罚金，前准量予核减，已属格外体恤，且事关通章，未便遽议更张，所请免予征收及恢复催传方法之处，应毋庸议。

警政条陈批答

设所教练，原属警政之要图，惟经费一层不能不确切指定，免致敷衍塞责及中途停止之病。折称该县警费预算绰有余裕，是否即指解省余款而言，仰即明白声叙，并将拟具规则一并呈夺。扩充警额，如有必要时，而经费又能支出，自可照行，惟据称

警费余款未经叙明种类,一如前条无从查核,应即并案声复,以凭核令遵照。

司法条陈批答

该县审检所现据高等审厅具报成立,所陈第一、二、三三条,应与专审员会商明确,专文呈请高等厅核议饬遵具复。第四条除叙官一节,已奉明令废止外,所请援照苏省官俸官等一律之处,亦系牵动预算,应候中央订定划一办法公布遵行。至推广罪犯作业,办理甚是,仰即另文呈报立案,督饬管狱员认真办理。

(原载《浙江公报》第一千六百五十四号,二一至二二页,指令)

浙江省长公署指令第一千七百十七号

令临安县知事

呈一件为条陈该县地方兴革事宜由

呈及清摺均悉。所拟各项办法,业经分别核明批答、随令抄发,仰即遵照办理,仍将遵办情形具报。其原摺及本署批答,并即分录报由主管官署查考。清摺存。此令。十月十七日

财政条陈批答

各县应征钱粮未能照额征足,虽由于花户之疲玩,亦未始非经征官催征不力所致。据称该知事到任三月以来,计征起旧欠银上千余两、米一千四百余石,预计完数可到九成以上,具征催科认真,其余未完各户,应再切实限催,慎勿始勤终懈。清查粮额尤为整顿田赋切要之图,务宜积极进行,毋任再有隐漏。屯田缴价,业已办到九成左右,此外未缴各户既系贫苦小民,其不无可悯,应准稍事变通,再予展限一日,以示体恤。丙种烟酒牌照捐及小本营生收数无多,诚不免迹涉苛细,惟事关通章,能否变通办理。仰行财政厅议复核夺。

实业条陈批答

缫丝织绸为保全丝业要策，亟应积极进行，不得藉口无款，延不举办。余如所拟办理。

教育条陈批答

单级教授本有分课办法，据陈各弊，则该县号称单级学校者，必系有名无实，应即依法改良，以收实效。参观范围以本县为限，亦嫌太隘，须设法推广。余如所拟办理。

警政条陈批答

据称该县北乡横坂镇穆公村一带发生赌盗各案较各乡为甚，拟添设警察十名，试问地既险要，区区十名警察，于事爰济？查《地方保卫团条例》第一条之规定，未设警察地方应行设立保卫团，以资防卫。该县横坂镇穆公村等处，如未办有保卫团，应即迅行举办，已办者亦应切实整顿，不得藉词诿卸。水龙会既由各铺户自行组织，购置水龙，自应劝谕各该铺户集资购办。余准照行。添设清道夫经费，请于公益费项下支销，为数甚微，应即照准。取缔演戏，应将《取缔规则》专案呈核，再行令遵。

司法条陈批答

监狱工场拟扩充竹、木两料，克日重办，事属可行。惟须切实整顿，勿使有名无实，庶几渐收成效，仰即妥筹办理可也。

（原载《浙江公报》第一千六百五十四号，二二至二三页，指令）

浙江省长公署指令第一千七百十八号

令武康县知事

呈一件为条陈该县地方兴革事宜由

呈及清摺均悉。所拟各项办法，业经分别核明批答、随令抄发，仰即遵照办理，仍将遵办情形具报。其原摺及本署批答并即分录报由主管官署查考。清摺存。此令。十月十七日

实业条陈批答

所陈改良窑业、创立工厂、取缔潮茶等事,准予照办,仰即详拟办法呈候核夺,毋得以空言塞责。余如所拟办理。

教育条陈批答

推广小学、取缔私塾、禁吸烟草,均经定有办法通饬在案,应即查照办理。县志为文献所关,自不容缓,惟办法若何、经费如何筹集,未据声叙,着即补报备核。余如所拟办理。

财政条陈批答

该县田赋短收甚巨,显有隐熟作荒、以多报少情弊,亟应认真整顿,以期恢复原额。仰即按照所陈办法妥拟施行细则送由财政厅核明转呈察夺,一面将未完民欠赶紧催征报解,以顾考成。其余各项捐税,亦应切实办理,不得以地处僻壤,藉词诿延,切切。

警政条陈批答

该县上柏地方商业较盛,仅有警察五名,诚属无济于事。既据有款可筹,所拟添警四名,应准照办。路灯、消防各费,既可由商民捐集,应即着手进行,毋以空言了事。掩埋露棺,早经通令在案,时阅数年,尚复如是,奉行不力,何可讳言,由县定章执行,未始不可,仰将章程呈核令遵。清道与迁移溺所二条,均准照拟办理。拆迁学舍固为预防危害之图,然居住此项学舍者多为贫苦小民,迁徙为难,亦应顾及,勿涉操切,致滋他故。

统观所陈兴革事宜,除一项甲款外,皆系一种办事之手续,并无所谓计画,其平日之不留心警政也可知。嗣后务须悉心计画为要。

司法条陈批答

据陈关于司法兴革事项,既经次第整顿,渐有起色,此后仍须实力进行,毋始勤终怠,是为至要。

(原载《浙江公报》第一千六百五十四号,二三至二四页,指令)

浙江省长公署指令第一千七百二十号

令财政厅长莫永贞

呈一件呈为具复临安县金任交代总散册

尚未造送款亦未据解清等情由

呈悉。前任临安县知事金华封卸事已久,认解款项迄未交清,殊属玩延,仰即由厅严催该知事克日扫解具报,一面训令现任黄知事将交代册结赶紧造送,均毋任延,切切。此令。十月十七日

（原载《浙江公报》第一千六百五十四号,二四页,指令）

浙江省长公署批第五百十六号

原具呈人绍兴俞仲立

呈一件呈宋知事藐视盗案请严令勒缉赃盗由

呈及失单均悉。查此案前据该县知事呈报,当经令行高等检察厅转令会督水陆兵警,购觅眼线、上紧跟缉,务将此案正盗原赃悉获,诉办在案。据呈各情,如果属实,殊属泄延,仰候令厅严令该县知事赶速严密侦缉,务获送究,一面并先查明盗匪主名,呈候通缉可也。此批。失单存。十月十六日

（原载《浙江公报》第一千六百五十四号,二五页,批示）

浙江省长公署批第五百二十三号

原具禀人前参议会文牍员陈翰如

禀一件为请求以警佐存记由

禀、件均悉。准予以警佐存记,从优尽先委用。证书发还。此批。十月十七日

（原载《浙江公报》第一千六百五十四号,二五页,批示）

浙江省长公署批第五百二十六号

原具呈人龚宝铨等

呈一件为请给恤阙麟书营葬费由

呈悉。查阙麟书因奔走国事，积劳病殁，殊堪矜悯。惟比年以来，各省志士为国尽瘁赍志以殁者，所在多有，应如何优予议恤，政府必有明令颁布，应俟届时汇案办理，所请拨给葬费之处，应毋庸议，仰即知照。此批。十月十七日

（原载《浙江公报》第一千六百五十四号，二五页，批示）

浙江省长公署批第五百二十七号

原具呈人永嘉商民项正昌

呈一件为赴城运货被统捐分局勒令重捐请饬查由

呈悉。查《统捐章程》，运销货物应于第一次经过之征收局一次捐足，嗣后经过各局查验，货票相符即予放行，其未经报捐之货，自应照章纳捐，本与县治疆域无所关系。据呈是何实情，姑候令饬财政厅转行该局查复核夺。此批。十月十七日

（原载《浙江公报》第一千六百五十四号，二五至二六页，批示）

浙江省长公署训令第七百八十号

令各县知事转行讲演所遵讲严禁鸦片由

令各县知事

案准教育部咨开，"案查本月十九日奉大总统令，'鸦片流毒垂数十年（文云已见九月二十六日命令门），惟有执法以绳其后，不容遗孽再毒新邦，懔之毋忽'等因。奉此，相应咨行贵省长，通饬所属传知各讲演机关一律遵办，仍将所编讲稿及办理情形具报备查"等因。准此，除分令外，合就令仰该知事即便转行所属公私立讲演所一体遵照

办理,仍将遵办情形及所编讲稿呈候复核转报。此令。

中华民国五年十月十八日

省长吕公望

（原载《浙江公报》第一千六百五十五号,一九一六年十月二十二日,四页,训令）

浙江省长公署训令第七百八十四号

令各县知事杭州商务总会据甲种商校
呈请分行录用第三班本科毕业生由

令各县知事、杭州商务总会总理

案据省立甲种商校校长周锡经呈送第三班本科毕业生名册,请援照前例分行公私各机关酌量选用等情。据此,查该校长所请分行录用各毕业生,系为鼓励商业教育起见,自应如呈查照上年办法,由各商业机关酌量任用。除分令并蔡惟康一名候令财政厅转送银行任用外,合就抄发名册,令仰该知事转行所属/总理介绍各商业机关酌量任用,藉资鼓励。此令。

计抄发名册一件。

中华民国五年十月十八日

省长吕公望

浙江省立甲种商业学校谨将第三班本科毕业生等次姓名各项开呈鉴核。

计开:

甲等一名

蔡惟康　二十二　余姚

乙等八名

徐纪汉　二十一　诸暨

程庭梧　二十　　金华

王　玠　十八　　杭县

姚昌震　二十一　杭县

姚彦中　十七　　余杭

朱义赞　二十一　杭县

鲁仲希　十七　　杭县（原籍绍兴）

周第元　二十　　诸暨

丙等二十名

赵锡麟　二十三　诸暨

钱懋勋　十九　　嵊县

周赓昌　十八　　诸暨

徐　端　二十一　嵊县

姚同有　十九　　杭县

周振叶　二十　　诸暨

田岁成　二十　　绍兴

徐森卿　十九　　诸暨

吴仁元　十九　　杭县

田曾垲　二十　　绍兴

王祖彭　十九　　萧山

褚保寿　十九　　余杭

叶瑞蓂　十九　　杭县

薛兆驹　十八　　杭县

陈　彭　十九　　慈溪

傅乾中　十九　　诸暨

王荫棠　二十二　杭县

杨鸣锵　二十一　平阳

金宝书　二十　　杭县

王耀铨　二十一　嵊县

（原载《浙江公报》第一千六百五十五号，四至六页，训令）

浙江省长公署训令第八百零五号

令各县知事遵限裁撤县属警队腾出
经费预备办理自治由

令七十五县知事

案据前民政厅拟呈《裁撤县属警队办法》到署，当以"呈、摺均悉。所拟《裁撤县警队办法》应准照行，仰即通令各县遵照办理，并候咨部备案。惟此项警队经费，各县多寡不一，现在裁撤警队，腾出经费，以为日后办理自治之用，并仰分别查明确数具报，以资稽考而凭计画。至县警队裁撤之后，各县防缉事务，自应预为顾及，并候咨请督军饬属协助，并令警政厅转令所属水陆队警切实办理。其各县警察及保卫团均有防护地方之责，并应由厅分令，认真整顿，以免疏虞，是为至要。此令"等语指令遵照，并经分别咨令在案。兹查本公署接收前民政厅卷内，前项指令该厅于奉到时适值改组，未及照行，合亟抄粘原呈并《裁撤县属警队办法》，令仰各该知事遵照前项指令分别办理，具报备查。至该《办法》第一条后段应改为"兵额在十名以上者，限于本年十月末日裁撤一半，十一月十五日以前裁撤一半"，并仰遵照。此令。

计抄粘原呈一件，《裁撤县属警队办法》一扣。

中华民国五年十月十八日

省长吕公望

（原载《浙江公报》第一千六百五十五号，六页，训令）

浙江省长公署训令第八百二十一号

令公立法校准教育部咨废止法政讲习所章程由

令公立法政专门学校校长周伯雄[1]

案准教育部咨开，"案查上年本部根据《教育纲要》拟定《各省法政专门学校暂勿扩充班次及另设法政讲习所办法》一案，业经呈准通行在案。现在前颁《教育纲要》既经本部呈请废止，其《法政讲习所章程》应归无效，相应咨请转令查照"等因。准此，查此项《章程》经前按署转发该校在案，兹准前因，合就令仰该校长查照。此令。

中华民国五年十月十七日

省长吕公望

（原载《浙江公报》第一千六百五十五号，六至七页，训令）

浙江省长公署训令第八百二十六号

令财政厅据永嘉商民项正昌呈为赴城运货
被统捐分局勒令重捐请饬查由

令财政厅长莫永贞

据永嘉县商民项正昌以该商"赴本城运货，经过河道一处，系瑞连界，因被永嘉统捐南辉分局不准放行，勒令重捐，请赐饬查"等情具呈前来。查《统捐章程》运销货物应于第一次经过之征收局一次捐足，嗣后经过各局查验，货票相符即予放行，其未经报捐之货，自应照章纳捐，本与县治疆域无所关系。据呈是何实情，合行令仰该厅转行永嘉统捐征收局查明具复核夺。此令。

计钞呈[2]。

中华民国五年十月十七日

---

① 周伯雄，底本误作"周伯碓"，径改。

② 底本如此，疑有脱漏。

省长吕公望

（原载《浙江公报》第一千六百五十五号，七页，训令）

浙江省长公署训令第八百四十七号

令江山知事据委查复警佐李春馥被控各款情形由

令江山县知事程起鹏

案查前民政厅据该县公民毛光辉等禀控"警佐李春馥品行悖谬，举动违法，败坏风俗，扰害闾阎"等情，当经前民政厅派委视察员胡懋勋驰往澈查去后。兹据胡视察员复称，"视察员遵经驰抵江山县境，沿路访查，先至距城二十里之平坦地方，遇一何姓老人，与之闲谈地方之安否，引入警察所之办事如何，据该老人云，自李警佐接任以来，并无何种成绩之可言。其现娶为妻之杨氏，先经其父杨藻许配陈尚朝之弟为婚，李警佐与杨氏私通情密，图娶为妻。杨藻有烟癖未除，欲依李警佐为之庇护，出洋三四十元令陈姓退婚，陈姓人亦知杨氏既与李警佐有私，终属不利于夫，因此允退，故李警佐得以明娶为妻。即此一端，已足为我江山人民所不齿矣。迨至该县城内，在城隍庙闲坐，与徐姓测字者偶然谈及该警佐娶妻一节，与上述情事相同，即旅店茶肆中人，亦属异口同声。此查明李警佐被控禀列第一款之情形也。

"至江山县城内秘密卖烟之户，尚未尽绝，独地方人民不肯遽以告人，视察员亦未便穷诘其详，致露声色。惟询一轿夫，据云城内市心街经堂巷底第二家白杉木门内，向来卖烟，遂于该处寻踪走入，见有烟具陈于榻上，只一妇人在，曾向购买烟泡一个，托为治病之用。询其名曰元面，问其夫称往衢县买物。由此走出，相隔不远，即县警察所。以此观之，是该县人民之烟癖未除者，非止杨藻一人而已。该县官厅之对于烟禁不严，亦可概见。此查明李警佐被控禀列第二款之情形也。

"至该县治土娼，由来已久，官场中人恒有涉迹其地。惟该警佐自本年八月间娶得杨氏后,于土娼家渐小往来。此查明李警佐被控禀列第三款之情形也。

"至江山城厢街道甚狭,人迹亦稠,该警佐间或乘马奔驰,行人走避不及,致被撞倒者,事属有之。此查明李警佐被控禀列第四款之情形也。

"至本年六月间看守所管押贼犯廖金海,乘夜脱逃,已上屋顶,经看役知觉,喊由警察围捕,该犯失跌落地,被警察开枪击毙,有城隍庙内徐姓测字老人谈及,亦众人之所共知。此查明李警佐被控禀列第五款之情形也"等语前来。

查该警佐李春馥前因病请假三月,业经前民政厅照准遴委叶树蕃接代在案。据复前情,除禀列第五款原系分呈应由高等厅核办外,其余各款均经查明属实,该警佐李春馥荡检逾闲,荒废职务,应即撤任,遗缺即以现代警佐叶树蕃补充。除注册外,合行令仰该知事分别转令遵照,并将杨藻一名、元面一口,分别传验审办,以肃烟禁。仍令新委警佐认真查禁,俾清余毒,暨将一切警务切实整顿,用保治安。至该已撤警佐李春馥,现因周正熹被人暗杀案内被控嫌疑,经前民政厅令该知事毋许该警佐离县,静候司法官厅查办在案,并仰遵照前电办理,一并具报,切切。此令。原禀抄发,烟泡并发。

中华民国五年十月十八日

省长吕公望

(原载《浙江公报》第一千六百五十五号,七至九页,训令)

浙江省长公署训令第八百五十二号

令平阳县据该县农会报告前民政厅长垂询关于农业计划由

令平阳县公署知事张朝辅

案查该县县农会报告前民政厅厅长垂询各节,就中关于农业将来进行之计划,颇有可采,应由该县设法进行,以兴农业。除函复外,合亟照抄原送报告书，令仰该知事遵照。此令。

计抄发报告书一件。

中华民国五年十月十八日

省长吕公望

附　平阳县县农会报告书

谨将垂询各节分别报告，是否有当，仍请钧核。

计开：

一、县农会沿革。

光复后劝业所裁撤。民国二年经前知事周继善照会，浙江省立农校毕业生程卓组织斯会，同时照请各镇乡自治会每区遴选适合农会会员资格者四人，假座县议会投票选举，当选者正会长陈承绂，副会长周宏毅。旋即就旧劝业所房舍为事务所，历办三载，至本年春间期满，复经前会长陈承绂召集会员更选，驽钝如毅等谬膺斯职，力薄材疏，竭蹶时虞。此农会沿革之情形也。

一、现有举办之成绩。

应行举办事件，以地方风气未开，入会会员寥寥无几，经费乏人担负，虽官厅每月补助烟酒附加税大洋十元零六角六分，然杯水车薪，时形竭蹶。历来购运靛种、请领棉种分发农民试种，川资购费，亦均出诸前会长之私帑，所以调查、演讲诸事，概行搁置，勉强支撑，不足以言成绩也。

一、将来进行之计划。

将来应须计划进行者，必先从筹设试验场着手，实行土壤改良，讲求仔种交换，俟有成绩，劝民仿效，免致迁拘旧法，弃利于地。至于讲演农事，改良技术，设立冬期学校，教授农学大意①，

---

① 农学大意，底本误作"农学校大意"，"校"字径删。

等设森林苗圃等各事宜,固属当务之急,刻难容缓,惟缧短汲深,无力进行耳。将来倘蒙厅长提倡,饬县维持,则农业前途谅可日望起色也。

一、本县人口额与农业生产额比较。

合邑老幼略计四十万人有另,而田地则有九十万亩左右,是每人平均有田二亩之谱。若使年年有秋,即以旧法耕种,亦可免于饥寒也。第以向因山居民人挖矿洗铁,铁沙冲积溪河,以致附近河流渐渐淤塞,蓄泄无方,则旱潦频至。旱潦至,则田地收获渐减;田地收获既减,则人民舍田而垦山;山愈垦则草木渐稀,苔苓失护,而山面毫无吸收水分、含蓄泥砂之能力,所以每逢大雨,山砂尽随流水漂没下游全境,江河遂日就淤塞。故晚近山洪时发,旱潦迭至,农田收获十年之间,仅一二年可望有秋,民食无出,国课滞纳,上下实交受其害。欲救此弊,非提倡森林,疏浚河流不为功。

一、本县农业上或关于补助业如育蚕、种竹、养鱼等事特别之情形。

全境农业以水稻与番薯为正产,然补助农业上为副产物者,种类虽多,而农人尚能辨别土宜,就地栽植,惟不求新法,获利鲜少耳。至于育蚕、牧羊、种茶、养鱼、饲蜂诸大端,较之前项副产物得利之厚,固不可以道里计。且以平邑之土地肥沃,气候温和,果使依法饲植,自当日起有功,如操左券也。

一、本县租税制度之得失。

平邑鱼鳞册已失,当时制度无从考据矣。查现在殷户有田,由平民缴纳洋银领去耕种,名为札,其洋为札金,领种者为佃户,札金多寡不等,然至多每田一亩不过十元也。其租税依则数为比例差,一则每田一亩征租三百斤,二则每亩二百斤,三则每亩百五十斤,四则每亩仅一百斤耳。佃户若将租息交清,此田即可世袭耕种,殷户毫无额外追求;如有欠租不交者,殷户可将当日缴来札金照数随札发还,将田收回另札。此平邑现行制度,即本一条鞭遗意也。惟丰年殷户固无加增,而歉岁佃户竟有求减,似有便于佃户而损于业主,固为此制之失。然揆之自由平等之义,较之中古及今北方田奴之制,亦未始非得也。

一、境内人民之疾苦。

近十年来水旱迭至,秋收歉薄,其负被褫事西畴之小农饥寒交迫,事畜无资,迁徙于本省之杭、嘉、湖,苏皖之常、吴、广德各处者,统计在二十万人以上,流离失所,转死他乡,目击情形,殊堪悲悯。至向所称大农者,现已降为中农,中农亦几等于向之负被褫事西畴之小农矣。循此以往①,补救无术,则来日大难,惨可胜言哉。

(原载《浙江公报》第一千六百五十五号,九至一一页,训令)

浙江省长公署训令第八百五十三号

令旧杭嘉湖绍各属及分水兰溪鄞县奉化等县准农商部
咨复添设茧行一案发表式遵查填报由

令杭县、崇德、诸暨、临安、於潜、德清、分水、嘉善、海盐、萧山、余杭、吴兴、长兴、新昌、嘉兴、孝丰、绍兴、富阳、桐乡、上虞、嵊县、昌化、安吉、鄞县、海宁、平湖、余姚、奉化、新登、武康、兰溪县知事

本年九月二十七日准农商部咨开,"准咨开,'禁止添设茧行一案,现据民政厅拟送限制茧行、提倡丝厂各条例,拟提交省议会议决后公布施行,咨复查照'等因。复据中华国货维持会呈请限制茧行、广兴蚕桑,缮具治标治本两办法到部。查丝绸茧业为地方生计之源,比因原料不敷,以致丝绸业与茧行双方攻讦。本部通盘筹画,当从统计原料入手,综核地方生产之总数及制造与运售业之用量,互相扣

---

① 循此,底本误作"循北",径改。

算,俾丝绸织造与生丝外销数目皆有一定,则供求庶足相剂,办法亦见公平。兹由本部订立蚕丝生产调查表,咨请贵省长查照饬发产丝各县详细调查,按表填报,以凭考核"等因,并附件到署。准此,除分行外,合亟照印表式,令仰该知事克日遵照办理毋延。此令。

计附发表式一纸。

中华民国五年十月十八日

省长吕公望

蚕丝生产调查表

一桑

县　名	亩　数	产叶量	每担价值	备　考

二蚕种

县　名	种　类	蚕种张数及蚁量	收茧量	每张价值	备　考

（原载《浙江公报》第一千六百五十五号,一一一至一一二页,训令）

浙江省长公署训令第八百五十四号

令杭县据前民政厅呈赵步洲请求回复矿权由

令杭县知事

案据前民政厅呈称,"据矿商赵步洲禀'为请求回复矿权并祈饬警给示保护,俾便开采事。窃商人集资开设国泰矿灰号于上海,开采杭县江干乡大岙山灰泥石矿,系于民国三年八月九日以商人名义禀奉杭县知事核准转详第三区矿务监督署长批准行文饬知有案①。嗣

---

① 第三区矿务监督署长,即黄群(1883—1945),字旭初,后改字溯初,浙江平阳人。民国三年四月九日在南京成立第三区矿务监督署,就职视事。

于民国四年七月间为郑在常呈请开矿一案牵累,致奉前巡按使屈批饬一并封禁,当经商人于七月二十九日、八月十五日、九月二十九日迭禀请求弛禁,均未奉批。本年八月十七日,杭州《之江日报》载有杭县大岙山采石案前经公民郑在常等一再禀请官厅弛禁,当经民政厅派员查复,旋据复称,该山石矿与古迹、兵要均无关碍等情,现已由王厅长饬知前次禀请开采各矿商,'准予开采,惟古墓丛杂处所不得任意开掘'等语,仰见维持实业之至意。伏念商人禀准开采之矿前为郑案牵连并禁,今郑案已奉核准,则商人矿权当然在回复之列。况商矿被禁以来,损失甚巨,亟应及时开采,藉资补救。为此具禀,仰祈厅长一视同仁,迅予批准回复矿权,并饬警出示保护,俾便开采,实为公便'等情到厅。据此,查该商开采杭县大岙山灰泥石矿,经前杭县知事周李光详奉前第三区矿务监督署核准,旋以郑在常等请开大岙山石灰矿案内牵涉,经前按署咨准农商部核复饬道行县一并封禁。现郑在常等再三呈请弛禁开采山石,业奉省长批准各在案。据禀前情是否准行,除批示外,理合据情呈请省长核示,俾便转行遵照"等情。据此,查该商所请开采山石,既与郑在常等采石案事同一律,自应准予开采,以昭公允。合亟令仰该知事即便转饬该矿商知照。此令。

中华民国五年十月十八日

省长吕公望

(原载《浙江公报》第一千六百五十五号,一二至一三页,训令)

浙江省长公署训令第八百五十六号

令绍兴县据沪杭甬铁路局呈复函转绍萧

两县水利联合研究会要求条件由

令绍兴县知事

案查前民政厅呈据该县会同萧山县呈转两县水利联合研究会函请转呈,要求路局多筑桥梁涵洞,以维水利等情一案,当经函转沪杭甬铁路管理局查照在案。兹据该局呈复,"奉函遵即转饬工程处查照去后。兹据代理总工程司顾烈斐复称,'敬查绍萧段应筑桥工旱洞之数,目下尚未决定,该会所请各节,自应先予调查,竭力照办。又查眠狗山开山填工之处,亦曾一再会商地方士绅,妥筹办法,于路局原定方针多有徇士绅之请而设法变更者。故萧绍段兴工之时,亦当与该处士绅会商妥办,使铁路与地方两受裨益'等语。局长复查萧绍段建筑工程,尚无确定之期,绍萧两县水利联合研究会所拟条件自系慎重水利、预筹办法起见,而代理总工程司所称各节,亦系实情。历查成案,办理一切,似尚合宜,除仍饬令一俟兴工有期,随时随地会商妥办,遵照钧谕于水利、交通兼筹并顾外,合亟据实声复,仰祈鉴核施行"等语。合亟令知仰即转行萧山县知事暨水利联合研究会一体知照。此令。

中华民国五年十月十八日

省长吕公望

(原载《浙江公报》第一千六百五十五号,一三至一四页,训令)

浙江省长公署训令第八百五十九号

令警政厅为陈从海禀诉张成恩哨官勒拿
诈洋再求恩准全营兵官对调由

令警政厅长夏超

本月七日据永康县人民陈从海以"哨官张承恩逮捕逼勒,无家可归,叩求全营调哨,以救蚁命"等语续控到署。查此案前因该人民禀诉,当经训令该厅转区秉公查复呈夺在案。兹据禀称"奉批后,始行旋里,讵该哨官勒拿愈急,逃生无路,何复计及耕作"等语,案经令转查办。该哨官何得挟恨逼拿,该民所禀究竟是否属实,除批令回家安分耕种,静候查复核办外,合再抄发原呈县批,令仰该厅续令该区统带迅予并案彻查具复核夺毋延。此令。

计抄发原呈县批一纸。

中华民国五年十月十八日

省长吕公望

（原载《浙江公报》第一千六百五十五号，一四页，训令）

浙江省长公署训令第八百六十号

令警政厅为谢良翰禀荐桥街三太傅祠
被警厅强筑菜场奉批承置不理由

令警政厅长夏超

本月十二日据驻杭谢氏代表、督军署署附谢良翰禀称，"窃荐桥街三太傅祠被警厅强筑菜场，业经谢氏族人公举代表前后两次登报，声明不卖缘由，并历次上禀警厅及前巡按使屈请求发还在案。又于本年八月上禀督军，奉批以'既据禀请前巡按使署批示有案，仰候令行警政厅查明原案办理'等因。代表静候月余，始由警厅派员接洽，以闹市口同式空地一方相易，且须以重价购买，而建筑费并未提及也。代表以仅易空地未能满意，乃迄多日，即又置之不理，且乘间将菜场加工赶筑，目下已将次告竣，以作已成之局。不知自去年秋间房屋未封以前，叠次上禀登报，均有案可稽，何得悍然不顾，一意进行？且警厅仅以四百二十元之款存诸杭县，以作收买地皮之价，并不俟谢氏族人之认可否也。又于如何留作纪念之处，亦未于族人商酌，仅余后方数尺之地，环以泥墙朽木，瓦砾充塞于中，是即警厅所谓保存遗迹妥善之办法也？代表暨族人等属在子孙，触目惊心，春秋祭祀，展拜无从。彼警厅人员亦有祖先，亦有祠宇，设为人强迫侮辱作践至于此极，而独甘含垢忍辱，以安之耶？以原有祠宇仅易空地，族人虽愚弱无能，未必遂甘忍受，即使两浙族人迫于势力，无可奈何，而旅京族人未必终甘缄默也。且警厅办理，如果妥善，族人更复何求？不得已沥情渎禀省长台前，俯念先贤遗迹未便湮没，纯粹民产岂容强夺，恩准饬警厅安先贤之灵,平族人之忿,合乎法律,准以人情,庶公理既明,斯存没均感矣"等语到署。查此案前据该厅呈,当经令转省会警察厅会县邀集代表说明理由,备价给领了结在案。兹据禀称"省警厅派员接洽,以闹市口同式空地一方相易",何以并未商妥,又有须重价购买之说?事关先贤遗迹,既将祠地收用于前,应即与该族代表等持平妥商结案。为此再行令仰该厅转催省会警察厅迅予处理妥洽,是为至要。此令。

中华民国五年十月十八日

省长吕公望

（原载《浙江公报》第一千六百五十五号,一四至一五页,训令)

浙江省长公署训令第八百六十一号

令汤溪县该县拿获逃兵吴培元案内准督军咨
将该知事记大功一次已准咨注册由

令汤溪县知事

案准督军公署咨,"以据该县呈称'拿获逃兵吴培元一名,请将警佐朱善元酌予奖叙'等情,核与《缉拿陆军逃亡士兵惩劝暂行章程》第十一条相符,该知事应记大功一次,咨请注册,并录叙指令"过署。准此,查此案前据该县并呈前来,当经咨请查案复办,并指令在案。兹准前由,除注册外,合亟令仰该县知照,并遵督军指令办理。此令。

中华民国五年十月十八日

省长吕公望

（原载《浙江公报》第一千六百五十五号,一五至一六页,训令)

浙江省长公署训令第八百六十二号

令各属为台州镇守使移驻宁波改称宁台镇守使由

令各厅署、各县知事

本月十三日准浙江督军署咨开,"本月六日接京电,奉大总统令:

'浙江台州镇守使着移驻宁波,改称宁台镇守使,此令。''任命顾乃斌为宁台镇守使,此令'等因。奉此,除分令该镇守使遵照并分别行知外,相应咨达贵公署,请烦查照,并希转令所属一体知照"等由。准此,除分行外,合行令仰该各厅、署/县知事遵即转令所属一体知照。此令。

中华民国五年十月十八日

省长吕公望

(原载《浙江公报》第一千六百五十五号,一六页,训令)

浙江省长公署训令第八百六十三号

令各统捐局准省议会咨请严禁司巡人等

擅向商船索取货物由(补登)

令各统捐征收局局长

本年十月十二日准省议会咨开,"本会议员蒋世芳提出永禁局所司巡擅向商船索取货物一案,内开,'厘卡苛政创自前清,民国开基只以国用不足,改办统捐,其实名称变而实际未变也。然使遵章奉行,取之有道,则我民固具爱国热忱,未始不为公家原谅,踊跃输将也。无如变本加厉,统捐局、稽查所巡船星罗棋布,司事巡丁如虎如狼,取之无厌,求之无穷,其弊不可胜言,而尤以我浙为尤甚。商船往来,经过卡所,商民自行登岸报捐,而巡丁擅自入船取物,无论物之大小贵贱,必为携取若干,始可寝事,甚至西瓜、青菜、黄鱼等船经过局卡,正捐之外,亦必索取若干斤而后已。稍不遂意,百般留难。夫商旅跋涉山河,风霜雨雪,饱受惊险,以汗血之劳,博锱铢之利,其情其事,亦甚苦矣。况连惊风鹤,商业凋敝,官吏不为之维持,反从而敲剥之,既捐其资,又索其物,此等行为,类似盗贼,若不严行禁革,商业将有不堪设想者。议会有监督官吏、宣达民意之责,应即咨行省长严饬主管官厅永禁'等因,当经提付大会公决。案关商民疾苦,自应从严禁止,相应咨请通饬严禁"等由。准此,查司事巡丁均系在官人役,宜如何恪遵功令,洁己奉公,乃辄敢擅向商船勒索货物,实属胆玩已极,各该局长平日失于觉察,亦无可辞咎,言之殊堪痛恨。除通令严禁并饬财政厅一体查禁外,合行令仰该局长立即遵照,速将前项情弊查明严禁,以恤商艰。倘司巡人等再敢阳奉阴违,仍蹈故辙,一经访闻,或被告发,定行从严究办,该局长约束不严,并即予以惩处,决不稍事姑容。凛之切切。此令。

中华民国五年十月十八日

省长吕公望

(原载《浙江公报》第一千六百七十五号,一九一六年十一月十一日,一二页,训令)

浙江省长公署训令第八百六十九号①

令高检厅查核司法警察教练所毕业生
邵子承等呈请录用复议由

令高等检察厅长殷汝熊

案据司法警察教练所毕业生邵子承等以"招集该所毕业全体各生,饬属尽先录用"等情呈请到署。据此,查该生等既系司法警察教练所毕业,废弃可惜,究竟该生等前在各厅服务成绩如何,现在各县审检所及金、永二厅将次成立,可否量予录用,合行抄呈,令仰该厅查案议复,以凭核夺。

中华民国五年十月　日

省长吕公望

---

① 本文由浙江高等检察厅训令第八百五十九号析出。

附　浙江高等检察厅训令第八百五十九号
令各厅各所遇有司法警察教练所毕业生
呈请录用应予酌量雇用由

令各厅各县审检所

案奉省长训令第八六九号内开，"案据司法警察教练所毕业生邵子承等以'招集该所毕业全体各生，饬属尽先录用'等情呈请到署。据此，查该生等既系司法警察教练所毕业，废弃可惜，究竟该生等前在各厅服务成绩如何，现在各县审检所及金、永二厅将次成立，可否量予录用，合行抄呈，令仰该厅查案议复，以凭核夺"等因。奉此，查是案前据邵子承等呈请录用等情前来，当查额定司法警察均系由各该厅所自行雇用，该生等来厅请求，自难照准，当经批示在案。奉令前因，查该生等既在司法警察教练所毕业，从前又曾服务各厅，其资格经验自较寻常为优，各厅所遇有是项毕业人员呈请录用时，自应准予酌量雇用，以资实验而免向隅。除呈复外，合行登报通令遵照办理，不另行文。此令。

中华民国五年十月三十日
高等检察厅长殷汝熊

（原载《浙江公报》第一千六百七十三号，一九一六年十一月九日，一四页，训令）

浙江省长公署指令第一千七百三十四号

令永嘉县知事郑彤雯

呈一件据呈前民政厅为造送四年分农商统计表票由

呈及表、票均悉。应准存候汇办。调查费用准在县税一成准备金项下分支银二十五元，仍录报财政厅备案。此令。十月十七日

（原载《浙江公报》第一千六百五十五号，一八页，指令）

浙江省长公署指令第一千七百三十六号

令杭县知事姚应泰

呈一件为请销修理沈塘湾等处塘岸补助费用由

呈、件均悉。册列各款,既与原定预算不符,且列数亦有错误,应再切实查明,另缮清册,呈候核夺,仰即遵照。来件发还。此令。十月十七日

（原载《浙江公报》第一千六百五十五号,一九页,指令）

浙江省长公署指令第一千七百四十号

令第三缫丝厂厂长李平

呈一件据前民政厅转呈该厂本年一二两月支出计算书由

呈、件均悉。该厂去年度经常费余银六十九元三角九分四厘,应即截结解库,不得转入本年度收入项下,以清年款。又,本年一月份所支补贴,上年十月及十二月份茶水洋银六元,亦难准予支销,仰即查照分别更正,连同十月以前支出计算书,据呈候核夺。附件均发还。此令。十月十七日

（原载《浙江公报》第一千六百五十五号,一九页,指令）

浙江省长公署指令第一千七百四十二号

令水利委员会技正林大同

呈一件为请派员验收会议厅工程并声明工程外支款由

呈、件均悉。查所称修理墙垣、甬道及置备陈设等款,既不在原估工程之内,又未据将各项细数详叙,殊属非是。仰先补开清单呈候,一并派员验收后,再行核夺。件存。此令。十月十七日

（原载《浙江公报》第一千六百五十五号,一九至二〇页,指令）

浙江省长公署指令第一千七百四十三号

令水利委员会技正林大同

呈一件为瑞安北乡劣绅指河涨为官荒估价

报买请令县取消前案由

呈悉。应候据情令县查复核夺，仰即转知。此令。十月十七日

（原载《浙江公报》第一千六百五十五号，二〇页，指令）

浙江省长公署指令第一千七百四十六号

令财政厅长莫永贞

呈一件据前民政厅转呈衢县造送更正六七八月

公益费收支册及七月分抵补金特捐册由

呈、册均悉。据称前次公益费册报，就张泰来捐助灾赈银二百四十元内拨补公帑亏耗二百二十八元六角一厘，列入开除，并未支销，仍系支付原册生息，并无侵蚀情事，既据声明，应准照行。至警队出差杂费等项，应仍遵照前按署及民政厅批令办理。嗣后如有必需拨补之处，另行呈请核夺可也。仰财政厅就分呈各册连同余款一并核明令遵。册存。呈抄发。此令。十月十七日

（原载《浙江公报》第一千六百五十五号，二〇页，指令）

浙江省长公署批第五百三十四号

原具呈人嘉善许震等

呈一件拟在园花镇开设久成茧行请备案由

呈悉。查此案经前民政厅明白批示在案，仍俟修正条例议决公布后，再行遵照呈请，仰即知照。此批。十月十七日

（原载《浙江公报》第一千六百五十五号，二一页，批示）

浙江省长公署咨教育部

解还四年七月至九月部垫留欧学费欠款由

浙江省长公署为咨行事。案准大部咨开，"查民国四年七月至九月留欧学账，浙省共结欠英金二十七镑十九先九便，请汇还"等因，并附单到署。准此，除单开四年六月底止垫款在四年七月至十二月内所生之利息英金十九镑一款，应归三年度留学费内解还，另文咨汇外，所有四年七月至九月不敷英金八镑十九先九便，自应扫数归还，以清款项。兹于四年下半年留学费内动拨国币九十四元五角，折兑英金八镑十九先九便，交由中国银行汇寄大部，即祈察收归垫见复。

此咨

教育总长

计咨解英金八镑十九先九便正。

浙江省长吕公望

中华民国五年十月十七日

（原载《浙江公报》第一千六百五十六号，一九一六年十月二十三日，二页，咨）

浙江省长公署咨教育部

解还四年六月以前浙省欧费欠息由

浙江省长公署为咨行事。案准大部咨开，"查民国四年七月至九月留欧学账，浙省共结欠英金二十七镑十九先九便，请汇还"等因，并附单到署。查单开四年六月底止垫款在四年七月至十二月内所生之利息英金十九镑一款，系三年度以前欠息，应归入三年度留学费内支解，兹除四年七月至九月不敷英金八镑十九先九便，另文汇解外，特于三年度留学费项下动拨国币一百九十九元五角，折兑英金十九镑，交由中国银行汇寄大部，即祈察收归垫见复。再，三年度以前垫款欠

息已否清结,并祈查明赐复,俾便决算。此咨

教育总长

计咨解英金十九镑正。

浙江省长吕公望
中华民国五年十月十七日

(原载《浙江公报》第一千六百五十六号,二至三页,咨)

浙江省长公署咨复省议会

咨送议员许祖谦提出关于海宁塘工局事质问书由

浙江省长公署为咨复事。本年十月四日准贵议会咨开,"查《省议会暂行法》第十九条,省议会议员对于本省行政事项有疑义时,得以十人以上之连署提出质问书于省行政长官,限期答复。兹本会许议员祖谦等依法提出关于海宁塘工局事项质问书一件,相应备文咨送查照,请烦如限答复"等由,并质问书一件到署。当经详查档卷,并派委本署科员前往切实调查去后。兹据逐款具复前来,经本省长察核该员查报情形,对于质问书所开各节,尚属详明,相应抄录,咨请贵议会查照。此咨

浙江省议会议长

咨送抄摺一件。

浙江省长吕公望
中华民国五年十月十八日

(原载《浙江公报》第一千六百五十六号,三页,咨)

浙江省长公署咨内务部

准咨据王介安等呈请仍照向章限制茧行
一面广兴蚕桑以培原料由

浙江省长公署为咨复事。准大部咨开,"据上海中华国货维持会

代表王介安等呈称，'以浙省添设茧行，有碍绸机各业，请仍照向章限制，一面广兴蚕桑，以培原料'等情，咨请查明见复"等因。准此，查丝茧为浙省出产大宗，自《茧行条例》公布实施后，售茧之蚕户因茧行距离太远，感其不便，收茧商人又每藉地点限制之严，肆其垄断抑勒之谋，地方士绅咸以病农为言，请予取消前例；而向业丝绸者又以多设茧行势必生货外输、利权外溢为言，请求维持。在官厅制定《条例》之初意，无非为振兴实业，挽回利权起见，现在各方面既互讦纷争，自不能不通盘计划，定一折中办法，以期两无偏陂。嗣据前民政厅拟送限制茧行提倡丝厂各条例到署，其大致系于茧行地点，宽其制限，于设厂缫丝予以奖励，冀达就地产茧、就地缫丝之目的。本省长详加审核，尚有理由，惟事关商业利害，讨论不厌详慎，是以拟提交省议会议决后公布施行，以期周妥。此案现已交议，不日当可解决。至本省蚕桑事宜，近正计划振兴，自当以推广改良，同时并进谋标本兼治之举。兹准前由，除茧行、丝厂各条例俟省议会议决再行咨会外，相应咨复大部，请烦查照。此咨

内务总长

浙江省长吕公望

中华民国五年十月十九日

（原载《浙江公报》第一千六百五十六号，三至四页，咨）

浙江省长公署训令第八百七十四号

令财政厅据甲种商校呈请转行录用第三班本科毕业生由

令财政厅长莫永贞

案据省立甲种商校校长周锡经呈送第三班本科毕业生名册，请援照前例分行公私各机关酌量选用，并称"甲等毕业生蔡惟康一名，品纯学粹，勤慎寡言，拟并请援照上年办法由财政厅转送重要商业机关派充职务，俾资激励"等情。据此，查该校长所请分行录用各毕业

生,系为鼓励商业教育起见,该蔡惟康一名既据加具考语,堪以派充重要商业机关职务,自应由该厅转送银行任用,俾资习练,用示鼓励。合就抄发该生名单,令仰该厅长遵照办理。此令。

计抄发名单一纸(已见本月二十二日"训令"门)。

中华民国五年十月十九日

省长吕公望

(原载《浙江公报》第一千六百五十六号,五页,训令)

浙江省长公署训令第八百七十五号

令财政厅遵照部咨分别核办周李光等恤案由

令财政厅长莫永贞

本年十月十二日准财政部咨开,"准国务总理函开,'铨叙局呈称,本局核议给予已故浙江杭县知事周李光一次恤金四百八十元,新昌县财政主任黄吉一次恤金五十元,象山县科长周凤祺一次恤金七十元,先后呈请转呈奉令批准在案。除填给恤金证书,咨由浙江省长分别发给外,谨呈请通知浙江财政厅将周李光恤金交乐清县知事发给,黄吉恤金交绍兴县知事发给,周凤祺恤金交奉化县知事发给,以便各遗族遵章具领等情,函请查照办理'等因前来。查已故杭县知事周李光一次恤金四百八十元,新昌县财政主任黄吉一次恤金五十元,象山县科长周凤祺一次恤金七十元,既奉令准,应由浙江财政厅分别拨给,以符向章。相应咨复查照,转行遵照办理可也"等因。准此,合就转令该厅长仰即遵照办理。此令。

中华民国五年十月十九日

省长吕公望

(原载《浙江公报》第一千六百五十六号,五至六页,训令)

浙江省长公署训令第八百八十四号

令各县准农商部咨送《改良中国生丝节略》请转发传布由

令各县知事

案准农商部咨开，"准国务院交前驻美国公使夏偕复呈译呈美国丝业会所纂《改良中国生丝节略》，拟请饬部设法与沪、粤各丝商剀切讲述，商榷改良一呈，奉大总统指令：'呈悉。所纂《改良生丝节略》指述详明，亟应广为提倡，交农商部设法与沪、粤各丝商剀切讲求，商榷改良，并将《节略》印刷刊布，以广流传而期兴起。《节略》并发。此令'等因。奉此，事关茧丝大利，提倡改良，万难容缓。除由部派员与沪、粤各丝商接洽，并令知各总商会外，相应刷印原《节略》，咨行贵省长查照转发，以广传布，并饬所属与各丝商按照《节略》所开各节，切实考究，以图改良而兴丝业"等因。准此，查生丝为吾浙出产大宗，因未实行改良，利源渐塞。兹准农商部咨发刊印美国丝业会所纂《改良中国生丝节略》，亟应广为传布。除分令外，合行令发《节略》二册，仰该知事查照转行商会刊印多份，转发各丝商切实研究改良，期收实效，切切。此令。

计发《改良中国生丝节略》二份。

中华民国五年十月十九日

省长吕公望

改良中国生丝节略

绪言

是册为中国驻美特命全权公使夏君偕复而作，表明美国丝织家所需之生丝必备有何种要素，而后能合于用，及现在中国生丝之缺点，而尤以广东丝为甚。缺点不除，则丝之用途日窄，如设法改良，自能在美国丝市扩张销路。拟请夏公使转陈于中国政府、中国丝会及产丝家、业丝家，以资考镜焉。

一千九百十五年十二月二十四日，美国丝业会会长祁乃、秘书辟纳谨识。

改良中国生丝节略
美国丝业会著

篇一　述美国丝织之情形

是册述上海、广东生丝，拟陈于中国政府，俾了然于中美两国现今生丝贸易之情形，因知中国政府及产丝家均愿竭力整顿，以发达两国间之生丝贸易也。一千九百十三年，美国输入生丝之额约占全球产额百分之五十七，计重二千八百万磅，其中中国丝占百分之二十一有奇，而日本丝则占百分之六十八有奇。美国丝织家盼有供给生丝之来源，故凡生丝之能适其用者均愿照顾，使来源益盛也。

美国丝织之技艺及其情形，与东方有殊，故东方产丝家未必能悉其需要如何，是非详晰解明不可矣。由蚕茧而缫为丝发，纺为丝枕，美国丝织家未知应用何法而后为良，但所知者为生丝须备有何项要素，方适于美国丝织之用，以是甚盼中国丝商先明美国丝织厂家之情形。

美国丝织如制绸缎、编物、制线等厂均有左列各项情形：

一、劳力者寡，工价昂贵；

二、法律规定不能雇用儿童；

三、厂用原动力、灯光、暖气等需费甚昂；

四、厂地、厂屋价值甚巨；

五、生丝因运价、保险各种中费及运输需时，搁压利息而成本加巨；

六、工作时短，女工为尤，故出货少而本加巨。

各厂有此不利情形,而所恃以为补救者其法如左:

一、用机器以代人工,俾节工价;

二、增加机力以高速度,俾出货较多;

三、选择原料之匀净坚韧粗细一律者,以免纺织时机器停滞,费工作而多耗弃,并可出上等之丝品。

由上所言观之,最要者为原料之生丝。美丝织家必须求生丝于外国,而生丝必备有左列之要素而后能合美厂之用:

一曰净。净者,无毛茸、乱头、紧绞、长结、散尾等各弊之谓,详见《生丝论文》二十四页至四十二页图说。不净之丝以之入机,时断时辍,既多耗弃,复损机件。

二曰匀。匀者,丝之粗细均须一律,不可忽粗忽细之谓。

三曰纺丝为枕,必使易拆散。上机之后,虽机力极速,不致中断。

一言以蔽之,美丝织家须用生丝之能合于其速力机器,可以省人工,免耗弃而增产额者。如欲其购下等之丝重为整理,而后从事于织,如欧洲工厂之所为,实属不能。缘美国工价昂,机力速,用下等廉价之丝反不如用上等贵价丝之能适于速力织机者之为合算也。

篇二　纪中国生丝缺点陈列会

一千九百十五年十一月十六日,美国丝织商之向用中国生丝而确知其缺点者,假纽约生丝检验所为中国驻美公使开陈列会,陈列各种生丝,比较优劣,讲明其故。到会诸人芳名列左:

中国特命驻美全权公使夏偕复;

中国公使馆二等秘书叶可梁;

中国驻纽约领事杨毓莹;

史斗立丝织公司代表兼纽约生丝检验所所长史斗立;

生丝买卖公司代表吉立;

来林熊垣丝织公司代表熊垣；

溥史雪登丝织公司代表溥史；

约翰汉丝织公司代表汉威廉；

新格尔丝织公司代表新格尔；

里昂勿林伯丝织公司代表里昂；

克洛次丝织公司代表禧尔；

维拉丝业公司代表维拉；

三井公司代表小言助；

威廉拉尔丝业公司代表范杜生；

美国丝业会秘书辟纳；

美国生丝检验所监督卜伊；

美国生丝检验所总经理道泰；

美国生丝检验所化学技师兰姆；

来林熊垣丝织公司员来文。

开会之宗旨有五：

一、实试由丝桄络丝上线锤之时，各种生丝迟速不同之率；

二、明其迟速所以不同之故；

三、示义大利丝，日本丝，中国上海、广东丝丝桄尺度之异同；

四、示各种札丝用绳之异同与耗弃之关系；

五　示丝上胶处之关系。

由实试络丝之结果观之，迟速之率因缫丝而不同。缫丝不良者，每工每日仅络六磅至八磅，其良者每工每日可络三十五磅至四十磅也。

一　广东丝（陈列品 A）妙论双孔雀牌丝质坚韧，的是上品，惟缫丝极劣，粗细不匀，最易中断，每工每日仅能络六磅至八磅，耗弃为百分之八至十二。

二　广东丝(陈列品 B)妙经牌丝质坚韧,缫纺差胜,每工每日可络十五至十八磅,耗弃为百分之三至八。

三　上海丝(陈列品 C)总统牌丝质坚韧,缫纺亦佳,每工每日可络十六至二十磅,耗弃为百分之二至五。

四　上海丝(陈列品 D)三源行牌丝质坚韧,缫纺亦佳,每工每日可络十六至十八磅,耗弃为百分之二至五。

五　上海丝(陈列品 E)怡和牌质制俱佳,每工每日可络十八至二十磅,耗弃约百分之一至三。

六　日本丝缫纺极佳,丝桄用美国尺度,每工每日可络三十五至四十磅,耗弃为百分之一至二。

七　义大利丝缫纺极佳,每工每日可络三十五至四十磅,耗弃为百分之一至二。

左所试验诸丝,论丝质均相伯仲,惟因缫纺之优劣及丝桄尺度之不同,而络数遂相悬殊,耗弃之数亦复不等。络数、耗数二事,关于美丝织家之营业良非浅鲜。以上所谓耗弃,仅指络丝上锤一事而言,据美丝织家历来之实验,络丝时丝之耗弃多者,其后经过丝织各种手续,其耗弃之率亦与络时相等也。

篇三　论生丝之不利于络者影响及于丝织之各种手续

一、丝之不利于络者,所出丝织品之额短少。

二、用丝之不利于络者工价较昂,且丝之耗弃多而成本加巨。

三、丝之不利于络者络工须多费心力,且计磅受值其所得工赀无多,故甚难雇用此等工人。美国有数处丝织地方惯用日本、义大利丝及上海丝之佳者,厂主虽欲参用广东丝而不能,因工人反对用此种生丝,往往相率罢工也。

四、丝之不利于络,因其粗细不匀也。经过以后丝织之各种手续,亦生不利,即织成之品亦不匀净,故虽为极良之茧缫,纺不得其宜,即成劣品,在美国丝市不能得有善价。

生丝用于美国速力机上而络不利者,以有各种缺点在也。兹列如左:

一、丝之粗细不匀,其细处在机上易断,断则须停机,而以手工赓续之;

二、纺丝为桄之时,未将丝之交互理治清匀,致上机时丝易紊乱而中断,遂多耗弃;

三、丝桄之上有绳扎,缚扎不合法,则丝之交互处一经手触,便易紊乱,扎丝宜用细软棉线,分多股前后穿插,而扣以活结,以免丝之紊乱;

四、丝桄上有胶结硬块,聚于丝与纺车柱接触之处,此种硬块必须消除之后,方能上机,而消除殊非易易,有时必须用手搓揉,方能开散,然搓揉则丝易断。

五、中国生丝经用美法以皂水油质浸洗后,仍用一种粘性①,似因过用胶水或浆粉,致丝常黏并而不易于络。有人曾云丝缲盆用水不常更易之故。

六、丝上毛茸、大结、乱头等弊太多,致上机时速度一加即便中断,而尤以广东丝桄之重大者为甚。

七、丝中双尾太多,往往长至数百码,只能弃不用,耗弃甚大。

自日本及中国之一部采用美国尺度丝桄并改良扎丝包裹等法,以推广在美之销路,其利益已于陈列会详言之矣。至旧式之丝桄尤以广东为甚,用于美国速力机上,不合之点,兹列如左:

一、桄之尺度不一,多嫌重大(见陈列品 RS)。须用放大络车僭用厂地且运行迟缓。

---

① 仍用,疑为“仍有”之误。

二、丝桄之交互嫌小(见陈列品 RS)。

三、桄上扎缚之绳仅围绕一周,而不分股穿插于桄中(见陈列品 RS)。

四、扎绳用粗而绞绕紧者,粗者除去为难,绞绕紧者易曲,一经泡浸,即与丝连绕而紊乱(见陈列品 T)。

五、纺桄车柱太窄,故胶结凝聚是宜加宽,使胶硬不至如此之甚。

篇四　论中国生丝应如何改良而后能推广美国销路

中国丝业由来已久,经验至深,美国丝商本不敢有所劝告,第因中国全权公使夏君偕复殷殷以华丝在美行销未罄征集意见,乃举所知,略资供献,以求华丝之合于美用。如所供献得邀采择,华丝在美销数不难因而倍增也。

一、丝桄应一律改用美国尺度,如陈列品第五;

二、纺丝之时,宜令丝之互绕愈长愈妙,自无毛茸乱头之弊,而丝益净而坚;

三、凡遇丝有断头之处,均宜妥为接扣;

四、纺丝为美国尺度丝桄之时,宜小心监视一切,如丝务须干透之后,方准上纺车,以免湿胶停聚于与纺柱接触处而成硬块;

五、扎丝桄之绳应由细软棉线妥为扎束,每桄须分四股而穿束之,扣以活结;

六、如丝桄上贴用牌记,宜用狭条,愈狭愈妙,不可仍用方式,以便易于除去。

美国丝业会对于中国产丝家、业丝家,犹有欲进之言如左:

一曰设法介绍欧洲纺丝新法于产丝各地,甲、选派纺丝人多名,至义大利学习纺丝新法;乙、延用义大利或法国之纺丝人来华,充当教习或监工。

二曰于广东地方至少设一用欧法缫盆之厂,以便试验而资模范,甲、集用商股;乙、集用商股而政府补助之。

三曰设法使中美两国有直接之生丝贸易,甲、由华商在纽约设一丝行;乙、由美商在广东设一丝行,而以华人佐之;丙、中美合办一公司,在华制备生丝,而运销于美国。

四曰由中国政府设立丝业学校,采用欧法,以改良中国之丝产,增进中国之丝业。

五曰由中国政府于上海、广东设立生丝检验所,切实检验生丝而予以证书。

六曰由中国政府备款,遇有照新法缫纺最良之丝者,则奖励之,补助之,至国内缫纺之法全行改良时为止。政府因改良物产而加增国外贸易,其款并非虚掷也。

篇五　陈列品说明

A 至 E　华丝牌号。

F 至 O　红龙牌广东丝标本,示其缺点之应改良者。

H　麟经金龙牌广东丝标本,表出粗尾、细尾、双线、毛茸、乱头等弊。

K　日本净丝标本。

L　照片表出各种丝桄尺度宽狭、胶结斜方、纺式粗紧、扎绳不宜扎法,毛茸、乱头及丝桄分裂等弊。

M一　义大利丝,试观其扎绳系用柔软长棉所成之线,分股穿束,而扣以活结,且毫无胶结之处。

M二　义大利,丝解去扎绳之状,试观其丝之交互作斜方式,且毫无胶结之处。

N一　日本丝,照用美国丝桄尺度,试观其扎绳用柔软长棉所成之线,分股穿束而扣以活结,且毫无胶结之处。

N二　日本丝,解去扎绳之状,试观其交互作斜方式,且无胶结之处。

O　日本丝,照用美国丝桄尺度,试观其扎绳用柔软长棉所成之线分股穿束,扣以活结,其交互甚佳,且无胶结。

P一　上海丝,照用美国丝桄尺度,试观其用柔丝扎缚,分股穿束,扣以活结,惟有胶结之处。

P二　上海丝,解去扎绳之状,试观其交互之佳及其胶结之处。

Q一　上海丝,照用美国丝桄尺度,试观其用柔丝扎缚,扣以活结,惟其胶结处多而且硬。

Q二　上海丝,解去扎绳之状,此系将桄之背面反转,以示其胶结之处。

R一　广东丝,试观其重大之丝桄,粗紧之扎绳,扣以死结,并扎缚之不得法,然无胶结之处。

R二　广东丝,解去扎绳之状,试观其长桄及不整齐之交互,惟无坚硬之胶结。

S一　广东丝,试观长重之桄,束以粗紧之绳,并其坚狭之胶结处。

S二　广东丝,此系将桄之背面反转,以示其胶结之处。

T　广东丝,此系已用皂水及油质浸洗,使胶结化软,其色系着,以资辨别,试观其扎绳已与丝互揽分拆之时,费人工而多耗弃。

U　生丝论文　详述生丝之弊病,并美国丝业所用各名词,左举各页系专论中国生丝者:页二四至四二,页五一至五六,页九二至九九,页百二三至百二六。

V　丝桄说　备有英、法、义、中国、日本各文及桄图。

（原载《浙江公报》第一千六百五十六号,六至一四页,训令）

浙江省长公署训令第八百八十五号

令催各县呈送调查实业报告书以凭汇办由

令各县知事

案查前民政厅饬发各县办理调查实业报告书式,限两个月内一律呈复,现在逾限已久,尚未据各该县陆续报齐,殊属延玩已极。合行令催仰该知事即便遵照前发调查报告说明悉心调查,详晰缮折呈送来署,以凭察夺,事关兴业要政,毋再稽延干咎,切切。此令。

中华民国五年十月十九日

省长吕公望

（原载《浙江公报》第一千六百五十六号,一四至一五页,训令）

浙江省长公署训令第八百八十六号

令催各县迅报振兴蚕桑办法由

令各县知事(除景宁、常山、兰溪、汤溪、龙游、分水、瑞安七县)

案查振兴蚕桑关系重要,经前民政厅通令各该县知事就境内蚕业情形筹拟办法,限一个月内呈复在案。现在逾期已久,尚未据各该县呈复齐全,实属玩延已极,合再令催仰该知事迅遵厅令酌量就地情形详拟切实办法,列摺报核,毋再藉延干咎,切切。此令。

中华民国五年十月十九日

省长吕公望

（原载《浙江公报》第一千六百五十六号,一五页,训令）

浙江省长公署训令第八百八十七号

令各缫丝厂为核定每月工作各项限度表仰即遵办由

令浙江第一模范缫丝厂厂长王恭勉、第二模范缫丝厂厂长彭傀、第三模范缫丝厂厂长李平、第四模范缫丝厂厂长曾毅、第

五模范缫丝厂厂长朱盘书

查本年七月份各模范缫丝厂工作经过情形一览表,经前民政厅令发监理处详核具复在案。兹据该处复称,遵将五厂表列各项逐一考核,分项计算,拟具比较表呈复前来。察阅该处表列各厂每月工作比较状况,每厂初缫再缫每工所出丝量多少既不一致,而开支缫工束装等费又复高低悬殊,似此情形,难期起色,亟应核订每月工作各项限度表,责成各厂遵照办理,俾资整顿而收实效。除指令监理处及分令外,合行训令仰即遵照办理,仍将遵办情形随时具报备查,切切。此令。

计发表一件。

中华民国五年十月十九日

省长吕公望

各模范缫丝厂每月工作各项限度表

初缫每工出丝数	初缫连再缫选茧束装每工出丝数	工资连薪炭杂费束装费每丝一两配银数	光茧缫折数
限四两二钱以上	限二两六钱以上	至多以大洋二角为限	四百四十斤以下

(原载《浙江公报》第一千六百五十六号,一五至一六页,训令)

浙江省长公署指令第一千七百二十七号

令财政厅长莫永贞

呈一件为拟送清查逃亡故绝各户产业表式并陈办法由

察阅呈送表式及所拟办法,均属周妥,仰即通行各属一体遵办具报。此令。十月十七日

附原呈

为呈复事。本年九月十六日奉省长令发丽水县知事陈赞唐

财政条陈批答,内开,"各县以粮额紊乱,主张清丈者十居八九,是清丈之不能复缓,理论上固无疑义,惟事关重大,应候令行财政厅详加核议,再定办法。惟历年欠粮之户是否实系逃亡故绝,既有户名即可查考,应先就最近五年查列详表,于户名下详注都图、村庄、亩数、粮数、历年欠数及田主真确姓名、年岁、职业,其逃亡故绝事由亦应详细开列,然后由该知事遴派妥人或亲自下乡时实地复查,果系逃亡故绝,即将其田亩管收,招人垦种,以杜弊混,并由财政厅将表式拟就呈核通行"等因。奉此,查浙省钱粮历年实征之数较额征仅及八成以上,征不足额,由来已久,以国家维正之供而短缺若是之巨,欲治其本原,非清丈不为功。惟事关重大,需费浩繁,似非克期所能举办,不得已而思其次,则编审户粮实为急则治标之策。查民国三年前国税厅筹备处制定《田赋清册》《征收地丁户册》《承粮户折》各式饬发各县办理编审户粮,原以整理旧册、清查隐匿为主旨,所有业户真实姓名、住所都图、村庄土名及产之所在地亩分字号、原有户名粮额,均查明列入册折,核与钧批指饬列表各节,大旨相同。各县果能实力奉行,则从前荒缺粮赋未始不可查出若干。计自开办以来,各县固有认真办理挤复缺额者,而虚应故事实亦不少。为今之计,自应遵饬拟就表式分发各县遵办。除前次编审户粮已将真实姓名列入田赋征收各册,并已发给承粮户折各户,毋庸复查列表外,其余最近五年钱粮均未完纳户折,无从发给各户,应照旧册户名挨顺产业坐落都图、村庄次序,逐户摘列表内,遴派妥人会同各处绅耆实地复查,如系有主之产或团体祠产、祭产、钱粮隐匿不完者,即查明原有产主及团体祠祭承值之人勒令完纳新旧钱粮;若实系逃亡故绝而产已有垦种者,限令现种之人据实报明,经县查勘相符,准其管业承粮;若产实荒芜,由县招人垦种,即归承垦者立户收管。以上现种、承垦两户均责成补纳五年欠赋,此外一无所取。似此分别办理,庶隐匿私垦者惟恐产业无着,不致仍前隐漏,其荒产亦免日久抛弃,而缺赋可期渐渐规复矣。是否有当,理合遵饬拟就表式备文呈复,仰祈省长察核指示,俾便通行遵办。谨呈。

（原载《浙江公报》第一千六百五十六号,一九至二○页,指令）

浙江省长公署指令第一千七百四十八号

令黄岩县知事汤赞清

呈一件为造送五月至八月禁烟罚款清册由

案据前民政厅转呈据该县呈送五月至八月禁烟罚款清册等情已悉。查此项册报应连查获烟犯暨罚款等表,并部定办理禁烟报告表一并造送,以凭查核,节经前都督署暨民政厅批饬在案,兹仍未据遵办,殊属不合。且查来册旧管项下,节存赏银一百二十八元四角九分八厘,补除彭前委员支给银一百十二元六角,实只存银十五元八角九分八厘;新收项下,共银三百十六元,应给充赏银一百七十四元一角,计存银一百四十一元九角;两共实存银一百五十七元七角九分八厘。本甚简直,何得擅行开除司法不敷并扣留充赏之款,致涉混淆,仰即查照另造,并连前今应补各表送核,毋再违误。再,榜示罚款,原系由道印发,现在道制既废,应归司法机关办理,以一事权,并仰知照。原册发还。此令。十月十七日

（原载《浙江公报》第一千六百五十六号,二○页,指令）

浙江省长公署指令第一千七百七十二号

令海宁县知事刘蔚仁

呈一件为更委掾属呈送履历请注册由

呈悉。准予注册。履历存。本公署改组前经通电行知有案,来呈仍称民政厅,未免疏忽,仰并知照。此令。十月十八日

附原呈

呈为更委掾属俯请核准注册事。窃照职署政务科助理张通于本年八月间因病请假回籍就医，即经照准在案。兹据该员来信，"病仍未瘥，请辞去助理职务，以免久旷"等情，自应准予辞职。所遗政务科助理一席，查有王宝诚，处事精详，深明法理，堪以委任接充，以重职务。除委任外，理合取具该员履历备文呈送，仰祈厅长察核俯赐注册，实为公便。谨呈。

（原载《浙江公报》第一千六百五十六号，二〇至二一页，指令）

浙江省长公署指令第一千七百七十四号

令上虞县知事

呈一件呈报钱朱氏被盗勘验情形由

呈及勘表均悉。仰即迅行会督营警，并咨余姚县知事协同严密侦缉，务将案内真正赃盗悉获诉究呈报，一面并饬事主钱朱氏补具失单呈由该县抄呈备阅。此令。勘表存。十月十八日

（原载《浙江公报》第一千六百五十六号，二一页，指令）

浙江省长公署指令第一千七百七十五号

令义乌县知事

呈一件呈报宋正瑞被张三弟戳伤毙命勘验情形由

呈及格结均悉。仰即迅将凶犯张三弟等侦缉到案，传同尸亲人证讯取确供，依法诉究，毋稍延纵。此令。格结存。十月十八日

（原载《浙江公报》第一千六百五十六号，二一页，指令）

浙江省长公署指令第一千七百七十六号

令吴兴县知事

呈一件呈报宁二宝被吴阿宁等殴伤身死勘验获犯情形由

呈及格结均悉。该犯吴英豪、阿银等胆敢因钱债细故，致将宁二

宝殴伤,缚沉致毙,不法已极。现既缉获到案,仰即传同尸亲人证讯取确供,依法起诉,一面并严缉逃犯宁阿贵务获送究,毋稍延纵。此令。格结存。十月十八日

（原载《浙江公报》第一千六百五十六号,二一至二二页,指令）

浙江省长公署指令第一千七百八十号

令高等检察厅长殷汝熊

呈一件崇德县呈报陆万庆等三家被盗抢劫一案勘讯情形由

呈及表、册均悉。该盗匪等行劫三家,复敢拒伤事主,不法已极,仰该厅转令该县迅行会督营警,上紧严缉,务将案内正盗原赃悉获,诉究具报,并查明盗匪姓名、年貌、籍贯,开具清单呈候通缉。此令。表、册、图均存。十月十八日

（原载《浙江公报》第一千六百五十六号,二二页,指令）

浙江省长咨农商部

据平阳县先后呈送商会章程名册及钤记费并各名册请核复由

浙江省长公署为咨行事。案查平阳县商会改组一案,经前按署咨准大部核复,"准予备案,并饬《修正章程》依法选举,册报照缴钤记公费"等因,经转饬遵照去后。本省长于都督任内据前瓯海道道尹陈光宪呈转平阳县知事张朝辅详报商会依法选举会长,附送《被选人名册》及《修正章程》前来,经批发前民政厅先准备案。嗣该县呈准该商会函称,"鳌江地方离城三十余里,商业繁盛,依法组织分事务所,召集全体会员补选会董二名,以足会董三十名之额。计选出林宝燊、白应庚二人为分事务所董事,造册转报"。同日并造送商事公断处职员名册,复经前民政厅以"所送名册不敷存转,应连同钤记公费一并补送"等语,指令遵照各在案。兹据该县补送齐全,并声明"该会会址原设旧校士馆首进,现因县议会恢复在即,移设南门外旧义餐祠内,现

送《章程》业已改正"等情。据此,除指令外,相应检同送到《章程》《名册》及《商事公断处职员册》《分事务所职员册》,钤记公费,一并备文咨送大部,请烦核复施行。此咨

农商总长

计送平阳县商会《修正章程》《被选人名册》、商事公断处及分事务所《职员册》各一份,钤记公费十五元。

浙江省长吕公望

中华民国五年十月二十日

(原载《浙江公报》第一千六百五十七号,一九一六年十月二十四日,三页,咨)

浙江省长公署训令第八百九十七号

令各县知事填送四年度外人设立学校调查表由

令各县知事

案准教育部咨开,"案查各省办理教育统计,应另填外人设立学校调查表报部,经于四年一五三六号咨行办理三年度教育统计文内说明办法,又于本年通咨办理四年度教育统计文内申明仍查照前咨事项办理在案。现届办理四年度统计之期,希查照前咨,通饬将此项调查表继续填报,毋任延误"等因。准此,查此项调查表曾于上年七月间经前按署刊印学校表式及县表式两种通饬查填在案。兹准前因,仰即查照前颁表式填造四年度外人设立学校调查表,限本年十二月内一律呈送到署,以凭汇编转报。倘该县境内并无外人设立之学校,亦应备文呈复,毋稍延误,切切。此令。

中华民国五年十月二十一日

省长吕公望

(原载《浙江公报》第一千六百五十七号,四页,训令)

浙江省长公署训令第八百九十八号

令各县准部咨行各该知事已分别
呈准奖励照录清单行知由

令慈溪县知事夏仁溥、江山县知事程起鹏、崇德县知事汪寿鉴

本年十月十二日准内务部咨开，"本部呈汇核河南等省请给三等奖励各县知事照章呈请给奖一案，本年九月十三日奉大总统指令：'呈悉。准如所拟，将该知事桂林等分发进级加俸，一律注册。此令'等因。奉此，相应抄录原呈清单咨行查照，并希转饬遵照"等因，计抄原呈清单一件到署。准此，查各县知事应得奖励一案，前经前巡按使分别核呈，并咨陈在案。兹准前因，合就照抄原呈清单令行各该县知照外，仰即遵照。此令。

计抄发原呈清单一件。

中华民国五年十月二十一日

省长吕公望

（原载《浙江公报》第一千六百五十七号，四至五页，训令）

浙江省长公署训令第八百九十九号

令慈溪县知事照录部咨奖励一案
转咨该前知事杨遵路知照由

令慈溪县知事夏仁溥

本年十月十二日准内务部咨开，"本部呈汇核河南等省请给三等奖励各县知事照章呈请给奖一案，本年九月十三日奉大总统指令：'呈悉。准如所拟，将该知事桂林等分发进级加俸，一律注册。此令'等因。奉此，相应抄录原呈清单咨行查照，并希转饬遵照"等因，计抄原呈清单一件到署。准此，查该县前知事杨遵路任内办理源康等铺被

劫案内盗犯包金奎等三名，均在五日内拿获，经前巡按使核明，分别呈咨请奖在案。兹准前因，合就令行仰即转知该前知事知照。此令。

计抄发原呈清单一件。

中华民国五年十月二十一日

省长吕公望

（原载《浙江公报》第一千六百五十七号，五页，训令）

浙江省长公署指令第一千七百五十号

令常山县知事赵钲铉

呈一件为呈请将习艺所所长艺师等免予撤换由

据前民政厅呈据该知事呈请，将习艺所所长暨艺师等免予撤换等情。据此，查所长等既经任事有年、成绩昭著，姑准免予更换，惟嗣后如有呈请辞职等项情事，应仍查照厅令办理，俾符原案。此令。十月十七日

（原载《浙江公报》第一千六百五十七号，一一页，指令）

浙江省长公署指令第一千七百六十七号

令卸任嘉善县知事殷济

呈一件为造送筹备立法院议员选举费用乞核销由

应准在该县准备金项下支销选举费用，银一千三百十五元一角五厘，仰即录报财政厅备查。册存。此令。十月十七日

（原载《浙江公报》第一千六百五十七号，一一页，指令）

浙江省长公署指令第一千七百八十二号

令昌化县知事鲍湛

呈一件呈送八月分违警罚金清册由

呈暨清册均悉。查开除项下支出拘留、奖赏、出差等款，尚无不

合,惟支给分驻所津贴费银四元,应由该警察所公费项下支配,不得动用违警罚金,仰即转咨警所知照,迅将是项津贴银悉数腾出归储,列入九月分收入项下具报,以重公款而杜朦混。册存。此令。十月十八日

　　昌化县警察所谨将五年八月份违警罚金收支数目造具四柱清册,送请察核。

　　计开:

旧管

　　七月份收支两抵,不敷洋四元四角一分。

新收

　　一、收还本年六月份溢支罪犯饭食费腾出归储,洋二角八分;

　　一、收纪应贵口角纷争不听禁止,罚洋二元;

　　一、收马有才违背法令章程营商工业,罚洋一元;

　　一、收宋逸安藉端滋扰铺户,罚洋三元;

　　一、收刘云顺口角纷争不听禁止,罚洋一元;

　　一、收江金鳌售卖非真正之药品,罚洋三元;

　　一、收朱小林加暴行于人未至伤害,罚洋一元;

　　一、收胡玉山加暴行于人未至伤害,罚洋一元;

　　一、收潘裕盛践踏他人田园牵入牛马,罚洋四角;

　　一、收汪培士践踏他人田园牵入牛马,罚洋五角;

　　一、收王徐氏加暴行于人未至伤害,罚洋一元;

　　一、收胡金标口角纷争不听禁止,罚洋二元;

　　一、收陆阿连口角纷争不听禁止,罚洋二元;

　　以上共收洋十八元一角八分。

开除

　　一、支给长警许治平等四人协力弹压排解纷争,赏洋八角;

一、支给徐新民、朱爱棠等四警遇有流氓合力驱除,赏洋一元六角;

一、支给王少康、俞章见等四警遇有恶丐严加管理,赏洋八角;

一、支给萧玉堂、程德新等五警慎防火焰不使成灾,赏洋一元五角;

一、支给长警蔡品贵等二人查获失物呈送招领,赏洋一元;

一、支给赵景昆、张桂林等四警走脱罪犯共同拘获,赏洋八角;

一、支给张煜、萧玉堂等三警保护酒醉不使滋事,赏洋九角;

一、支给长警许治平、曹馥棠等四人协力解散斗殴处理刚方,赏洋八角;

一、支给何维德、高锦成二警检拾失物随时报告,赏洋一元;

一、支给许治平、董自重等长警四人遇有嫌疑窃贼协力驱除,赏洋八角。

上列支给赏款,均经取具收据,汇送县公署存案备查。

一、支给罪犯饭食费,洋一元一角九分;

一、支给分驻所津贴费,洋四元;

一、支给长警许治平、袁周林等七人赴西乡催缴屠捐川费,洋二元;

一、支给因公来警饭食费,洋一元五角五分;

一、支给袁周林、高锦成二警赴西南两乡公干川费,洋八角三分。

上列支给各款,均无收据,惟有帐目可稽。

以上共计支洋十九元五角七分。

实在

收支两抵,不敷洋五元八角二分。

(原载《浙江公报》第一千六百五十七号,一一至一三页,指令)

浙江省长公署指令第一千七百八十三号

令孝丰县公署知事芮钧

呈一件呈送九月分县警队经费收支册由

案据该县呈请前民政厅核销九月分县警队经费一案,察核册列各款,尚无不合,应准照销,仰并录报财政厅备案。册存。此令。十月十八日

孝丰县知事芮钧造送民国五年九月分县警队经费收支清册,呈请鉴核。

计开:

旧管

无

新收

一、收自治附捐项下,洋六十六元;

一、收准备金项下,洋四元二角。

开除

一、支警长兼教练一名,饷洋九元;

一、支正兵五名,饷洋二十七元五角;

一、支副兵五名,饷洋二十五元;

一、支伙夫一名,饷洋四元五角;

前四件由自治附捐项下开支登明。

一、支出差费,洋四元二角。

前件准备金项下开支登明。

实在

收支适合。

(原载《浙江公报》第一千六百五十七号,一四至一五页,指令)

浙江省长公署指令第一千七百九十三号

令衢县公署知事桂铸西

呈一件为请奖给耆民仇成坦匾额由①

呈悉。准给该耆民仇成坦"令德寿岂"匾额题字一方,仰即转给祗领具报。此令。匾额题字随发。十月十八日

（原载《浙江公报》第一千六百五十七号,一五页,指令）

浙江省长公署指令第一千七百九十八号

令上虞县知事张应铭

呈一件为呈请委任习艺所所长由

据前民政厅转呈据该知事呈报,"习艺所所长陈颐龄病故,遴员荐请委任,并附履历一扣"等情。据此,应准以刘钟翰接充该所所长,仰将发去委状一纸转发祗领具报,一面将陈前所长委状饬即缴县呈销。履历存。此令。十月十八日

（原载《浙江公报》第一千六百五十七号,一五页,指令）

浙江省长公署指令第一千八百一十号

令财政厅长莫永贞

呈一件据前民政厅转呈永康县卸任知事吕策
呈送九月一日至念七日县税收支册由

据呈及册报各款准予备案,惟该县五、六两月分报册,迭经前民政厅严催,迄未补送,实属故违,着即记过一次,以示薄惩。仰财政厅转行知照并令赶造补送,毋任延误。册存。此令。十月十八日

（原载《浙江公报》第一千六百五十七号,一五页,指令）

---

① 仇成坦,安徽歙县人。清末迁居浙江衢县经商,摆纸摊起家,后开设仇开泰和仇德庄纸庄。哲嗣星农,秉承父志,扩大业务,又乐做善事,被誉为衢州徽商第一家。

浙江省长公署指令第一千八百十二号

令嘉兴县知事

呈一件据该县呈前民政厅复嘉纶茧厂
擅用重秤系一时错误请销案由

呈悉。查此案该前知事并未遵批讯究,何能认该厂擅用重秤为错误,所请销案之处,未便照准。仰新任张知事仍遵照前民政厅批示办理并转行知照①。此令。十月十八日

（原载《浙江公报》第一千六百五十七号,一五至一六页,指令）

浙江省长公署指令第一千八百十八号

令崇德县知事汪寿鉴

呈一件为公民沈沛农等拟新设各茧行祈示遵由

呈悉。《茧行条例》俟交由省议会议决公布后再行遵办,迭经前民政厅指令有案,该知事不加察核遽予照转,殊属有意尝试,所请仍毋庸议。此令。十月十八日

（原载《浙江公报》第一千六百五十七号,一六页,指令）

浙江省长公署指令第一千八百十九号

令吴兴县知事吕俊恺

呈一件据呈前民政厅为准商会续请声明益成
分行改作公益恒正行并无违碍由

呈悉。《茧行条例》尚须酌加修正,提交省议会讨论,俟议决公布后再饬遵办,所请应毋庸议。此令。十月十八日

（原载《浙江公报》第一千六百五十七号,一六页,指令）

---

① 新任张知事,指张梦奎,民国五年十月至民国六年三月任嘉兴县知事。

浙江省长公署指令第一千八百二十一号

令武康县知事

　　　　呈一件据该县知事呈沈镕等请开设
　　　　裕盛茧行乞转咨给帖由

　　查该县接壤邻境,各有旧茧行,来呈未据叙明距离里数,殊属疏略。仰该县新任邱知事详细复查①,并将辖境内里数绘图帖说送候核夺,并转行前知事知照。书结姑存。此令。十月十八日

　　　　(原载《浙江公报》第一千六百五十七号,一六页,指令)

浙江省长公署指令第一千八百二十二号

令浦江县知事

　　　　呈一件据前民政厅转呈该县农会森林
　　　　苗圃图说及开办费预算表由

　　呈及附件均悉。该县苗圃补助费银一百二十元,应准令行财政厅照数给发,仰即录案赴厅具领报查。附件存。此令。十月十八日

　　　　(原载《浙江公报》第一千六百五十七号,一六至一七页,指令)

浙江省长公署指令第一千八百二十七号

令嘉兴县知事张梦奎

　　　　呈一件据前民政厅转呈该县呈为
　　　　商民孙澄等呈请添设茧行由

　　呈悉。《修正茧行条例》应俟省议会议决公布后再行遵办,迭经指令有案,该前知事不加审核②,均予照转,殊属有意尝试,所请仍毋

---

　　①　新任邱知事,指邱少羽,民国五年九月继宗彭年任武康县知事,至民国七年三月卸任。

　　②　前知事,指袁庆萱,民国三年八月至民国五年九月任嘉兴县知事。

庸议。保结发还,仰转行知照。此令。十月十八日

（原载《浙江公报》第一千六百五十七号,一七页,指令）

浙江省长公署指令第一千八百二十九号

令杭县第一平民习艺所所长林昌期

呈一件为条陈筹设全浙工厂以兴实业由

呈悉。所陈筹设工厂各节,不为无见,惟六年度预算收支各款,业经支配确定,碍难再行变更,应俟将来体察情形,酌择办理,仰即知照。此令。十月十八日

（原载《浙江公报》第一千六百五十七号,一七页,指令）

浙江省长公署指令第一千八百三十七号

令警政厅长夏超

呈一件警政厅民政厅为遵核遂安县

请奖得力营警员弁一案由

呈悉。该警佐余新元、哨官吴振声、哨长徐锡桂,既经该厅暨前民政厅据遂安县呈报分别核准记功在案,该县另文请奖一节,自无庸议,仰即转令遵照。此令。十月十八日

（原载《浙江公报》第一千六百五十七号,一七页,指令）

浙江省长公署指令第一千八百三十八号

令警政厅长夏超

呈一件为该厅呈据警备队第六区统带呈垫发前道署

警队饷项川资可否令行旧道属各县局解还归垫由

呈、摺均悉。案查前瓯海道警队本年六月份饷项不敷洋一百伍十六元零,前据该厅呈请,当经指令,准予照案分咨旧道属各县局摊解归垫在案。据呈此次该统带垫发该队本年七月份饷项洋一百八十

一元三角九分三厘,遣散各兵川费洋二百零八元,均系实在,应准照案办理,即由该统带分咨旧道属各县局摊解归垫,仰即转令遵照,仍饬具报稽考。清摺存。此令。十月十八日

（原载《浙江公报》第一千六百五十七号,一七至一八页,指令）

浙江省长公署指令第一千八百四十八号

令财政厅长莫永贞

呈一件呈为报明外海水警厅汇解船舶牌照等费请备查由

据呈已悉。此令。十月十八日

（原载《浙江公报》第一千六百五十七号,一八页,指令）

浙江省长公署指令第一千八百五十九号

令高等检察厅长殷汝熊

呈一件呈报会验江山警察方元章服毒身死由

呈及格结均悉。查此案前据周正杼暨尸妻周方氏先后电呈,当经令行该厅转令查办委员详查明确,秉公办理在案。据呈各情,究竟已死方元章因何服毒身死,是否确系暗杀周正燨凶犯,警察所有看守之责,此种毒物何以任听怀挟入内,是否有人传递,仰该厅迅行令知该委员一并详晰查明具复察夺,并转令各该县遵照。此令。格结存。十月十八日

（原载《浙江公报》第一千六百五十七号,一八页,指令）

浙江省长公署指令第一千八百六十八号

令崇德县知事汪寿鉴

呈一件呈前民政厅为呈复补助阅报社经费

拟在县税四成教育费内动拨由

查县税四成教育费系专充兴办及补助小学之用,该阅报社补助

费既拟在此项教育费内动拨,未便照准,应即另行妥筹呈候核夺。此令。十月十九日

　　　　(原载《浙江公报》第一千六百五十七号,一八至一九页,指令)

浙江省长公署批第五百三十九号

　　原具呈人矿商何显芳

　　呈一件据前民政厅转呈该商为脱退矿业权请求俯准由

　　呈悉。准予备案。结存。此批。十月十八日

　　　　(原载《浙江公报》第一千六百五十七号,一九页,批示)

浙江省长公署批第五百四十号

　　原呈人绍兴张儒镛

　　　　呈一件据该商呈前民政厅为请设日新茧行四距

　　　　　　里数符合条例请准发牙帖由

　　呈悉。查此案经前民政厅批,"候《修正条例》公布后再行遵照呈请"在案,仰仍遵前批办理,毋庸多渎。此批。十月十八日

　　　　(原载《浙江公报》第一千六百五十七号,一九至二〇页,批示)

浙江省长公署批第五百四十一号

　　原具呈人葛景伊

　　　　呈一件据前民政厅转呈该商补送履历保结

　　　　　　请核转准给采矿执照由

　　呈、件均悉。候据情转咨农商部核复,再行饬遵。件存。此批。十月十八日

　　　　(原载《浙江公报》第一千六百五十七号,二〇页,批示)

浙江省长公署批第五百四十二号

原具呈人颜树屏

呈一件为王麻四霸占水浦及涂地一案请饬县克日丈量由

呈悉。此案原判决书及县署迭次批示均未据录送，无从查核，所请碍难遽准。此批。十月十八日

（原载《浙江公报》第一千六百五十七号，二〇页，批示）

浙江省长公署批第五百四十六号

原具呈人邵子承等

呈一件呈请招集司法警察教练毕业生饬属尽先录用由

呈及抄件均悉。仰候令行高等检察厅查案议复，再行核夺。此批。抄件附。十月十九日

（原载《浙江公报》第一千六百五十七号，一九页，批示）

浙江省长公署批第五百七十号

原具呈人吴兴姚兆桢等

呈一件为征收主任陆翰章浮报灾额侵蚀
蠲银控请派员查追由

呈悉。事关控告官吏侵蚀蠲银，案情重大，虚实均应澈究。惟该具呈人既知浮报灾额有五百余亩，蠲票六百余张，必有户名可以指证，应再切实举明并加具切结另呈亲投，以凭核办。此批。十月二十一日

（原载《浙江公报》第一千六百五十七号，二〇页，批示）

浙江省长公署通告

分浙任用知事熊钧呈报于本月八日遵限到省，缴验凭照。

（原载《浙江公报》第一千六百五十七号，二一页，通告）

浙江省长公署训令第九百零七号

令鄞县等五县知事催填三年度外人设立学校调查表由

令镇海、鄞县、南田、萧山、温岭县知事

案准教育部咨开，"案查各省办理教育统计，应另填外人设立学校调查表报部，经于四年一五三六号咨行办理三年度教育统计文内说明办法，又于本年通咨办理四年度教育统计文内申明，仍查照前咨事项办理在案。现查贵省三年度此项调查表尚未准填送到部，相应咨请严催赶造报部，以凭汇编"等因。查此项表式曾于四年七月间经前按署刊印学校调查表及县调查表两种通饬各道转饬遵办，并限同年十二月内一律由道汇编。嗣因逾期未送，复于本年一月、四月间两次饬催各在案。兹查接管卷内该县三年度外人设立学校调查表尚未据送有案，准咨前因，仰即于文到十日内迅行填送到署，以凭汇编转送。倘该县境内并无外人设立之学校，亦应备文呈复，均毋稍延，切切。此令。

中华民国五年十月二十一日

省长吕公望

（原载《浙江公报》第一千六百五十八号，一九一六年十月二十五日，二页，训令）

浙江省长公署训令第九百十九号

令财政厅准财政部咨复财政厅议复各店铺
年节账单免贴印花等情一案由

令财政厅长莫永贞

本年十月十三日准财政部咨开，"接准来咨，以'据财政厅长议复杭州商务总会禀请贴用印花从宽删除一案。各店铺逢年逢节账票暂准免贴，当票满十元者贴用，未满十元者暂准免贴，发票、支票两种亦以满十元者起贴,未满十元者免贴。又,属于第一类之罚金,如不贴印花,或贴用时未盖章画押者,以一元以上之数处罚,贴不足数者责令补贴,免其处罚;属于第二类之罚金,如不贴印花,或贴用时未盖章画押者,以五元以上之数处罚,贴不足数者以一元以上之数处罚。遇有实在无力遵缴罚金者,仍得援照违警处分,换科拘留。事关变通定章,咨明查照'等因前来。查年节账单一种,本部前以各铺户凭此收取账款,多不另出收据,经通饬比照银钱收据贴用印花,若如该厅长所议,准予全行免贴,尚欠允协。应饬由各地商会转知各铺户,嗣后逢年逢节,所出账单于收到账款时,应即另出收据,或即于账单上签收,作为收据,贴用印花;其未收到账款者免贴。如已收到账款并不另出收据,亦未于账单上签收,取巧规避,即行照章处罚。至十元以下之各种契约簿据,贴用印花,系根据三年呈准推广税额一案罚金数目于三年修正税法案内,经前参政院议决公布,本部现正详加讨论,酌拟分别修正,提交国会议决。在国会未经议决公布以前,自应仍照税法原案暨通行各案办理。相应咨复查照,并希转行遵照可也"等由。准此,合行令仰该厅即便通令各属暨转杭州商务总会一体遵照办理。此令。

中华民国五年十月二十一日

省长吕公望

(原载《浙江公报》第一千六百五十八号,二至三页,训令)

浙江省长公署指令第一千八百七十号

令桐乡县知事余大钧

呈一件呈前民政厅送义务教育程序内调查事项表册由

呈及表、册均悉。查教员表内"其他学校毕业者"栏,未据遵照原颁说明,将各项毕业种类于备查栏内注明,原表发还补注,并加造调查册一分,再送候分别汇编存转,仰即遵照。册存。表附还。此令。

十月十九日

（原载《浙江公报》第一千六百五十八号，七页，指令）

浙江省长公署指令第一千八百七十七号

令长兴县知事魏兰

呈一件呈前民政厅为呈送缮正通俗教育

讲演所章程规则及履历请备案由

呈、件均悉。所拟经费既与规定水利经费无碍，应准照办，惟履历内漏填所长详细履历，应发还加填。又，《章程》《规则》内"呈请民政厅转呈"字样，应均改为"呈请省长"。《章程》第五条内，"学务委员或"五字，应行删去。仰即分别遵照并将《章程》《规则》《履历》另各补送一份，以凭转咨。履历发还，余件均存。此令。十月十九日

计发还履历一份。

长兴县公立通俗教育讲演所章程

第一条　本所由县经费设立，故定名为长兴县公立通俗教育讲演所。

第二条　本所所址设于城内教育会。

第三条　本所设所长一人、讲演员二人、办事员兼讲演员一人，名誉讲演员无定额。

第四条　所长、讲演员由县知事委任，呈请省长咨部备案；办事员由所长任用，呈报县知事备案。

第五条　名誉讲演员由县知事委任学董兼任之。

第六条　所长及讲演员之资格，依《通俗教育讲演所规程》第九条之规定，但名誉讲演员得变通之。

第七条　所长之职务：

一、总理全所事务，并考核所属职员；

二、支配巡讲地点及日期；

三、审核讲演稿；

四、汇编讲演月报；

五、编制预算决算；

六、兼任所址附近各地点讲演事务。

第八条 讲演员之职务：

一、承所长之指挥分任巡回讲演；

二、撰拟讲演稿；

三、编制讲演日记。

第九条 办事员之职务：

一、承所长之指挥，掌管庶务及会计事项；

二、管掌文件缮印、收发及保管事项。

第十条 本所经费由所长按月查照预算呈请县知事给发。

第十一条 所长、讲演员、办事员薪金额数，由县知事规定；名誉讲演员为无给职，但得酌给公费。

第十二条 所长、讲演员如有奉职不力者，由县知事撤换之。

第十三条 本所办事规则另定之。

第十四条 本章程俟呈奉批准后施行。

长兴县公立通俗教育讲演所办事规则

第一条 讲演员撰拟讲演稿，除奉地方长官特饬讲演事项外，应遵照《通俗教育讲演规则》第三、第四条办理。

第二条 凡乙月讲演稿须于甲月五日以前，由所长呈送县知事审查，十日以前，由县呈送省长复核批准，发还照讲，并汇印转咨。

第三条 讲演员编制日记，应将每次讲演要项、地点并听讲情形及其人数详细记录,每一月汇送所长考核。

第四条　前项日记,每一月由所长汇编为讲演月报,于次月十五日前送县知事查核,每三个月由县知事汇报省长。

第五条　巡讲地点、日期,由所长拟定,呈请县知事核准后,应先期三日由所发贴通告,并知照所在地警察或保卫团届时前往保护。

第六条　讲演时时间之长短,由讲演员临时酌定。

第七条　讲演时得由讲演员商请就地学务职员或其他自治职员协助一应事务。

第八条　讲演不得涉及通俗教育以外事项。

第九条　本所岁出预算表,应按照会计年度于年前三个月遵送县知事核定转报。

第十条　本所决算事项,应每半年造具四柱清册送县知事审核。

第十一条　所长、办事员并讲演员,除巡讲日期外,应均常川驻所。

第十二条　本规则关于讲演事项,名誉讲演员亦适用之。

第十三条　本规则俟呈奉批准后施行。

长兴县公立通俗教育讲演所听讲规则

第一条　讲演员出席讲演时,听讲人应向讲员致敬。

第二条　听讲人应男女左右分坐,如人数逾于座数时,其座外男女仍左右分立。

第三条　听讲人老少应依顺序。

第四条　听讲人应静心听讲,不得谈论喧哗。

第五条　讲演时听讲人不得向讲演员发言,如有疑问,应于讲毕后陈请解释。

第六条　讲毕时听讲人应逐渐退散，不得争先拥挤。

第七条　本规则俟呈奉批准，发贴讲演地点。

（原载《浙江公报》第一千六百五十八号，七至一〇页，指令）

浙江省长公署指令第一千八百七十八号

令海盐县知事朱丙庆

呈一件呈前民政厅筹设教育行政会议拟具章程由

呈悉。《章程》准予备案，惟第二条丙项应改为"劝学所长员及区乡村学董"，丁项改为"教育会正副会长"，第六条改为"本会议决案呈请县知事采择施行并呈报省长察核备案"，第十二条改为"本章程俟呈奉省长核准后公布施行"，仰即遵照改正。《章程》存。此令。十月十九日

海盐县教育行政会议章程

第一条　本会就县教育行政范围依据教育法令，参酌地方情形，讨论设施改良及督促进行方法，力谋教育普及为宗旨。

第二条　本会议员以左列人员充之：

甲　县知事公署内教育主任及助理；

乙　县视学；

丙　劝学所长员及区乡村学董；

丁　教育会正副会长；

戊　通俗教育讲演所讲演员；

己　各校校长经本会议员四人以上之介绍，得议长之许可者。

第三条　本会以知事为监督，教育主任为议长，议长有事故不能出席时，得由教育助理或县视学代理之。

第四条　本会议案由县知事提出，如各议员或非本会议员

有提出建议书者,须得本会议员五人以上之联署,得先期送县知事察核交议。

第五条　本会提议事件由出席议员三分之二以上决定之。

第六条　本会议决案呈请县知事采择施行,并呈报省长察核备案。

第七条　本会开会期内所需杂费,由县公署行政经费内支给之。

第八条　本会议员均为名誉职,所需旅费、宿膳费应各自负担。

第九条　本会会期分常年、临时两种。常年会期于每年暑假、寒假期内,开学以前,由议长呈请县知事酌定开议日期召集之;临时会,由议长提出或三分之二以上议员之请求,经监督核准后举行之。

第十条　本会议场设在县知事公署内。

第十一条　本会议议事规则另订之。

第十二条　本章程俟呈奉省长核准后公布施行。

（原载《浙江公报》第一千六百五十八号,一〇至一一页,指令）

浙江省长公署指令第二千零四十七号

令财政厅长莫永贞

呈一件具复监征员朱一鸣报告梅溪茧捐局长与
大纶茧行串弊一案查无其事请免置议由

此案适据监征员朱一鸣函送大纶茧行私秤一杆、吴局长落地码草簿一本到署,业将原秤交由缫丝厂监理处较核分量,虽与司码官秤相符,而该行不遵用厅颁官秤,该茧捐局长又不切实指导,均属不合,惟既据派委查明并无串弊情事,姑准如呈免予置议。此后各茧捐局长务须恪遵功令,实力稽征,倘有不职事端一经发觉,定即严加究惩,

仰该厅通行遵照,切切。秤一杆、簿一本并发。由该厅办结具复。此令。十月二十一日

（原载《浙江公报》第一千六百五十八号,一一至一二页,指令）

浙江省长公署指令第二千零五十三号

令财政厅长莫永贞

呈一件桐乡统捐局为陈明办理为难情形

请派员调查以期核实由

呈悉。八、九两月短收烟捐数逾巨万,所陈各节是否属实,司巡人等有无舞弊情事,合行令仰该厅即便派员澈查明确,具复核夺,毋延,切切。此令。十月二十一日

（原载《浙江公报》第一千六百五十八号,一二页,指令）

浙江省长公署批第五百六十八号

原具禀人富阳县公民徐英等

呈一件禀为富阳征收主任沈逸波

纵警殃民请派员查办由

前据陆树堂等以"沈逸波诈取粮户,擅用刑威"等情联名禀请查办,即经令饬财政厅澈查复夺在案。据禀各节,候饬厅一并查明具复,以凭核办。此批。十月二十一日

（原载《浙江公报》第一千六百五十八号,一二页,批示）

浙江省长公署批第五百六十九号

原具呈人新昌县商民梁在德

呈一件为酒捐经理陈恭藻等虚报苛征强制勒缴控请饬查由

呈悉。候令财政厅行县澈查复夺。此批。十月二十一日

（原载《浙江公报》第一千六百五十八号,一二页,批示）

浙江省长公署咨省议会

为咨取缔戏园及取缔食品市场两种规则
业经通过咨请查照由

浙江省长公署为咨行事。本年十月十四日准贵会咨开，"本年九月十七日准省长咨送本省单行章程七种交议前来，当经分别审查付议。除《人力车管理规则》等五种尚在审查中，未经议决，应俟另案汇咨外，其内列《浙江省取缔戏园规则》及《浙江省食品市场取缔规则》两种，业经审查修正三读通过，相应缮具清摺，备文咨送省长，请烦查照公布施行。计附送清摺二扣"等由。准此，除将议决《浙江省取缔戏园规则》及《浙江省食品市场取缔规则》刊登《公报》公布外，相应备文咨复查照。此咨。

浙江省长吕公望

中华民国五年十月二十四日

《浙江省取缔戏园规则》议决案

第一条　凡演剧供人观览，收取看资，且有一定场所者，皆称戏园。

第二条　凡开设戏园，须呈报该管警察厅局所，转呈省长核准立案，始得建筑。依限落成后，报由警察厅局所派员检查，确与第六条各项不相违背者，呈请省长发给许可证，始准营业。其呈请开设，应行呈报之事项如左：

一、名称；

二、园主及经理人之姓名、年龄、籍贯、住址；

三、资本之额数；

四、筹设方法（独资或合资）；

五、坐落处所之地名；

六、构造园屋之图样及所用材料之说明书；

七、街巷出入及四邻之平面略图；

八、戏园房屋系修造或建筑及其时间；

九、开业之日期；

十、观客之等座及其定额；

十一、等座之定价表；

十二、灯火之种类及装置之地位、数目；

十三、建筑之工头及监督工事者之姓名、住址。

第三条　凡欲变更前条规定第一款至第四款者，须呈报该警察厅局所转呈省长核准，换给许可证。变更第五款、第九款至第十三款者，须呈报该警察厅局所核准，呈报省长备案。

第四条　该管警察厅局所受第二条、第三条规定之呈报，应即派员检查，如认有不合之处，得饬令更改。

第五条　凡呈请开设戏园及已受许可证者，有左列事项之一，得取消之，但具有正当事由者，不在此例。

一、呈立案后三个月以内不着手建筑者；

二、建筑之时间已逾六个月，尚未落成者；

三、受许可证后经过三个月不开业者；

四、停业在六个月以上者。

第六条　戏园之设备须遵左列事项：

一、戏园大门须宽一丈二尺以上，门首须点路灯；

二、除大门外，须宽有六尺之侧门二处；

三、楼上楼下须各设太平门二处以上；

四、戏园之大门、侧门、太平门均须外开；

五、戏台及看楼前面须各设置坚牢之栏柱；

六、客席之坐具须坚实清洁；

七、看楼每厢须有扶梯两座以上；

八、屋上四面须通定气①；

九、观客席次之四围须有相当之通路；

十、每一座客须占有一尺五寸以上之地位；

十一、园内须分设男女便所数处，每日须洒防臭水二回以上；

十二、便所须设适当之遮蔽；

十三、园内须设水井数口，并多备水缸储水充满，但临近河池及设有自来水管者，得免以上之设备；

十四、消火水龙及各种器具须置备多架；

十五、园内灯火须用电气、瓦斯二种，但不能装置电气及瓦斯者，得以他项油火代之；

十六、灯火可燃之物接近处，须以铁片遮隔之；

十七、厨灶及易惹火患之处，须为适当之防备。

第七条　凡设戏园者，不得用外国人之资本或挂洋商号及租借外国人所有器具。②

第八条　戏园营业中若因他故停业者，须先于三日内呈报该管警察厅局所核明，呈请省长备案。

第九条　戏园不得私相让顶，须由新旧园主之联名呈请，查照第二条办理。

第十条　凡开设戏园者，无论何时应受警察厅局所之检查，并从其指示相当之设备。

第十一条　关于演剧时，须遵左列限制：

一、每日演剧时间至多不得过十小时，如一日内开演二次以上者，每次停止后必经过一小时以上；

二、每日演剧自日出至午后十二时之间为限，但认有妨碍公安时，得令其停演；

---

① 定气，疑为"空气"之误。
② 挂洋商号，底本衍作"挂洋商挂号"，后一"挂"径删。

三、观客定员须揭于易睹之处，定员外不得招留；

四、等座之价额须明白揭示，不得请求额外之看资；

五、不得有兜揽通行人观剧之行为；

六、在演剧时间，大门、侧门、太平门均不得加锁钥；

七、观客未散场时，不得吹灭灯火。

第十二条　每日演唱之戏目及扮演者之姓名，须先一日呈送该管警察厅局所查核。

第十三条　园内须于适当之地位设置警察监视席，以备该管警察官长莅席监视。

第十四条　有犯左列第一款、第二款、第三款之演剧者，应由该管警察官长禁止其演唱，如不遵禁，得停止其营业至五日为止。犯第四款者，则勒令歇业。

一、有背劝善惩恶之宗旨者；

二、涉于秽亵之唱及其他有妨善良风俗者；

三、扮演本国现任职官；

四、有不正当之演唱，迹近煽惑观听，妨害治安者。

第十五条　凡观客须遵守左列之限制

一、不得放谈高歌及各种喧哗；

二、不得擅登戏台及出入戏房；

三、就席后不得无故起立，致妨他人之视线；

四、不得有袒裼裸体及其他不规则之行为；

五、不得携带长大物品；

六、不得携带危险物品。

第十六条　戏园每年应纳警察捐费分列四等，甲等捐洋二千元以上，乙等捐洋一千五百元以上，丙等捐洋一千元以上，均先认定，按月摊缴；丁等按日认缴一元以上。

第十七条　前项捐洋，应按照该警察厅局所所定期间如数呈缴,领取收单为据,如逾期不缴或缴不足额时,得停止其营业,至缴足日为止。

第十八条 除有特别规定外,违背本规则第三、第九、第十、第十一、第十三各条者,均按照《违警罚法》第三十三(条)第二款处罚,观客违背第十五条各款者,得令其退出。

第十九条 戏园于六月以内违背本规则至三次以上者,得令其停业至十日为止。若屡犯不改,得令其歇业。

第二十条 本规则自公布日施行。

《浙江省食品市场取缔规则》议决案

第一条 本规则凡在食品市场营业者均一律遵守。

第二条 凡入食品市场营业者须出具愿书呈报该管警察官署核准,发给市场营业执照。愿书内应呈报事项如左:

一、姓名、年龄、籍贯、住所;

二、售卖物品之种类;

三、认缴月租(月租暂由该管警察官署酌定,不得超过一百五十文以上)。

第三条 凡未领食品市场营业执照者,不准入该场营业。

第四条 凡已领营业执照而歇业时,须将营业执照呈缴该管警察官署注销,不得移转于他人。

第五条 凡已领营业执照者,无正当之理由五日以内不开业,或七日以上休业时,应即吊销执照。

第六条 有左列各项之一者,不得入场营业:

一、身患毒疮及一切能传染之病者;

一、售卖有毒质之菜蔬及食物者;

一、未缴月租者。

第七条 市场限于左列各项物品,许入场设摊营业:

一、菜蔬类；

一、水产或鸟兽类；

一、食物类（如熟牛肉、熟鸟等及各种点心摊之类）；

一、水果类。

第八条　场内买卖时刻：上午六时起至十一时止，只准摆设菜蔬、水产、鸟兽等类各摊；下午一时起至六时止，只准摆设食物类及水果类各摊。

第九条　场内摆摊地位由该管警察官署核定，立标编号，各营业人依照标号摆设，不得互相争占，其每摊地位，用裁量尺定以横四尺、纵五尺为度。

第十条　场内每日由该管警察官署或分署轮派警察一名到场弹压，并检查各摊有无妨碍卫生食品，并派清道夫一名，于上午十二时、下午七时将场扫除清洁。

第十一条　场内各摊用水务宜清洁，用后须倾入沟渠，不得任意倾泼。

第十二条　隔宿败馁之鱼虾食物及霉烂之菜蔬水果均不准混售。

第十三条　凡在场内营业者，对于同业及买主均宜和平公允，不得争闹。

第十四条　凡在市场营业者，对于场内应扫除清洁，不准任意堆积及糟蹋。

第十五条　食品市场之通路不得横有车马及其他物件。

第十六条　鱼场等污秽物品须密闭于相当之容器。

第十七条　水果、糖食等易着蚊蝇之物，均须罩以相当之遮蔽物。

第十八条　违犯本规则各条者，照《违警罚法》分别处罚，若屡犯不悛者，得取消执照，不准营业。

附则

第十九条　凡未设食物市场各区域，应由该管警察官署指定场所摆摊营业，不得于街道任意摆设，违者分别处罚。

第二十条　凡有不愿入场营业者，听其挑卖或提卖，但不得于热闹街道间停歇。

第二十一条　本规则自公布之日施行。

（原载《浙江公报》第一千六百五十九号，一九一六年十月二十六日，三至九页，咨）

浙江省长公署咨省议会

为咨复吴议员文禧关于回复自治质问由

浙江省长公署为咨复事。准贵议会咨送吴议员文禧等关于回复自治质问书一件到署。查回复自治一案，本省长在都督任内早拟将各级自治随同贵议会一律提前回复召集，正筹备间，六月二十九日奉大总统申令，"民国三年五月一日以后所有各项条约，均应继续有效，其余法令除有明令废止外，一切仍旧。此令"等因。奉查三年、四年公布之《自治试行条例》及《施行规则》，既未奉有明令废止，即未能认为无效。顾念自治前途，焦灼万状，军民分治以后，即经本公署以"民意宜亟尊重，浙省旧行各级自治章程应先予规复，前颁《试行条例》及《规则》限制民意过严，万难适用"等情咨陈内务部有案。嗣准内务部沁电，"准国务院咨开，'准贵部提议，订期恢复各级自治机关，所废止三年、四年公布之《试行条例》及《施行规则》案，兹经议决缓议，请查照等因到部。本部现正将自治制恢复，速即起草，俟提出国会议决，即行公布。除通电外，相应电请查照转饬各县'等因到署。当以此案既有大总统申令在先，复由国务会议缓议废止《自治试行条例》于后，本公署对于沁电除再胪陈民意催促进行外，实无违反之职权，亦迭经将电催情形咨复贵议会在案。至原质问所列"各级自治章程是否为单行条例之一,以及是否不经废止手续而失其效力"等语,查《省议会暂行法》第十六条第一款规定,议决本省单行条例但以不抵触法律命令者为限,则在《自治试行条例》未奉明令废止以前,本省自治章程自难并行不悖,是以节次咨部请将《自治试行条例》废止,文电交驰,岂有迁延之意。即如内务部孙总长固亦力主回复自治者①,无如国务会议未能通过,行政方面不能不受法令拘束,当为国人所共见。本省长前令各县调查原有自治经费,以为回复之预备,现又令各县将自治成立前应备各事妥为筹备完全,一奉回复明令,本省各自治会可以即时召集,庶不负全省人民望治之盛心,亦即本省长于法令范围内力求自治进行之本意也。特此咨复贵会,请烦查照。此咨

省议会议长

浙江省长吕公望

中华民国五年十月二十日

(原载《浙江公报》第一千六百五十九号,九至一○页,咨)

浙江省长公署咨农商部

据余杭县呈送更正商会章程检同前存名册及钤记公费请核复由

浙江省长公署为咨行事。本年十月十四日据余杭县知事呈称,"案奉前民政厅批职署呈送余杭商务分会改组商会册折及钤记费由,奉令'将《章程》第三十六条更正,另缮送核'等因,奉经函转遵照去后。兹准函送清摺四份前来,除将清摺一份存县备案外,合亟检同清摺三份备文呈送,仰祈省长察核存转"等情,并附《章程》、清摺到署。据此,查此案经前民政厅以"该县转送《商会章程》,内容未臻妥善,仍饬修正。发起人名册、钤记公费暂存"等语批示在案。兹察阅送到《章程》,大致尚无不合,除指令并抽存原件备查外,相应检同前存名

---

① 内务部孙总长,即孙洪伊(1872—1936),字伯兰,天津人,立宪派领袖。

册、钤记公费暨修正《章程》,一并备文咨送大部,请烦核复施行。此咨
农商总长

计送余杭县商会章程、名册各一份,钤记公费十五元。

浙江省长吕公望

中华民国五年十月二十三日

(原载《浙江公报》第一千六百五十九号,一〇至一一页,咨)

浙江省长公署咨农商部

据於潜县呈送商会章程检同前存名册等请核复由

浙江省长公署为咨行事。据於潜县知事呈称,"奉民政厅指令,
知事呈送商会改拟章程并补发起人名册由,奉指令'呈及附件均悉。
察阅该商会所拟章程,关于调处工商业争议各条,仅限于该会会员,
核与《商会法》不合。又,此项办法应按照商事公断处章程及细则调
处,俟公断处呈准成立,由公断处办理,条文内未叙及此意,亦属疏
漏。仰转知再行更正送核。名册存,章程发还'等因。奉此,遵经知
事转致更正去后。兹准该商会遵令更正,送请核转前来,知事复核无
异,理合具文呈送,仰祈鉴核指令祗遵"等情,并附更正章程到署。据
此,查此案迭经前民政厅令据该县呈送商会章程、被选人名册、钤记
公费,补送发起人名册,将公费及各名册暂存,《章程》发还饬改在案。
兹察阅送到《章程》,大致尚无不合,除指令并抽存备查外,相应检同前
存名册、钤记公费及修正《章程》,一并备文咨请大部核复施行。此咨
农商总长

计附送於潜县商会章程、被选人名册、发起人名册各一份,钤记
公费十五元。

浙江省长吕公望

中华民国五年十月二十三日

(原载《浙江公报》第一千六百五十九号,一一至一二页,咨)

浙江省长公署咨农商部

据分水县知事呈报商会启用钤记日期由

浙江省长公署为咨行事。案据分水县知事李涞呈称，"奉前民政厅转奉钧长训令，'准农商部咨发分水县商会钤记一颗，希饬具领并将启用日期报部备核等因，仰厅转令该知事给领，并将启用日期具呈，以便转报'等因，转行下县奉经函送去后。兹据该商会函称，'奉发部颁分水县商会钤记，遵于本年十月四日启用，应请转报'，并将旧有分会图记一颗缴销前来。除将附缴旧有图记一颗由县截角销毁外，合将该商会启用钤记日期备文转报，仰祈鉴核转咨，实为公便"等情。据此，除指令外，相应备文咨请大部查照备案。此咨
农商总长

浙江省长吕公望

中华民国五年十月二十三日

（原载《浙江公报》第一千六百五十九号，一二页，咨）

浙江省长公署咨复教育部

浙省教育费并无移用及六年度扩充情形由

浙江省长为咨复事。案准大部咨，"以各省区教育近状，因事变之纷纷，致行之阻滞，千钧一发，废坠堪虞，惟有群策群力，谋所发展，急求恢复原状，更相策励进行。除原定教育经费应由各省长官力予维持，并将移用者一律拨还，已经国务院电致各省外，兹特重申前议，不惮烦言，如能多筹的款，力加扩充，尤所切望。至关于修订学制，本部职掌所司，自当次第颁行，咨请查照，切实办理"等因。准此，查浙省自军兴以来，对于教育事业，力主维持，全省校所馆院一仍原状，所有原定各项教育经费，均照预算支给，并无移用。六年度省教育费预算草案亦已编定，计经常费八十万零二千五百七十五元，临时费十一

万三千五百三十九元,都凡九十一万七千一百十四元,核与五年度预算计扩充十四万二千元有奇,一俟省会议决确定,当再造册咨报。至一应学制,自当静候大部修订颁行,以归划一。准咨前因,相应备文咨请大部察照。此咨

教育总长

浙江省长吕公望

中华民国五年十月二十三日

(原载《浙江公报》第一千六百五十九号,一二至一三页,咨)

浙江省长公署训令第九百零九号

令甲种工校准省议会咨实业学校留学一案
经大会决议认为不能成立由

令省立甲种工业学校校长许炳垫

案准省议会咨开,"准咨开,'据民政厅呈称,省立甲种实业学校拟设留学专额,由各校循环选派教员及毕业生赴外国留学,拟具条例,呈乞察核交议,并送条例一件等情。据此,相应抄呈条例,备文咨请贵会议决施行'等情,并抄送条例一件到会。业经提付大会讨论决议,认为不能成立,理合备文咨复省长,请烦查照"等因。准此,查此案前据该校呈请前来,即经批据前民政厅拟具条例,咨交议决在案,兹准前因,合令该校长知照。此令。

中华民国五年十月二十一日

省长吕公望

(原载《浙江公报》第一千六百五十九号,一三页,训令)

浙江省长公署训令第九百二十五号

令矿商洪沛邬珍遵令补送矿图二份由

令矿商洪沛、邬珍

查该矿商请探遂安县北区横溪源姜坞山锑/浦江县西乡三都五

保塘濮村铅矿,经前民政厅核准,并呈由本公署转咨核复在案。兹准农商部咨请转饬该商添具矿图二分,呈转到部,再行核办等因前来。合亟令仰该矿商遵照补送矿图二分来署,以凭核转,毋稍迟延。此令。

中华民国五年十月二十三日

省长吕公望

(原载《浙江公报》第一千六百五十九号,一三至一四页,训令)

浙江省长公署训令第九百二十六号

令广兴煤矿公司准部咨该公司变更代表人
应取具证明文据呈候核办由

令广兴煤矿公司

查该公司变更代表人,请予注册一案,经前民政厅据情呈由本公署转咨核复在案。兹准农商部咨开,"查《矿业注册条例》第二十条第二项,注册名义之表示变更或更正时,应附证明事实之文。据该公司旧代表许颂华辞职,新代表劳笃棐接充,既经股东会议公认,应具文据证明,方为合例,请饬遵办"等因。准此,合行令仰该公司即便遵令取具证明文据,呈候核办,毋稍迟延。此令。

中华民国五年十月二十三日

省长吕公望

(原载《浙江公报》第一千六百五十九号,一四页,训令)

浙江省长公署训令第九百三十二号

令各师范讲习所将学生严加甄别由

令各联合县立师范讲习所所长

案查义务教育为立国大本,而师范讲习所之设,即为筹备义务教育,造就速成师资起见,则今日之讲习所生,即异日之国民教员,尤为根本中之根本,关系至巨,断不容以程度过低,文理欠顺之人滥予收录。故原颁《暂行条例》于入学资格均经明白规定,其甲项一种固须以旧学有根柢者为准,即乙项高小毕业生亦须以文理清顺者为限。现在各该所试读期间均已届满,各生文理程度不难考察得真,亟应严加甄别,以重师资。合行训令该所长遵照,迅即切实查明,如有文理欠顺之人,即予淘汰,毋稍徇滥。自此次训令以后,倘仍有程度低劣学生经省视学举发或另经本公署查觉,定将该所长严予惩处。仍将遵办情形具复备核,切切。此令。

中华民国五年十月二十三日

省长吕公望

(原载《浙江公报》第一千六百五十九号,一四至一五页,训令)

浙江省长公署训令第九百三十四号

令各县知事据两广图书局附设校外教育院
呈请饬属购领讲义由

令各县知事

案据两广图书局附设校外教育院院长刘俊呈称,"窃敝院仿照欧美各国函授办法,编发法政科、师范科、中学科讲义,供限于境遇不能出外就学之士子,购书在家自行研究,研究时遇有疑难之处,来函质问,由院解释函授,以期学理明了,间接养成多数国民有普通学识、法律思想为宗旨,期满举行毕业试验,及格者发给毕业证书,得受各该校内毕业生之待遇,经奉前广东巡按使张核准立案,并经广东督军兼省长龙核准刊用钤记。本年八月一号开学后所发第一期讲义,亦经检呈广东省长朱核明咨部备案各在案①。夙仰钧座热心教育,当世罕

---

① 广东巡按使张,即张鸣岐(1875—1945),字坚白,山东无棣人。民国四年七月至民国五年七月任广东巡按使。广东督军兼省长龙,即龙济光(1868—1925),字子诚,云南蒙自人。民国五年六月任广东督军兼署巡按使,七月六日任广东督军兼署省长。广东省长朱,即朱庆澜(1874—1941),字子桥,山东济南人。民国五年七月至民国六年七月任广东省长。

俦,用敢缮具《招生简章》五条,连同讲义一份,缴呈察核俯准,通饬各县知事布告,凡有志就学者直寄来院注册,购领讲义,以宏教育"等情,并附《招生简章》到署。据此,合行抄发《简章》,令仰该知事查照办理。此令(刊登《公报》,不另行文)。

计抄发《简章》一份。

中华民国五年十月二十三日

省长吕公望

计开招生简章

一、本院设于广东省城内双门底。

一、不拘何省士子,在高等小学毕业或有高等小学毕业相当之学力者,得购阅本院中学科、师范科讲义;在中学校毕业或有中学校毕业相当之学力者,得购阅本院法政科讲义。购讲义时须填明姓氏、年岁、籍贯、履历、通信处。

一、本院学生每人每月寄给讲义一册,学习时遇有疑难之处,来函质问,由院解释函授。修业期限与校内生同,期满举行毕业试验,及格者发给毕业证书,得受各该校内毕业生之待遇。

一、本院各科学生均不收受学费,惟中学科、师范科学生每人每年收讲义费大洋六元,法政科学生八元,每年限一月缴半,八月缴清。初次来学者限报名时缴半,不通汇兑处准以邮票代洋直寄本院注册(邮票每百分代洋一元,以三分以下者凑足为限,三分以上之邮票不收)。

一、本院学生名册、试验成绩等,每满一年,由院造具两份,缴呈省长咨部备案。距报告期近始来就学者拨归下学年计算,不得躐等。

(原载《浙江公报》第一千六百五十九号,一五至一六页,训令)

浙江省长公署训令第九百三十五号

令省立甲种工校宁属县立甲种工校准教育部
咨请录用北京工校浙籍毕业生由

令省立甲种工业学校校长许炳堃、旧宁属县立甲种工业学校校长陈训正

案准教育部咨开，"据北京工业专门学校校长洪镕呈称，'窃本校毕业生均经先后呈请大部咨送录用在案。兹查有浙籍学生康兆民、胡学敏业已先后毕业，该生等力学励行，成绩优美，自系有用之才，置之闲散，殊属可惜，拟恳大部咨送本省请予录用，俾人材不致废弃，而该生等亦得效所长，相应开单呈请察核'等情到部。查该校机械科学生毕业成绩均尚优美，现在此项学生毕业甚少，各省不无需用机械人才之处，既据该校详请前来，相应钞单咨请量予录用"等由。准此，合就钞单令发该校长，仰即酌量聘用。此令。

计抄清单一纸。

中华民国五年十月二十三日

省长吕公望

姓　名	年　龄	籍　贯	毕业科目	毕业年月
康兆民	二十八岁	浙江东阳	机械科	四年六月
胡学敏	二十五岁	浙江诸暨	机械科	五年六月

（原载《浙江公报》第一千六百五十九号，一六至一七页，训令）

浙江省长公署指令第一千九百七十四号

令常山县知事

呈一件呈前民政厅以提解本年苗圃经费核数未符请示遵办由

呈悉。查省立第三苗圃经常费，经前按署饬据前金华道尹核减，

计该县每年应解银洋一百十九元七角,除上期解到银洋八十八元外,此次应补洋三十一元七角。前令七字系属误缮,仰即知照。此令。十月二十日

（原载《浙江公报》第一千六百五十九号,一八页,指令）

浙江省长公署指令第一千九百七十六号

令平阳县知事

呈一件呈前民政厅遵补商会章程名册及钤记公费由

呈及附件均悉。应候检同前送各项名册汇案转咨,仰先转行知照。附件及钤记公费存。此令。十月二十日

（原载《浙江公报》第一千六百五十九号,一八页,指令）

浙江省长公署指令第一千九百七十七号

令浙江杭州总商会

呈一件据呈浙江丝绸机织联合会

以多设茧行有妨营业请严格限制由

呈及附件均悉。查此案据经前民政厅拟具茧行丝厂各条例送署,提交省议会集议在案。该商等既将陈请书送交省议会,应静候议决可也,仰即转行知照。附件姑存。此令。十月二十日

（原载《浙江公报》第一千六百五十九号,一八页,指令）

浙江省长公署指令第一千九百八十五号

令高等审判厅长范贤方

呈一件核议嵊县知事司法条陈由

呈悉。查囚粮一项,前据该同级检察厅呈议将烟、赌各犯酌量责令自备,业经本署指令照准,嗣后此项支出当可渐形减少,仰即转令该县知事知照。至来呈所陈第一项"概准"二字,应改为"励行",第

二、第三两项,司法官吏应守之要规,并非仅为撙节囚粮,仰该厅迅即会同检察厅令饬遵照办理。此令。十月二十一日

（原载《浙江公报》第一千六百五十九号,一八页,指令）

浙江省长公署批第五百五十六号

原具呈人义乌王金氏

呈一件呈控法警王俊明等杀毙伊夫王樟松

反诬拒捕请委员查办由

呈暨抄件均悉。此案前据该县知事呈报,业经本公署以"该氏夫王樟松究竟因何起衅致毙,该庄人众是否确有拒捕情事,冯日富曾否同往,应即严密侦查并传东阳原派法警,提同王俊明等讯明确情,呈复核夺,令由高等检察厅转令该县遵照办理"在案,仰即知照。此批。抄件。十月二十一日

（原载《浙江公报》第一千六百五十九号,一九页,批示）

浙江省长公署批第五百五十八号

原具呈人义乌傅朝旺

呈一件呈傅朝荣唆使傅朝庭等强夺耕牛

砍毙伊弟请饬县拘办由

呈悉。查此案前据该县知事呈报,业经前都督府批行高等检察厅饬县勒交傅朝庭到案,并严缉其余被告,传证质讯,按律拟办在案。据呈各情,仰候令厅转令该县知事从速查照前批,缉凶诉究可也。此批。十月廿一日

（原载《浙江公报》第一千六百五十九号,一九页,批示）

浙江省长公署通告

武康县知事邱少羽呈报,于本月七日到任接印视事。

缙云县知事欧阳忠浩电呈,于本月十二日下乡催契查烟,署务委政务主任郎城暂代。

上虞县知事张应铭呈报,于本月十四日下乡查勘烟苗,署务委财政主任王稼、警务委警佐贺翰铨暂代。

崇德县知事徐肃电呈,于本月十六日到任接印视事。

（原载《浙江公报》第一千六百五十九号,一九页,通告）

浙江省长公署咨交通部

咨请将浙属航业分令按照图表填造由

浙江省长公署为咨行事。案准大部咨开,"将浙省沿江沿海暨内河各航路里数、浅深、宽狭以及船只吨埠经行各数目分别令水利分局暨各县知事,按照图表分别填造汇转"等因。准此,查浙省仅设有水利委员会,主办调查规划农田水利事宜,所有此项航业,自应分令各该县知事查填,以重航政。惟是浙省系属海疆内地,又复河道纵横,其间港汊湾泊纷歧错出,若欲实事求是,自非宽以时日,特加勘测,不足以示精确。惟所需经费颇巨,除先将此项图表分发各该县知事遵办外,究竟是项经费将来应如何支给之处,相应咨请大部察核见复,以便再行令遵。此咨

交通总长

浙江省长吕公望

中华民国五年十月二十四日

（原载《浙江公报》第一千六百六十号,一九一六年十月二十七日,三页,咨）

浙江省长公署咨复省议会

质问任用知事张元成等由

浙江省长公署为咨复事。准贵议会咨送林议员卓等提出关

于任用知事质问书一件到本公署。准此，查来书对于吕俊恺、吴万里既认为充任知事尚无不合，是本省长任用一秉大公，与用人行政之道并无违背，已无疑义。至其有无政治知识，原为用人者主观所认定，来书所云吴知事政绩昭著，即可证明本省长事前认定其有政治知识，并非错误。张元成前经大理院判决，系损坏建筑物罪，固于款项无关，官吏有刑事嫌疑，本应先行停职，交司法机关审理，俟判决确定后，若附有褫夺公权之宣告者，方丧失其为官吏之资格。又，应受惩戒之知事，照《知事惩戒条例》第十八条，应由各该长官交文官惩戒委员会议决行之。张元成之先行褫职，未经惩戒会议决，与《知事惩戒条例》规定之"褫职"不同，大理院判决并未褫夺公权，当然不受同《条例》第十三条之限制。金城一案原告诉人应否反坐，本属司法机关之职权，且系前巡按使及前高等检察长任内之事，来书对于本省长质问，本省长不能代为答复。此咨

浙江省议会公鉴

浙江省长吕公望

中华民国五年十月二十四日

（原载《浙江公报》第一千六百六十号，三至四页，咨）

浙江省长公署委任令第二十八号

令委林大同为验收海塘工程委员由

令水利委员会技正林大同

据前民政厅转送海宁海塘工程局修理丙区"阜""微""旦"三字号柴坝完工报销，又丙区"桓"字等六号柴坝及丁区"务"字等四号石垣请予兴筑，又盐平海塘工程局"巨""阙"两字号石塘工程完竣报销，各呈表到署，自应委员分别验收复估，以昭慎重。查有该员堪以委任，仰即来署领取原送决算表、估计表，驰往该处分别验估，呈复核夺，毋

稍含混,切切。此令。

中华民国五年十月二十三日

省长吕公望

(原载《浙江公报》第一千六百六十号,五页,训令)

浙江省长公署训令第九百二十四号

令兰溪县准部咨叶商矿图不合令即转饬遵照更正由

令兰溪县知事

查矿商叶容葆请探该县西乡赤合岭地方煤矿,经前民政厅据情呈由本公署转咨核复在案。兹准农商部咨开,"查叶商矿图第二号至第六号,按图计算当为八百余尺,而图内只填七百二十尺,未免相差过多;所载赤合岭、前红山均系该矿主要地名,亦未于矿区项下标注。又查履历保结所注矿区地名,漏去'前红山'三字,商会并未盖有图记,均与例定未符,应一并发还,转饬遵照补正,并缴注册费呈转到部,再行核办"等因。准此,合行检同发还矿图、保结各一件,令仰该知事即便转饬该矿商遵照部咨指示各节分别更正补送转呈来署,以凭核转,毋稍迟延。此令。

计发矿图、保结各一件。

中华民国五年十月二十三日

省长吕公望

(原载《浙江公报》第一千六百六十号,五页,训令)

浙江省长公署训令第九百三十三号

令蚕业学校校长为准省议会议员质问
该校长对于校务废弛一案由

令省立甲种蚕业学校校长朱显邦

案查前准省议会咨送议员余寿堃等提出该校长对于校务废弛情

形质问书到署,当令前民政厅派员查明质问书称各节,不无误会之处,惟查核请假簿,该校长于本学期开学后除自二十一日至二十六日请假六日系因下乡察看该校沙田外,其余自一日至二十日每二三日内均有请假等情,并据取送请假等簿前来,复核属实。查校长督率全校,责任至重,理应常川在校,何得每二三日即一假出,自是不合,应即将该校长严予申戒,嗣后不得再有是项情事,务应专心职务,勤奋进行。再,查阅请假簿,其他管理人员及各级学生亦复时有请假,并应责成该校长切实整顿,认真办理,毋得稍涉宽纵,合令遵照,切切。此令。

中华民国五年十月二十三日

省长吕公望

（原载《浙江公报》第一千六百六十号,六页,训令）

浙江省长公署训令第九百四十一号

令孝丰县安吉县据政务参议会呈复会议孝丰塘福镇新辟河道及疏浚苕溪故道一案情形由

令孝丰、安吉县知事

案据本署政务参议会会长王廷扬呈称,“案奉令开,‘案查孝丰塘福镇另辟新河准线及疏浚孝丰苕溪故道一案,曾经前巡按使饬交前巡按使公署谘议会查议,该会未及议决,遽行裁撤,致此案久付搁置。事关水利办法,亟应决定,合行检同原卷,令仰该会继续查议,克日具复候夺。此令。并发原卷二种到会’等因。奉此,遵即开会公同讨论,佥谓是案当就另辟新河与疏浚原港两问题为利害之研究,水利委员会之主张另辟新河,其所持理由,谓所拟河线实在低处,低位之水不能犯高位之村,在塘福一镇既可免冲决,而七坝田畴亦得享均利,即康山村亦无小害之可言。若复浚原港,是为逆流,老溪从此日减,农田顿失灌溉。康山人民之主张疏浚原港,其所持理由,谓昔时所定港线筹度精详,果能加深挑浚,以畅其流,多筑石矼,以顺其势,经费省而功效倍。若从新拟河道，则山溪水急，溢堤奔岸，溃决堪虞，不独康山半村生计顿绝，有覆巢之忧，即安、孝二县农田千有余亩有干涸之虑。是二说皆持之有故，而利害各趋极端。本省《水利委员会附属测量队办事细则》第十一条，'凡遇疏浚工程，于实测外并须详询当地绅民耆老，考其沿革利害'，今阅该测量队报告内称，'测竣后在康山村沈绅煦中住宅开谈话会，详加讨论，一致赞同，事无疑义'等语，似已照章经过此项手续，何以反对者即其开会讨论之康山一村，又为其开会所在之沈氏一族，是当地绅耆赞同，尚非一致，利害尤待权衡。以言利害关系，自以当地绅耆见闻所及，深切而著明，断非冥想悬谈所能剖判。查整理田地，筹办水利，皆属地方自治范围，但现在地方自治尚未回复，一时未能召集筹议，拟请省长饬下孝丰、安吉两县会同工场所经地方绅耆开会讨论，权衡利害，就会议之结果，为进行之标准，庶于事实有当。所有会议孝丰塘福镇另辟新河准线及疏浚苕溪故道案缘由，理合连同速记录呈复察核施行"等情，并付缴原卷二种、速记录一件前来。查所拟饬由两县会同召集绅耆开会讨论，自是正当办法，应准如议办理。除指令及分行安吉县、孝丰县外，合亟照抄速记录，令仰该知事遵办，并俟会议决定后，将讨论情形及主张办法会呈核夺。案关水利，毋得玩延。此令。

计黏钞件。

中华民国五年十月二十三日

省长吕公望

九月十六日开第三次常会议场速记录

下午二时，会员到会七人，由会长宣告开会，提议孝丰塘福镇另辟新河准线及疏浚孝丰苕溪故道案。

主席报告此案经过情形，并谓本案之成立与否，即以此河之应开与否决定之。

龚宝铨君谓，苕溪极应疏浚，可请水利委员到会说明原委。

胡祖同君谓，此犹第二步，第一步应先问地方上情形如何，现在自治会行将回复，可交该会核议，则利害自明。

余光凝、汪钦两君赞成胡说。

龚宝铨君谓，疏浚苕溪，事关重要，本会不妨讨论。

主席谓，可俟全卷印刷分配后，下次常会再议。

汪钦君谓，此案既须讨论，则请主席函知水利委员会于次会期派员出席说明。

众赞成，遂散会。

九月二十三日开第四次常会议场速记录

下午二时，会员出席八人，水利委员会阮性宜到会。由会长宣告开会。

主席报告，《丝厂条例》修正草案尚未脱稿，今天提议孝丰塘福镇水利案，即请委员陈述原委。

委员首将塘福镇被冲之原因及康山故道淤塞之由来分别说明后，即谓甲线（康山故道）系水利刍议所主张开复者，窃以此乃逆势之河流，必不可以施工于实地，至于前浙西区测量队所拟之一线，则亦未见其当。因该处纯系沙石，立坝一层，施工甚形困难，故第二次测勘时，对于甲乙两线均不主张，而于二线之间择一适当之地，即新拟之线是也。此线在塘福镇，既可免冲决，而七坝田畴亦得享均利，即于康山一村，亦无小害之可言。因新拟河之容量既不减于上游，而上游之水量又有新溪为之减杀，则将来新拟河之水势必能畅达；水势既畅，必能安流顺轨，自无泛滥冲决之虞。且该村地势东南低而西北高，新拟河道适在东南最低洼之处，低位之水决不能犯高位之村，故康山士绅以恐蹈福塘覆辙为言，不无过虑。惟开凿新河，当与疏浚老溪同时并举，否则尾闾不畅，宣泄仍不能垂利，安、孝农田仍不能受完全之灌溉也。至于工程，则不宜偏事于疏浚，而尤宜注重乎筑尖。经费一项，虽已勘估约需四万九千有余，惟报告书中定价每亩五十元，似乎太多，将来尚可略减，则经费亦可略省。

委员报告毕。主席谓，委员之报告与报告书所述情形大致相同，请退席。委员遂退。

汪钦君谓，此事观水利委员之报告及两邑绅民之陈请，均各有见地，而利害均处于极端。但据《水利委员会附属测量队办事细则》第十一条，"凡遇疏浚工程，于实测利益外，并须详询当地绅民耆老，参观各项关系图籍碑记，考其沿革利害，拟具意见书详细说明之"云云。是本地之水利事项，与本地人民有密切之关系，自当以本地人民之利害为根据，故不如由该邑自治会自行讨论为妥。

许壬君谓，现在各县自治机关究竟有无全行恢复，故措词亦颇觉为难。

汪钦君谓，据《各省水利委员会组织条例》第六条："水利委员会值工程开始及其他必要或须带征工程费时，经开会议，会议地点由主任员商同工程所经地方之县知事择定之"等语。查本年三月九日该委员会派员补测测竣后，曾于十七日开谈话会，其地点在康山村沈绅煦中住宅，并未由主任员指定，是该会纯系任意的性质，与正式会议究有区别。

主席谓，现在究以何种办法为是，请公酌。

童学琪君谓，总以交由两邑自治会自行核议为是。

主席以童说付表决，赞成者多数。

主席遂请汪钦君起稿，呈复省长。众赞成，遂散会。

九月三十日开第五次常会议场速记录

下午二时，会员出席八人，由会长宣告开会。

主席报告议事日程毕,即提议孝丰水利案。

主席报告孝丰水利一案曾经前次常会议决,呈请省长令交本地方人开会核议,呈稿已请汪钦君拟就,随时将原稿宣读,并请大众讨论。

胡祖同君谓,大致甚好,惟应声明此案确系自治范围内之事,只以自治会尚未恢复,不得已请交本地士绅去议。

汪钦君赞成之,并谓此层意思可加入"断非冥想愚谈所能剖判"二语之下。遂散会。

十月七日开第六次常会议场速记录

下午二时,会员出席七人,即行开会。首由主席报告议事日程,并宣读汪钦君修正孝丰水利案呈稿,询众有无异议。胡祖同君谓,业经前次常会议决,将"水利事项本属地方自治范围,只以自治机关尚未回复,不得已请交两邑士绅去议"等语加入呈文之内,今观修正之稿略有歧异,应请主席再加修正。众赞成,即由主席修改后宣读全文,众无异议,遂散会。

（原载《浙江公报》第一千六百六十号,六至九页,训令）

浙江省长公署训令第九百四十二号

令金华县为据情饬查农事试验场现在
办理情形具复并设法整顿由

令金华县知事

案据婺州蚕丝业社社员俞椪等呈称,"窃我国出口之货,维丝为第一大宗,近年以来,日、意诸国研究蚕桑,精益求精,几有后来居上之势,故各省宜蚕之处,靡不设立蚕桑学校,养成培桑育蚕之人才,凡所以谋改良求普及,以与外人竞也。生等求学于甲种蚕业学校,此物此志,欲将蚕桑之利普及于乡土,无如旧金属向无蚕业,十余年前仅墙隙园隅见有一二野桑,近为风气所趋,虽有向嘉、湖等处购秧试种者,然某甲植数十株,某乙植数十株,数百株者寥寥焉,数千株者几无有焉。似此零星之桑,即所植者尽属成林,亦不足以敷正式养蚕之用,况栽培之不得其宜,修剪之不得其法乎?去年前金华道尹沈暨前巡按使屈有筹设蚕业传习所及养蚕模范场之通饬①,然以桑叶与养蚕人才二皆缺乏之故,只见一纸之空文,毫无实在之效果,滋可痛也。试蹈遍旧金属八邑,欲求一养蚕之处,年可产丝数百两者,亦戛戛乎其难,尚何改良之可言,尚何普及之可言?生等之中毕业者已有数人,而一离母校,回至乡里,因乏桑叶,无从饲蚕,势不得不改事他业,以谋生计。此不独学无所用,辜负生等数年求学之苦功,且甚非国家年出巨金设立蚕校之本意也。生等有见于此,爰仿日本高山、依仁、下仁田等社之办法,组合同志,筹集资本,创设婺州蚕丝业社,以为研究改良,图谋普及之准备,曾经禀请金华道尹批准在案,《简章》及批词另抄电。维是欲行养蚕,必宜先有桑叶;欲得桑叶,必宜先有桑地。兹查金华县梅花门外旧有校武场一处,计地百余亩,内有演武厅一所,计屋十余间,清末曾由嵩知府辟为农事试验场②,维董其事者大都无农业上之学识,虽糜帑数千金,仅赢得数盆花、数株树、数畦疏蓏,不伦不类,有似公园,曰农事试验场者,以其墙上数行大字名之也。且地势洼下,每遇大水淹没,或至三四尺,实亦不适农事试验场之用。洎光复后,管理无人,即此几株花木亦受人为天然之淘汰,现已成为荒废之区矣。维查该地土质肥沃,大宜于桑,前由萧协镇植桑数百株③,今已成林,叶大而厚,与嘉、湖等产不相上下。统计该地约可植桑二万余株,实一栽桑养蚕之绝好场所也。生等仰体钧台振兴实业

---

① 前金华道尹沈,即沈钧业;前巡按使屈,即屈映光。
② 嵩知府,即嵩连,本姓饶,号紫山,满洲正蓝旗人。以功升知府,两任金华知府。
③ 萧协镇,即萧星垣,字紫亭,湖南善化(今长沙)人。宣统三年任浙江第四十二协统带官,次年升任第二十一镇统制官。

之至意,俯察梓乡人民生计之艰难,拟请将该地植桑二万株,作为模范桑园,将该屋加以修整,作为养蚕模范场,俾生等得实地经营,为改良之试验,自不至有学无所用之患,其利一。而八邑人民见闻既熟,利害愈明,生其羡慕之心,长其摹仿之力,可渐渐收普及之效,其利二。且化无用之地而为大利之薮,可为社会增长富源,其利三。数年之后有赢利时,拟提纯收益之十分之一为旧金属公益之用,可为八邑增加公款,其利四。诚一举而数善备也。为此联名公叩钧台核准立案,将前八邑农事试验场所有产业拨作婺州蚕丝业社基本财产,以兴蚕业而厚民生"等情,并附《简章》前来。除以"呈、件均悉。该民等集合同志组织蚕丝业社,用意殊堪嘉许。惟金华农事试验场地亩前按署据清理金属官公产委员详报,以场地原系官产,公同议决收为官有,并开送清摺有案。且桑地宜于高燥,是项地亩既据称地势洼下,每遇大水淹没或至三四尺,于植桑亦非所宜。所请拨给之处应毋庸议。至呈称该场荒废情形,是否属实,候令行该县切实整顿,呈复核办,仰即知照。附件存。此批"等语印发外,合亟令仰该知事迅将该场地现在办理情形查明具复,以凭核夺。一面督饬设法整顿,期收实效,毋稍徇延,切切。此令。

中华民国五年十月二十三日

省长吕公望

(原载《浙江公报》第一千六百六十号,九至一一页,训令)

浙江省长公署训令第九百四十四号

令吴兴等三县知事令催查复限制新设冶坊
并拟划分行销区域一案由

令吴兴、平湖、崇德县知事

案查前都督府饬查冶业王元吉等在部禀请注册给照限制新设冶坊,并拟划分区域行销办法一案,经本公署准农商部来咨,饬前民政厅转饬各该县迅查具复在案。兹查各县呈复尚未齐全,殊属不合,合亟令催令到仰该知事克日遵照前饬查明具复,以凭转复,毋再违延干咎,切切。此令。

中华民国五年十月二十三日
省长吕公望

(原载《浙江公报》第一千六百六十号,一一页,训令)

浙江省长公署训令第九百四十五号

令监理处发各厂八月分工作经过情形表仰即详核具复由

令缫丝厂监理处主任员陆永

查各模范缫丝厂七月分工作经过情形一览表,经前民政厅令发该监理处详核具复在案。兹查各厂应造八月分前项表式,业据先后呈送齐集,所有各厂表载付茧缫丝屑物各数量以及工作时日薪炭束装各支数,比较七月分各厂表列各项,其成绩有无进步,亟应照案严核,以资整顿。合行检同各厂八月分工作经过情形一览表共五纸,令发该监理处,仰即遵令详细查核,呈复察夺,毋稍玩忽,切切。此令。

计发表五纸。

中华民国五年十月二十三日
省长吕公望

(原载《浙江公报》第一千六百六十号,一一至一二页,训令)

浙江省长公署训令第九百四十六号

令监理处发各丝厂结算报告表仰即汇总造表送核由

令缫丝厂监理处主任员陆永

查各模范缫丝厂自开办日起,至本年蚕假止,所有结算报告表,业据各该厂遵令先后造送齐集,应即由该监理处查照前民政厅第一千一百四十五号饬知事理及前按署抄发院定计算报告标准等件汇总结算,造表呈送,以凭核转。合行检同各厂结算报告表共五纸,令发该监理处,仰即遵令详核,造具总结算报告及查存两表呈送察夺,毋稍玩延,切切。此令。

计发表五纸。

中华民国五年十月二十三日

省长吕公望

(原载《浙江公报》第一千六百六十号,一二页,训令)

浙江省长公署训令第九百五十一号

令催海盐等七县将应增国民学校
校数地点调查表迅速呈送由

令吴兴、海盐、鄞县、黄岩、定海、绍兴、江山县知事

案查该县复查应增国民学校校址地点表逾限未送,业经令催在案。现在此项国民学校设齐年限办法已准省议会议决咨复公布,亟应一体遵行,尤未便稍事延缓,合再令催该知事,仰即将前项表册克日查明赶填,送候核定,毋得再迟干咎,切切。此令。

中华民国五年十月二十四日

省长吕公望

(原载《浙江公报》第一千六百六十号,一二至一三页,训令)

浙江省长公署训令第九百五十三号

令各县知事准交通部咨请将所属航政分别填绘由

令七十五县知事

案准交通部咨开,"查航政为交通四政之一,东西各国咸为注重,吾国海岸线袤延数千里,长江内河川流交贯,于航业上最为适宜,只以商民资力薄弱,海通以后外舶麕至,长此放任,直无航权之可言。本部职掌所关,凡提倡维持诸大端,实为当务之急,顾筹办航政,必先

从规画航路入手。吾国轮船事业创行已数十年,而航路全图尚付阙如。兹拟调查沿江、沿海暨内河各航路情形,制成专图,以为航政进行之先导。各省河道纷繁,所有一切情势,实苦未能周知,全赖地方长官分行调查,汇总报部,庶可提纲挈领,分别部居,藉以按图而求,不为向壁之造。除分行外,相应将拟就简略表式、图式各一张,共三百三十份,咨请贵省长查照,令发水利分局及各县知事,酌定限期,依式填造,汇咨本部;其该县境内并无河道及航业者,亦应饬令备文声叙,一并转咨,以凭办理,具纫公谊,并希先行见复"等因。准此,查浙省仅设有水利委员会,主办调查规划农田水利事宜,所有此项航政,自应令由各该县知事切实查填,以重交通,惟是项测绘勘量川旅等费,为数较巨,自不能不预为筹及,俾免竭蹶。除咨请交通部核复,再行令遵暨分令外,合就检同图表各三份,令发该知事,仰即遵照办理。此令。

计发图、表各二张。

中华民国五年十月二十四日

省长吕公望

县调查河道航业情形表

河名	经过境内方向及里数	河水最宽尺数	河水最狭尺数	河水最深尺数	河水最浅尺数	一年内航行适宜时期	沿岸重要埠头	船只种类及只数	每年或每月船只来往数目	汽船最大吨数	帆船最大石数	船只载运何项大宗货物
填表说明	(一) 第一项河名,包括江海湖港各种而言,如有数项,应分行填列。 (二) 第二项指该河由该县某方入境,至某方出境,经过全境共若干里数而言。 (三) 第七项指该河每年通常可以航行若干日而言,应分别汽船、帆船两项开列。 (四) 第八项须列举埠名计共若干处。 (五) 第九项须分别汽船、帆船,如有他项种类,一并详列。											

县河道略图

	东
北	南
	西
绘图说明	（一）全图大概比例尺应行注明。 （二）须标明县境四至。 （三）沿河重要埠头地点均须详列。 （四）河流急处或有滩石处，须作标记。 （五）图中各种标记应行注明。

（原载《浙江公报》第一千六百六十号，一三至一五页，训令）

浙江省长公署指令第一千九百二十二号

令诸暨县知事

呈一件据呈前民政厅为郦珍拟在牌头镇
创设兴业茧行并缴帖捐由

呈悉。该县旧茧行共计九家，何以尚有此适合《条例》之地点，殊不足信，仰再详细查明，并将辖境内茧行各距离里数绘图帖说送候核夺。附件、帖捐暂存。此令。十月十九日

（原载《浙江公报》第一千六百六十号，一九页，指令）

浙江省长公署指令第一千九百二十三号

令庆元县知事

呈一件为呈报办理农工各要政情形由

呈、件均悉。该县既以推广农林为要务，所有官办民办之林场苗圃，自应督饬分别认真培护，随时设法劝导。靛青制造并应趁此时机积极提倡，以兴林业而尽地利。习艺所所出布疋，行销既旺，筹费扩

充,更不容缓,仰即遵办,仍将办理情形及成绩随时呈报查核。附送习艺所成品各件存。此令。十月十九日

（原载《浙江公报》第一千六百六十号,一九页,指令）

浙江省长公署指令第一千九百二十六号

令浙江杭州总商会会长顾松庆、副会长王锡荣

呈一件为送修正章程清摺各当选人名清册

并报启用新颁关防日期由

呈及附件均悉。应准存候分别咨销,仰即知照。此令。十月十九日

（原载《浙江公报》第一千六百六十号,一九页,指令）

浙江省长公署指令第一千九百二十七号

令委员金彭年

呈一件为呈复查勘鸟门山石矿案并绘图拟议办法由

呈、件均悉。该矿区起点距陶烈士祠,既实有百丈以外,则该处开采山石,自应查明产权所有者,按照《矿业条例》规定办理。所拟"饬县调集确可证明产权之各凭据,传同两造讯明实在,从速决定办法",尚属妥洽,应准令行绍兴县知事遵办,呈报核夺,仰即知照。件存。此令。十月十九日

（原载《浙江公报》第一千六百六十号,一九至二〇页,指令）

浙江省长公署指令第一千九百二十八号

令泰顺县知事

呈一件据前民政厅转呈该县呈送调查实业报告书由

呈、件并悉。察阅《调查实业报告书》尚属明晰,应予存候汇办。仍仰该知事查照现状认真督饬进行,期收实利,切切。件存。此令。十月十九日

（原载《浙江公报》第一千六百六十号,二〇页,指令）

浙江省长公署指令第一千九百三十四号

令余杭县知事

呈一件复潘士邦等请在古城开设茧行与各行距离里数一案由

呈悉。该县商民潘士邦等请在古城地方开设茧行,既据复查确与旧有茧行距离均在五十里以上,核例符合,应即照准,仰录报财政厅备案并转饬备具捐税及申请书,请领牙帖可也。图存。此令。十月十九日

（原载《浙江公报》第一千六百六十号,二〇页,指令）

浙江省长公署指令第二千零七十五号

令嵊县知事

呈一件呈送调查实业报告书由

呈、件并悉。察阅《调查实业报告书》,尚属详明,殊堪嘉许,应准存候汇办。仍仰查照计划,随时认真督饬进行,期收实利,切切。附件存。此令。十月二十三日

（原载《浙江公报》第一千六百六十号,二〇页,指令）

浙江省长公署指令第二千零七十六号

令宣平县知事

呈一件据前民政厅转呈该县呈送调查实业报告书由

呈、件均悉。察阅《调查实业报告书》,尚属明晰,应予存候汇办。仍仰查照就地情形,随时择要进行报核,切切。附件存。此令。十月二十三日

（原载《浙江公报》第一千六百六十号,二〇至二一页,指令）

浙江省长公署指令第二千零七十七号

令遂昌县知事

呈一件据前民政厅转呈该县呈送调查实业报告书由

呈、件并悉。察阅《调查实业报告书》，尚无不合，应准存候汇办。仍仰查照现状认真督饬进行，期收效益，切切。附件存。此令。十月二十三日

（原载《浙江公报》第一千六百六十号，二一页，指令）

浙江省长公署指令第二千零七十九号

令武康县知事

呈一件据呈前民政厅为施广福等开设公益茧行请核转给帖由

据呈各节，显系饰词朦混，所请应不准行，仰新任知事分别转行知照。切、保结均发还。此令。十月二十三日

（原载《浙江公报》第一千六百六十号，二一页，指令）

浙江省长公署指令第二千零八十一号

令天台县知事

呈一件据呈为饬造农商统计表册请展限一月由

查农商统计，叠经令催在案，逾期过久，碍难准予展限，仰即督饬主管人员漏夜赶造，毋再延误干咎，切切。此令。十月二十三日

（原载《浙江公报》第一千六百六十号，二一页，指令）

浙江省长公署指令第二千零八十三号

令青田县知事

呈一件呈前民政厅据复以前筹办苗圃情形由

呈悉。仍将组织图书石公司及劝导殷实绅商集资仿办因利局各

要政,切实妥议呈核,毋延。此令。十月二十三日

（原载《浙江公报》第一千六百六十号,二一至二二页,指令）

浙江省长公署指令第二千零八十四号

令崇德县知事

呈一件呈请查明益大茧行被控情形请销案由

呈悉。此次益大茧行擅用重秤,证据确凿,不容徇饰,仰仍遵照前民政厅第八百十七号饬文办理,毋再违延,切切。此令。十月二十三日

（原载《浙江公报》第一千六百六十号,二二页,指令）

浙江省长公署指令第二千零八十五号

令崇德县知事

呈一件呈树艺场经董禀请按年支给公益费由

呈悉。该县《树艺场章程》《办法》经过情形,迭经前按署及前民政厅令催具报在案,所请按年支给公益费之处,应俟呈复到署并案核示。此令。十月二十三日

（原载《浙江公报》第一千六百六十号,二二页,指令）

浙江省长公署指令第二千零八十六号

令鄞县知事

呈一件呈遵令录送取缔钱庄贴现条件由

呈及附件均悉。应准备案,仰即知照。附件存。此令。十月二十三日

（原载《浙江公报》第一千六百六十号,二二页,指令）

浙江省长公署批第五百七十五号

原具呈人杨慎馀等

呈一件为《茧行条例》谅已修改前请开设茧厂乞秉公核夺由

来呈与陆伯苗等呈称同一情事,已于陆伯苗等来呈明白批示矣,

仰即知照。此批。十月二十三日

（原载《浙江公报》第一千六百六十号，二三页，批示）

浙江省长公署批第五百七十六号

原具呈人陆伯苗等

呈一件为前民政厅创设茧厂乞吊核前卷准予给帖由

查前民政厅批据该商等呈请开设茧厂并未核准备案，现在《茧行条例》又未议决公布，毋庸来署多渎，仰即知照。此批。十月二十三日

（原载《浙江公报》第一千六百六十号，二三页，批示）

浙江省长公署批第五百七十七号

原具呈人绍兴阮君瑞

呈一件为委员勘定掘毁扇袋角后患无穷再请饬办由

呈、黏均悉。案经前民政厅批饬呈县查拟汇转，该地情形果与上虞不同，将来由县呈转到署，自有正当办法。至挖掘界线，早已勘议定案，又经前民政厅明白批示，所请派员复勘之处，应毋庸议。黏件存。此批。十月二十三日

（原载《浙江公报》第一千六百六十号，二三页，批示）

浙江督军公署浙江省长公署咨江苏督军

准咨为英国教士王廷献赴江浙鲁皖四省游历请饬保护由

浙江督军公署、浙江省长公署为咨行事。本月二十一日准贵督军咨开，"据镇海关监督兼交涉员袁思永呈称，'准驻镇英领事函开，据英国教士王廷献禀请给护游历江苏、浙江、安徽、山东四省等情前来。合将填就之第三十四号护照一纸送祈查收，会衔加印，分别呈报函还。计送护照一纸等因。准此，查核来照，均注明限一年缴销，除将送到护照会衔加印函送英领事转给外，理合具文呈请，仰祈察核俯

赐转咨游历四省,分别饬属照约保护,深为公便'等情。据此,除分别咨令外,相应咨请贵督军分别饬属照约保护,此咨"等因。准此,除饬属遵办外,相应咨复贵督军,即希查照。此咨

江苏督军

浙江督军兼省长吕公望

中华民国五年十月二十六日

（原载《浙江公报》第一千六百六十一号,一九一六年十月二十八日,三页,咨）

浙江省长公署咨省议会

为答复第二次质问东塍设电局由

浙江省长为咨复事。准贵议会咨送林议员卓等二次关于临海东塍设电报局质问书一件到本省公署。准此,查本年五月屈前都督交卸时,本省仅有都督并无省长,嗣于七月二十日都督府撤销,省长公署始成立。本省长虽由都督改任督军兼权省长,然机关既属不同,资格亦即殊异。省议会之质问,依法系对于省行政长官,来书亦系标明质问省长,而省长公署及接收都督府移交民政一部分卷宗,暨所属之前民政厅,均无临海东塍设电局案卷。此无可疑者一。省长虽管辖全省,然在管辖内,苟非作奸犯科之事,当然不能干涉。交通机关愈发达,则行政上、交通上均形便利,何处应设电局,本无法律规定,即无非法之可言,是以前据永康公民呈请咨部,当即批准。若已设之电局,营业不发达,或应撤销,纯属电政范围,应由电局秉承部令办理。地方人士如个人别有所见,亦可对于主管衙门条陈备择。至本省长行政及交通便利计,但愿其逐渐添设,不愿为撤销之主张也。此无可疑者二。特此答复,即请查照为荷。此咨

浙江省议会

浙江省长吕公望

中华民国五年十月二十三日

（原载《浙江公报》第一千六百六十一号，三至四页，咨）

浙江督军公署训令第三六〇号
浙江省长公署训令第九四七号

令各属准江苏督军咨为保护英教士王廷献
赴江浙等省游历由

令暂编浙江陆军第一师师长童保喧、暂编浙江陆军第二师师长张载阳、暂编浙江陆军混成旅旅长俞炜、嘉湖镇守使王桂林、宁台镇守使顾乃斌、宪兵营营长包焕庚、警政厅厅长夏超、宁波警察厅厅长周琮、浙江交涉署署长林鹍翔、宁波交涉署交涉员孙宝瑄、温州交涉署交涉员冒广生、镇海炮台总台官金富有、各县知事

本年十月二十一日准江苏督军冯咨开，"据镇海关监督兼交涉员袁思永呈称，'准驻镇英领事函开，据英国教士王廷献禀请给护游历江苏、浙江、安徽、山东四省等情前来。合将填就之第三十四号护照一纸送祈查收，会衔加印，分别呈报函还。计送护照一纸等因。准此，查核来照，均注明限一年缴销，除将送到护照会衔加印函送英领事转给外，理合具文呈请，仰祈察核俯赐转咨游历四省，分别饬属照约保护，深为公便'等情。据此，除分别咨令外，相应咨请贵督军分别饬属照约保护，此咨"等因。准此，除咨复并通令外，合行令仰该即便转令所属一体照约保护，毋稍疏忽，并将该教士等入境出境日期随时具报备查。此令。

中华民国五年十月二十六日

督军兼署省长吕公望

（原载《浙江公报》第一千六百六十一号，五页，训令）

附　浙江警政厅训令第四百八十五号

令各属奉督军省长训令英国教士王廷献

来浙游历转令保护由

令各警厅、各统带

本年十月二十七日奉督军公署训令第三六〇号、省长公署训令九四七号，内开，"十月二十一日准江苏督军冯咨开，'据镇江关监督兼交涉员袁思永呈称，准镇英领事函开，据英国教士王廷献禀请给护，游历江苏、浙江、安徽、山东四省等情前来。合将填就之第三十四号护照一纸送祈查收，会衔加印，分别呈报函还。计送护照一纸等因。准此，查核来照，均注明限一年缴销，除将送到护照会衔加印函送英领事转给外，理合具文呈请，仰祈察核俯赐转咨游历四省，分别饬属照约保护，深为公便等情，据此除分别咨令外，相应咨请贵督军分别饬属照约保护。此咨'等因。准此，除咨复并通令外，合行令仰该厅长即便转令所属一体照约保护，毋稍疏忽，并将该教士等入境出境日期随时具报备查"等因。奉此，合行令仰该厅长、该统带即便转令所属一体照约保护，并将该英教士入境出境日期随时具报备查。此令。（刊登《公报》，不另行文）

中华民国五年十一月一日

警政厅长夏超

（原载《浙江公报》第一千六百六十九号，一九一六年十一月五日，一三页，训令）

浙江省长公署训令第九百六十四号

令财政厅准省议会咨议决按年由省款

补助宁属甲种商校银二千元由

令财政厅长莫永贞

案准省议会咨开，"据旧宁属县立甲种商业学校校长费绍冠陈请书称，'窃维办学以经费为前提，而经费以确定为至要。敝校自三年一月开办以来，为时不满三载，而因经费无着，迭遭停办之恐慌者已有两次。四年度起办理本科、别科两级，计支出费五千一百十八元，除息金及学杂费等收入外，尚不敷洋三千余元。虽经校长详奉前巡按使届批饬旧宁属各县知事分摊协济，并饬鄞县知事先行筹垫，然迄今学年告终，而各县应行协济之款，多未认解归垫。揆厥原因，实由各县教育经费只有县税小学费一项，敝校名称虽系县立，而性质确是中校，既不能动支小校经费，又未便擅拨他种款项，以致悬款无着，无从协济。其一种困难情形，亦属实在。五年度起，添招预科设备实习，不敷更巨，协济愈难。且转瞬县会复活，计政更新，所有县税用途，必须由县议会妥筹分配，以中校而支给县税，亦难邀各县议会之承认。若不预筹永久计画，改归省立，则敝校经常经费仍属无处领支，势必蹈从前之覆辙，起停办之恐慌，贻害青年，莫此为甚。此为维持现状计，应请改归省立之理由一。

'考英、美、德、法诸国，中等商校遍地林立，匪惟秉商政者固具有商学专长，即营商业者亦皆由商校产出，是以技术日精，营业日裕。我国商务凋敝已极，非预储人才，不足促商业之发达；非筹定学款，尤不足策商校之进行。况际此共和再造，日月重光，欲求战胜于国际贸易，更应以商业教育为枢机，就已设甲种商校而维持之，扩张之，实为浙省教育行政上必要之计画。此为养材致用计，应请改归省立之理由二。

'吾浙杭、宁、台三府属均设有甲种商校，杭属系完全省立，岁支省款一万有奇，台属亦得数千元省款支给。宁波系五口通商之一，又为浙东通商巨埠，以地点论，较杭、台两处尤属重要，乃开办两年有余，迄未受丝毫补助，似未免独抱向隅。此为因地制宜计，应请改归省立之理由三。

'查《部定实业学校规程》，甲种商业学校修业期限，预科一年，本科三年，是商校应办四级，方足以衔接班次，而实业学校实习用具、场厂、器械、标本等项，更有完全设备之必要。敝校由四明法校改组，向无商科实习用具，近年虽略有设备，徒以限于财政，未臻完全，而四年度添招预科，又因经费支绌，不得已详奉前巡按使屆批准暂缓添招。然此等因陋就简办法只可权宜于一时，断不足以利进行而规久远。兹拟自五年度起每年添招预科一级，以符部章，并将实习用具等项择要设备，以期达完全之域。然学级既递进而愈高，经费亦日繁而益困，苟非有确定省款，万不能贸然从事。此为规画进行计，应请改归省立之理由四。

'据上述诸理由，用特开呈敝校经常岁出预算表二份，陈请贵会察核，迅赐提前审查议决，援照杭州甲种商业学校成案，改为省立，追加列入五年度八月至十二月预算册，并请编入六年度预算册，以维商学而持永久'等情，并附岁出预算表二份到会。当经审查付议，佥谓该校经费支绌，自属实情，惟改归省立一层，未便认许。查本省省立甲种商业学校，业于省城设立一所，宁波虽系通商口岸，既有省城一校，无取骈枝。且甲种商业学校在学校系统与中学相当，本省各属县立中学颇多，若一一援例请求改归省立，则当此省款支绌之时，势必穷于应付。此未能准如所请之理由也。但既据该校声明种种困难情形，商校存废又与商业前途大有关系，自应力予维持。旧台属商校既有省款补助，尤未便独令该校向隅。而查该校预算，每年入不敷出之数约计三千余金，应请按年由省款补助该校银元三千元，以示重商育才之意，业经大会公决，相应咨请查照施行，并令饬财政厅将此项补助银数列入五年度预算"等由。准此，除咨复外，合就令仰该厅长遵照办理。此令。

中华民国五年十月二十四日

省长吕公望

（原载《浙江公报》第一千六百六十一号，五至七页，训令）

浙江省长公署训令第九百六十五号

令特派交涉员所有各处教会与人民纠葛
仰迅行各该管官吏处断由

令特派交涉员

照得各处教会或教士等与地方人民有纠葛事项发生,该管官吏自应悉心处理,无论曲直何在,皆当力持平允,迅速断结,以昭大公。乃各该管官吏遇有此项事件,或虚悬而未处理,或处理而未办结,长此相延,殊损国信,合亟摘录案由,令发该交涉员仰即转行各该管官吏迅予处断,克日具报核夺。其他类于此项案件,亦应查明,转令遵照办理,并由该交涉员随时查案令催,无待外国领事函促,切切。此令。

计发清单一纸。

中华民国五年十月　日

省长吕公望

计开清单一纸

黄岩路桥东正教宣讲所与团丁肇事案;

宣平德教堂被扰案;

丽水教民林云岳等通匪案;

嘉兴天主堂被窃案;

平阳自立会与内地会争执教堂案;

绍兴亚细亚公司存油被勒完税案;

诸暨英教会价买基地纠葛案;

嘉善英教会购地纠葛案;

台州教士王镇善呈控临海张知事放弃保护案。

(原载《浙江公报》第一千六百六十一号,七至八页,训令)

浙江省长公署训令第九百九十六号

令各县知事准内务部咨行饬属禁止妇女缠足由

令各县知事

十月十三日本署准内务部咨开，"查妇女缠足，环球所无，陋习相沿，久为诟病。夷考载籍，五季两宋之间，此风虽炽，不过乐户教坊资为观美，而良家贵胄习尚仍殊，顾以禁令未严，遂至流为恶俗，习非胜是，举国靡然，微独于人道有伤，抑且开种弱之渐。海通以后，女学萌芽，缠足之风始知矫正，默查现在状况，虽已逐渐减少，而积重之势仍苦未易转移，僻远之区往往自为风气，其余徘徊观望者更属不知凡几。固由民智未开，抑缘禁止不力。本部综理内政，首宜挽救颓风，应请贵省长迅饬所属地方长官，剀切晓示，一面派员讲演，从严劝戒，其在地方各团体，尤有提倡诱导之责，并希责成绅董多印白话布告，张贴城乡，务期家喻户晓，转相诰诫，根本廓清，庶几有日。事关整饬风化，所冀实力进行。总之，痼习一日不除，则遗毒一日靡已，欲收转弱为强之效，宜切救焚拯溺之怀，在贵省长当与本部有同一愿望也"等因。准此，除咨复外，合行刊登《公报》，令仰该县遵照部文剀切晓示，一面派员讲演，从严劝戒，并转行地方各团体提倡诱导，实力奉行，是为至要。此令。

中华民国五年十月二十五日

省长吕公望

（原载《浙江公报》第一千六百六十一号，八至九页，训令）

浙江省长公署训令第九百九十七号

令各县知事准内务部咨复浙省县属警队
拟分期裁撤应即照准备案由

令各县知事

本月十八日准内务部咨开，"准咨陈案。据民政厅呈称，'查浙省自添设县属警队以来,各属防缉匪盗,成效尚属可观。惟其所需经费,多数县分均就停办地方自治之款,提拨借用。现在自治事宜伫待中央明令,一律恢复,警队经费无着,按诸实际,似难存在。且体察各属地方情形,目下尚属安谧,警备队及水上警察名额,又均视前增加,兵力已不为单薄,应即一律停办,腾出经费,以为后日办理自治之用,拟具办法清摺呈请核示'前来。查所拟办法尚属可行,除指令并分令水陆警队切实办理,以资防缉外,咨请查核备案等因到部。查浙省县属警备队既准咨称,'体察地方情形,无存在之必要,拟分期裁撤,腾出经费,为日后办理自治之用',应即照准备案。除咨财政部外,相应咨行贵省查照饬遵可也"等因。准此,查县属警队定期裁撤一案,前据前民政厅拟具办法备文呈请前来,业经本署核准,咨部备案,并指令通令各县遵照办理在案。准咨前因,合亟登载《公报》,令仰各该县知事一律遵行,仍将裁撤警队日期暨办理情形具报,是为至要。此令。

中华民国五年十月二十五日

省长吕公望

（原载《浙江公报》第一千六百六十一号,九页,训令）

浙江省长公署指令第一千九百二十九号

令缫丝厂监理处主任员陆永

呈一件呈送各缫丝厂七月份工作经过情形比较表由

呈、表并悉。查阅核复各缫丝厂七月份工作经过情形比较表,尚属详晰,仰候另行核订工作各项限度表,令饬各厂查照办理。表件存。此令。十月十九日

五模范厂工作经过比较表

比较数 厂数	初缫每工 出丝数	初缫连各 工作每工 出丝数	工资每两 需洋数	工资连各 费每两 需洋数	嵊茧缫 折数	备 考
第一厂	二两四钱 四分	一两五钱 四分	一角三分 九厘	二角六分	四百四十 五斤九两	缫折中上,用 费最大,每工 出丝最少。
第二厂	二两九钱 零五厘	二两一钱 五分六厘	九分六厘	一角九分 五厘	四百九十 九斤二两	缫折下下,用 费较廉,每工 出丝中中。
第三厂	四两一钱 七分	二两五钱 八分	一角一分 二厘	二角零七 厘九毫	四百五十 二斤	缫折中中,用 费中中,出丝 尚好。
第四厂	二两五钱 九分	一两六钱 二分	一角二分 四厘	二角一分 三厘	四百四十 一斤半	缫折上上,用 费中中,每工 出丝中下。
第五厂	三两四钱 四分六厘	二两一钱 二分一厘	一角四分 三厘	二角三分 二厘七毫	五百八十 斤四两	缫耗最大,用 费亦大,每工 出丝中中。
说 明	各厂来表并未注明光茧、毛茧,姑就表列数目计算。					

（原载《浙江公报》第一千六百六十一号,一〇页,指令）

浙江省长公署指令第二千零十五号

令富阳县警所所长陈融

呈一件呈警佐童葆初因父病请假请察核由

呈悉。该警佐童葆初因父病请假,既据查系属实,应准给假二星期,所有职务并准以王刚代理,仰即知照。此令。十月廿一日

（原载《浙江公报》第一千六百六十一号,一〇至一一页,指令）

浙江省长公署指令第二千零三十五号

令嵊县知事牛荫麐

呈一件查复县立中校开办费并送学则履历请委任校长由

呈、件均悉。《学则》第二十四条，"三十日"字下应加一"内"字，第七十二条应改为"除归寝时间外，无事不得入寝室"，第八十条内"由"字应改为"依"字，仰即转行该校将存校底册分别遵照加改，并速将《〈中学校令〉施行规则》第三十七条内其他事项图册送候一并转咨。至所请给发校长委状一节，应俟前项图册咨部核准后，再行加委，仰并转行知照。件存。此令。十月二十一日

（原载《浙江公报》第一千六百六十一号，一一页，指令）

浙江省长公署指令第二千零四十号

令兰溪县知事苏高鼎

呈一件为遵令另拟关于教育条陈办法请核示由

呈、摺均悉。应准如拟办理。惟县税小学费之性质，系对校补助，并非对人补助，《简章》第五条，"除由派入各该区县税小学费项下提拨十分之一"，应改为"除由各该区公款酌量提拨外"十二字，仰并遵照改正。摺存。此令。十月二十一日

附原呈

呈为遵令另行筹议关于教育条陈按照批示各节另拟办法呈请鉴核事。本年八月十六日奉钧署第一〇九号指令，"教育条陈甲种第一项批答内节开，'学龄儿童尚无操作之能力，自应仍令入国民学校，俾受完全义务教育，不便听其有半日之荒嬉'。又，教育条陈甲种第二项批答内节开，'查国民学校本准男女同学，无专设女校之必要，但能增加学额，毋庸多设学校。其女子年龄

较长，未便使与男生同学者，可设立专教女子之高等小学数处，以资补救。若国民学校距离较远，儿童通学不便者，亦可酌量添设'。以上二项，均应另行悉心筹议实在办法，呈候核夺"等因。奉此，自应遵照办理。惟半日学校仍拟斟酌各村庄失学儿童多寡，酌量令各国民学校附设，以便年长失学者之补习；未入学各男女学龄儿童，即由知事查照教育条陈甲种第三项认真劝导，督促进行。但对于贫穷无力就学之学龄儿童，劝其入学，殊多困难。兹拟每区设一补助贫民学费会，略资补助而藉提倡，务期达到教育普及之目的。除拟就《补助贫民学费会简章》附呈外，合将遵令另行筹议办法备文呈报，是否有当，仰祈钧长俯赐察核，指令祗遵，诚为公便。谨呈。

兰溪县补助贫民学费会简章

第一条　补助贫民学费会为促进教育普及起见，对于贫穷无力就学之男女学龄儿童，筹集经费予以补助，以得受国民教育（四学年）完了为限。

第二条　兰溪分十五学区，每区设一补助贫民学费会。

第三条　补助贫民学费会设正、副会长各一人，董事十人，会员无定额。

第四条　正会长由区学董兼任，副会长由乡教育会正会长兼任（如未设乡教育会之区，由区立高小学校校长兼任），各国民学校校长及各村学董均得为会员，董事由会长、会员就地方公正士绅或会员内公举。

第五条　各区补助贫民学费会基本经费，每年除由各该区公款酌量提拨外，由会长、董事于二、七两个月，向本区内各殷户劝捐。

第六条　会长、董事、会员均应量力乐捐。

附则　捐助私财满百元以上者，遵照《捐资兴学褒奖条例》

由县知事呈请省长核奖。捐助私财在百元以下者,知事前于议拟《县视学规程》内曾拟具奖励办法:其捐助私财在三十元以上者,由县知事传谕嘉奖;捐助私财在六十元以上者,由县知事给予二等银质捐资兴学奖章;捐助私财在八十元以上者,由县知事给予一等银质捐资兴学奖章,业经详请前巡按使批准照办在案,兹仍拟查照办理。其捐助私财数目四年内在同一人得合并计算。

第七条　补助贫民学费会成立后四个月内,各村贫穷无力就学之男女学龄儿童,由会员分别查明报告于会长,由会长交董事审查,确系贫穷无力就学者,即登入贫儿册,自会成立后五个月内,会长将贫儿册造具二份,一份呈送县公署备查,一分存会。

第八条　每年于暑假寒假前由县知事、教育主任下乡劝导一般男女学龄儿童及贫穷无力就学之学龄儿童入学外,各会员随时设法劝导入学。

第九条　补助贫民学费会捐款,每年于五、十两个月由会长会同董事收缴。

第十条　每年于五、十两个月,由会长、董事查明贫穷学龄儿童入学人数,酌量补助学费,交各学龄儿童父兄领讫。

第十一条　会长、董事每年于六、十二两个月,详造各户捐款数目、受补助学费学童人数、每学童所受补助银数清册,呈送县公署查核。

第十二条　会长、董事、会员均尽义务,会中得提取公费,但每年至多不得过十二元。

第十三条　会长、董事如办有优异成绩,由县知事择其最热心者,呈请省长加奖。

第十四条　本简章奉省长核准后公布施行。

（原载《浙江公报》第一千六百六十一号,一一至一三页,指令）

浙江省长公署指令第二千零四十二号

令省立第一中学校校长吴文开

呈一件造送五年度第一学期管教员

学生一览表由

呈、件均悉。查转学生徐再中、盛祖铭、金文耿、江辅勤四名，原校抄成绩表，均未填有实得分数，究竟所开各学年成绩是否及格，无凭核办，应即分行补填再行送候一并核转。抄成绩表八纸发还。余件存。此令。十月二十一日

计发还抄成绩表八纸。

（原载《浙江公报》第一千六百六十一号，一三至一四页，指令）

浙江省长公署指令第二千零九十五号

令松阳县知事余生球

呈一件为改委掾属请注册由

应准如呈注册。履历存。此令。十月二十三日

附原呈

呈为呈报改委掾属请赐鉴核注册事。窃职署政务科之教育助理王耀坤、政务助理涂贡琅，均因家有要事先后辞职，业经照准。所遗之缺查有前第三区学务委员李廷芳，品学兼优、经验宏富，堪以委充教育助理；现充审检所书记员萧凤韶，熟谙公牍，办事勤慎，堪以调充政务助理。除委任外，理合取具履历备文呈请，仰祈钧长察核俯赐注册。谨呈。

（原载《浙江公报》第一千六百六十一号，一四页，指令）

浙江省长公署指令第二千零九十八号

令遂安县知事陈与椿

呈一件为筹设劝学所情形开送预算及各员履历由

呈、件均悉。所拟经费及所长、劝学员各项,应准照办,所长并准先予委任。所址一项,查经前都督饬将旧有学署全部拨用,其已拨充他用者,应另择别项相当官公产请拨在案,何以来呈仅于学署内腾出房屋两间,断难敷该所办公之用,应再遵照前饬查拟呈核。至该所成立日期,应仍遵照前按署饬知,俟《施行细则》颁到再定,据称拟于十一月一日成立,应毋庸议。仰即分别遵照,并将发去任命状转给祗领。件存。此令。十月二十三日

(原载《浙江公报》第一千六百六十一号,一四页,指令)

浙江省长公署指令第二千一百七十七号

令奉化县知事屠景曾

呈一件为遴委掾属开送履历请注册由

呈悉。准予注册。清摺存。此令。十月二十四日

附原呈

呈为遴委掾属开具履历考语送请察核注册事。窃知事于八月二十六日奉钧长任命署理奉化县知事,遵于九月十一日接任视事,业经呈报在案。所有董前知事增春原委佐治各员,均经先后辞职。兹谨遵照《县官制组织条例》第七条之规定,由知事遴员接充,并就现在情形分设政务、财政二科,政务科设主任一员,助理二员,财政科设主任一员,助理一员,此外酌设庶务、收发、会计各一员,以资臂助而专责成。除分别委任并取具各该员履历加具考语缮折呈送外,理合具文呈报,仰祈钧长鉴核,准予注

2047

册,实为公便。谨呈。

　　附清摺

　　政务主任梅绍福　　嘉兴县人。考语：老成练达,品学兼优。

　　财政主任徐　恂　　江苏常熟人。　　计学精深,有为有守。

　　政务助理陈寿曼　　绍兴县人。　　　才大心细,富于经验。

　　政务助理周经桢　　嘉兴县人。　　　年富力强,办事稳练。

　　财政助理夏祖尧　　嘉善县人。　　　心精力果,稽核详明。

　　收 发 员方世钧　　嘉兴县人。　　　办事实心。

　　庶 务 员陶宗侃　　嘉兴县人。　　　勇于任事。

　　会 计 员莫与京　　嘉兴县人。　　　朴实耐劳。

（原载《浙江公报》第一千六百六十一号,一四至一五页,指令）

浙江省长公署指令第二千一百七十九号

令松阳县知事余生球

　　呈一件请病假三星期在署调养职务委由财政主任代行由

　　呈悉。准予假半个月在署调养,日常公事暂交该椽属代拆代行,遇有重要事件,仍应亲裁,并候令催该新任赶速前往接替可也①。此令。十月二十四日

（原载《浙江公报》第一千六百六十一号,一五至一六页,指令）

浙江省长公署指令第二千一百八十一号

令瑞安县知事李藩

　　呈一件为送九月分教养局经费收支册祈核销由

　　案据前民政厅呈,"据该县呈送本年九月分教养局经费册,祈核销"等情已悉。察核来册,数目尚符,所有前项收支相抵,不敷银三十

_____

① 　该新任,指钱世昌,浙江新昌人。民国五年十二月至民国八年三月任松阳县知事。

五元三角四分四厘,应准在该县准备金项下照销,仰即知照,仍录报财政厅备查。再,嗣后续送是项报册,关于口粮一项,应将人数报明,以昭核实,仰并知照。此令。册存。十月二十四日

（原载《浙江公报》第一千六百六十一号,一六页,指令）

浙江省长公署批第五百六十六号

原具呈人松阳教育会副会长何修

呈一件呈叶耀庭控毛仲案内牵涉推戴系出冒捏由

查是案前以叶耀庭等来禀控有毛委员败坏学务多款,故令厅行县查复,至帝制嫌疑人员已早奉明令宽免,原控该会长一齐上推戴书一节,无论有无其事,所请饬县并查,均毋庸议,仰即知照。此批。十月二十一日

（原载《浙江公报》第一千六百六十一号,一七页,批示）

浙江省长公署批第五百七十二号

原具呈人刘鸿逵等

呈一件控杨专审员渎职违法请撤换由

呈电及甘结均悉。所陈各节,如果属实,该专审员殊属有忝职守,惟事关控告官吏,应照章取具确实铺保,呈候查明,再行核办,仰即知照。此批。结存。十月二十三日

（原载《浙江公报》第一千六百六十一号,一七页,批示）

浙江省长公署批第五百七十三号

原具呈人张洪访

呈一件呈为张光辅因伊兄欠款未清致伊父
非法拘禁请饬县开释由

据呈各节,是否属实,未据将迭次批状抄呈,无凭察办。现在该县

审检所业已成立,仰即自赴该所呈请核示可也。此批。十月二十三日

（原载《浙江公报》第一千六百六十一号,一七页,批示）

浙江省长公署批第五百七十八号

原具呈人绍兴王祥奎

呈一件为疏掘小南汇沙角被上虞劣绅
王佐诬陷一案再请委查由

呈、黏均悉。案经前按署及前民政厅明白批示,应仍静候讯判,毋庸混渎。黏件存。此批。十月二十三日

（原载《浙江公报》第一千六百六十一号,一七至一八页,批示）

浙江省长公署批第五百七十九号

原具呈人矿商余慰三

呈一件呈试探淳安铅矿图内名章不符缘由一案由

呈、件并悉。查《审查矿商资格规则》第三条第二项,"代表人履历书后应附合办矿业人简明履历,由各该本人亲自签名并盖名章"。兹该商所呈履历于合办矿业人栏内,全不填载,是否前呈连署人傅修龄等均已脱退,未据声具理由,无凭核夺。又,前呈矿区图添改处盖用闲章,殊欠郑重,自应连同履历、保结一并发还,仰即查照所指各节逐一更正呈核。此批。十月二十三日

计发还矿图四纸,履历二份。

（原载《浙江公报》第一千六百六十一号,一八页,批示）

浙江省长公署批第五百八十号

原具事呈人萧山韩茂棠等

呈一件为湘湖关系九乡水利请援案给示并饬县勒石永禁由

呈悉。查湘湖为蓄水起见,拟照议复增高堤坝办法,以利农田,

前准省议会来咨,已令由前民政厅转令水利委员会勘复,以凭行知遵办在案。所请给示勒石之处,应俟该会勘复到署并案核夺,仰即知照。此批。十月二十三日

(原载《浙江公报》第一千六百六十一号,一八页,批示)

浙江省长公署批第五百八十一号

原具呈人永嘉廖桂芳等

呈一件为农会公选会长不服批销
请饬县知照原给委由

呈悉。未据将该县迭批详叙,无从核夺,所请碍难遽准。此批。十月二十三日

(原载《浙江公报》第一千六百六十一号,一八页,批示)

浙江省长公署批第五百八十二号

原具呈人陆干记等

呈一件为前请开设茧厂迄今月余乞吊卷核夺由

来呈与陆伯苗等呈称同一情事,已于陆伯苗等来呈明白批示矣。仰即知照。此批。十月二十三日

(原载《浙江公报》第一千六百六十一号,一九页,批示)

浙江省长公署批第五百八十三号

原具呈人杨志文等

呈一件为《茧行条例》谅已修正前请开设
茧厂请吊卷核夺由

来呈与陆伯苗等呈称同一情事,已于陆伯苗等来呈明白批示矣。仰即知照。此批。十月二十三日

(原载《浙江公报》第一千六百六十一号,一九页,批示)

浙江省长公署批第五百八十四号

原具呈人义乌楼炳文等

呈一件胪举该县代理知事邱峻治绩请予改代为署由

呈悉。该县代理知事自委任以来,对于地方兴革事宜颇能实心进行,本省长考查所及,已知大概,果能持之以恒,日臻上理,依法奖励,长官自有权衡,正不必以"代理""署""任"鳃鳃过虑也,仰即知照。此批。十月二十三日

（原载《浙江公报》第一千六百六十一号,一九页,批示）

浙江省长公署批第五百八十五号

原具呈人候补县知事陈诗庚

呈一件请给假回籍措赀由

准予给假三月,仰将起程日期呈报备查。此批。十月二十三日

（原载《浙江公报》第一千六百六十一号,一九页,批示）

浙江省长公署通告

云和县知事王志鹤电呈于本月十二日到任接印视事。

云和县知事赵铭传呈报于本月十二日卸交新任王知事接替。

代理瑞安县知事李藩电呈于本月十三日会同乐清、平阳两县知事会勘瑞平界案,署务委财政主任张锡龄,警务委警佐曹文彬暂代。

南田县知事吕耀钤呈报于本月十四日由省公毕回署。

建德县知事夏曰璇呈报于本月十四日由省公毕回署。

於潜县知事平智础呈报于本月十五日亲解郭前知事晋省,署务委财政主任金煌、警务委警佐王世荣暂代。

缙云县知事欧阳忠浩电呈于本月十八日由乡公毕回署。

昌化县知事鲍湛呈报,奉准给假三星期赴省就医,遵于本月十八

日启程,署务委政务主任周敬熙、警务委警佐吴士镜暂代。

（原载《浙江公报》第一千六百六十一号,二〇页,通告）

浙江省长公署决定书第三号

宁海应世芳等为章良鉴混争沙涂不服
县署处分提起诉愿一案由

为决定事。查前民政厅据宁海民人应世芳等为章良鉴等混争沙涂一案,宁海县公署处分不当,提起诉愿,经批应俟原处分官署接到该民人诉愿书副本,按照法定期间添附辩明书及必要书状陈送来厅再行核示在案。兹据宁海县知事何公旦呈送案卷四宗,并据称"于九月十九日到任,此案准江前任移交后,以诉愿书副本呈送,为日已久,未及询问。所有辩明书等请免添附等情到署。查此案应世芳、童俊英于四年六月在县续辩状称,'光绪三十一年十月呈状,先发承发房吴俊齐手,宣统元年互控,即在该房吊署附卷'。又,同状附件内称,于宣统二年八月张前知事堂断后①,曾由生员应锡彤具结、章良鉴同结"各等情,是否实在,核与本案大有关系,该县江前知事不予查询明白,亦未胪举章良鉴兴工实据,辄以两造告争,应尽入官,及章良鉴兴过工作先谕提出八十亩充公,其余三百二十亩分归承管,继谕照张前县断提充三成,余二百八十亩,由两造按照《承垦条例》缴价升科,诚不足以昭折服,县谕应予撤销,由该县现任知事另行照案澈底查明,秉公处分,以期确定权利,仍将处分情形报核。为此决定如右。

中华民国五年十月二十五日

（原载《浙江公报》第一千六百六十一号,二二页,判词）

---

① 张前知事,当指张正芬,时任宁海知县。

浙江省长公署咨省议会

准咨请按年由省款补助宁属甲种商校银三千元由

浙江省长公署为咨复事。案准贵会咨开，"据旧宁属县立甲种商业学校校长费绍冠陈请，以该校经费支绌，恳改归省立等情，并附预算表到会。当经审查付议，佥谓该校经费支绌，自属实情，惟改归省立一层，未便认许。查本省省立甲种商业学校业于省城设立一所，宁波虽系通商口岸，既有省城一校，无取骈枝。且甲种商业学校在学校系统与中学相当，本省各属县立中学颇多，若一一援例请求改归省立，则当此省款支绌之时，势必穷于应付。此未能准如所请之理由也。但既据该校声明种种困难情形，商校存废又与商业前途大有关系，自应力予维持。旧台属商校既有省款补助，尤未便独令该校向隅。而查该校预算每年入不敷出之数，约计三千余金，应请按年由省款补助该校银元三千元，以示重商育才之意，业经大会公决，相应咨请查照施行，并令饬财政厅将此项补助银数列入五年度预算"等由。准此，除令财政厅遵办外，相应咨复贵会查照。此咨
浙江省议会议长

浙江省长吕公望

中华民国五年十月二十四日

（原载《浙江公报》第一千六百六十二号，一九一六年十月二十九日，四页，咨）

浙江省长公署咨省议会

为咨明陶童两议员应选情形并送陶议员证书请转发由

浙江省长公署为咨行事。查省议员赵之伟、张翅辞职，照章应以陶寿鸿、童养正递补。前准贵会来咨，即经转电鄞县知事遵办，并咨复查照在案。兹据该知事养日电称，"七日奉钧电，遵经电知绍兴宋

知事转致陶君,并询明行期见复"去后。兹准复称,"陶君寿鸿由省来函,录请察照办理。查陶函内称,'业于日前赴会出席'云云,理合将证书径送核发"。同日又电称,"十七日奉钧电,遵即填就证书,电知余姚邢知事转知童君去后。兹准邢知事复称,'据童君答复,情愿应选,并来署亲领证书,声称三日后俟家务料理,即行赴杭'等语,应即电复"等由。准此,理合录电转报各等情,并附近送陶议员证书等件咨送贵会,请烦查照转发。此咨

浙江省议会

计咨送陶议员证书、通知书及空白答复书各一件。

浙江省长吕公望

中华民国五年十月二十六日

（原载《浙江公报》第一千六百六十二号,四至五页,咨）

浙江省长公署公布第一号

公布省议会咨送《筹办商品陈列馆附设劝工场议决案》由

省议会议决《筹办商品陈列馆附设劝工场案》,依《省议会暂行法》第三十七条公布之。

中华民国五年十月二十六日

省长吕公望

筹办商品陈列馆附设劝工场议决案

（一）地点：西湖新市场。

（二）馆长兼技术员一人,管理馆内一切事宜,由省长委任之;事务员六人,由馆长派充,掌管左列各科事宜。

（甲）陈列科　掌管陈列审查及搜集事宜。

（乙）庶务科　掌管庶务及寄售品,并劝工场事务。

（丙）文牍科　掌管文牍及收支事宜,并编纂陈列商品目录。

（三）物品　本馆陈列之商品，分为本省品、外省品二部，各分为十类。

（一）农业品及图艺品；（二）林业品；（三）水产品；（四）采矿及冶金品；（五）化学工业品；（六）染织工业品；（七）制作工业品；（八）机械工业品；（九）图绘写真及印刷品；（十）参考品。

（四）陈列　本馆陈列物品，须将名称、产地、价目、用途、制造地、制造人姓名详细开列标签悬挂，凡陈列品指为寄售者，须另标"寄售"字样。

（五）规则　本馆《办事细则》《游览规则》《寄售规则》《征集规则》及《劝工场规则》均由馆长拟定，呈请省长核准施行。

（六）经费　本馆临时费及经常费开列于后。

（甲）临时费　共银六万一千五百元。

款	目		
第一项	建筑	三七八〇〇	基地拟请拨西湖新市场官地十亩，故不列地价。
第一目	房屋	三五三〇〇	陈列室及管理、储藏等室楼屋四十幢，劝工场楼屋十五幢，每幢以六百元计，约需银三万三千元；公役室及厨房等六椽平屋十间，每间以二百元计，约需银二千元；门室二间，约计三百元，共计如上数。
第二目	墙垣及门面	二五〇〇	周围短土墙约计二千元，洋式门面约计五百元，共计如上数。
第二项	购置	九〇〇〇	
第一目	器具	九〇〇〇	陈列厨架约计七千元，各室普通用具二千元，共计如上数。
第三项	杂费	一四七〇〇	
第一目	筹备费	二七〇〇	在商品陈列馆未成立前，原有第一劝工陈列所应月支经费一百元七个月，共计七百元，连同筹备员役薪工杂费在内，计如上数。

续　表

款	目		
第二目	迁移费	一〇〇〇	迁移需费,约计如上数。
第三目	征集费	一〇〇〇〇	征集省内外出品,约计需费如上数。
第四目	展览会费	一〇〇〇	

　　（乙）经常费　预计六年度七月一日开幕,以六个月计算,共银三千五百四十六元。

款	目	金　额	说　　明
第一项	俸给	二二五六①	
第一目	薪水	一五六〇	馆长兼技术员一人,月薪八十元;事务员六人,月薪各三十元。
第二目	工食	六九六	看守人十名,每名八元;门役二名,公役三名,更夫一名,每名六元,合计如上数。
第二项	办公费	三九〇	
第一目	文具邮电	一五〇	每月以二十五元计。
第二目	消耗	一二〇	如薪炭、茶水等,每月以二十元计。
第三目	电灯电话	一二〇	每月以二十元计。
第三项	特别费	九〇〇	
第一目	采办费	五〇〇	采办省内外商品,约计如上数。
第二目	购置	三〇〇	添购陈列柜架、改装各费,约计如上数。
第三目	印刷	一〇〇	印刷物品目录及规则等。

　　（原载《浙江公报》第一千六百六十二号,六至八页,公布）

---

　　①　底本为"二二五四",与上下金额不符,径予更正。

浙江督军公署训令第三二八号
浙江省长公署训令第九七二号

令各属为日人佐藤征夫高田矶太郎赴浙游历通令保护由

令交涉员、镇守使、各县知事、师长、旅长、厅长

本年十月十七日准江苏省公署咨开，"案据特派江苏交涉员杨晟呈称，'顷准日本国总领事函，以佐藤征夫、高田矶太郎赴江苏、江西、安徽、山东、浙江、湖南、湖北游历，缮给护照请盖印前来。除将护照印发外，理合呈请察照，转饬各属，俟该日本人到境呈验护照时，照约保护'等情。据此，除训令各属保护并分咨外，相应咨请贵省长查照，希即转行各属照约一体保护"等由。准此，除分令外，合行令仰该

即便转令所属一体照约保护。此令。（刊登《公报》，不另行文）

中华民国五年十月二十五日

督军兼署省长吕公望

（原载《浙江公报》第一千六百六十二号，九页，训令）

附 浙江警政厅训令第五百二十一号
令各属保护日本人佐藤征夫等赴江浙等处游历由

令各警厅、各区统带

本年十月二十七日奉浙江督军公署训令第三二八号、浙江省长公署训令第九七二号内开，"本年十月十七日准江苏省长公署咨开，'案据特派江苏交涉员杨晟呈称，顷准日本国总领事函，以佐藤征夫、高田矶太郎赴江苏、江西、安徽、山东、浙江、湖南、湖北游历，缮给护照请盖印前来。除将护照印发外，理合呈请察照，转饬各属，俟该日本人到境呈验护照时照约保护等情。据此，除训令各属保护并分咨外，相应咨请贵省长

查照,希即转行各属照约一体保护'等由。准此,除分令外,合行令仰该厅长即便转令所属一体照约保护"等因。奉此,合行令仰该厅长、该统带即便转令所属一体照约保护,并将该日本人等入境出境日期随时具报备查。此令。(刊登《公报》,不另行文)

中华民国五年十一月六日

警政厅长夏超

(原载《浙江公报》第一千六百七十六号,一九一六年十一月十二日,一七页,训令)

浙江督军公署训令第三二九号
浙江省长公署训令第九八二号

令各属为法人阿若第央赴浙游历令保护由

令交涉员、镇守使、各县知事、师长、旅长、厅长

本年十月十七日准江苏省公署咨开,"案据特派江苏交涉员杨晟呈称,'顷准法国总领事函,以阿若第央赴江苏、浙江、安徽游历,缮给护照请盖印前来。除将护照印发外,理合呈请察照,转饬各属,俟该法人到境呈验护照时,照约保护'等情。据此,除训令各属保护,并分咨外,相应咨请贵省查照,希即转行各属照约一体保护"等由。准此,除分令外,合行令仰该　　即便转令所属一体照约保护。此令。(刊登《公报》,不另行文)

中华民国五年十月二十五日

督军兼署省长吕公望

(原载《浙江公报》第一千六百六十二号,九至一〇页,训令)

附 浙江警政厅训令第五百二十四号

令各属保护法国人阿若弟央赴江浙等省游历由①

令各警厅、各区统带

本年十月二十七日奉浙江督军公署训令第三二九号、浙江省长公署训令第九八二号内开,"本年十月十七日准江苏省公署咨开,'案据特派江苏交涉员杨晟呈称,顷准法国总领事函,以阿若弟央赴江苏、浙江、安徽游历,缮给护照请盖印前来。除将护照印发外,理合呈请察照,转饬各属,俟该法人到境呈验护照时照约保护等情。据此,除训令各属保护并分咨外,相应咨请贵省长查照,希即转行各属照约一体保护'等由。准此,除分令外,合行令仰该厅长即便转令所属一体照约保护"等因。奉此,合行令仰该厅长、该统带即便转令所属一体照约保护,并将该法国人入境出境日期随时具报备查。此令。(刊登《公报》,不另行文)

中华民国五年十一月六日

警政厅长夏超

(原载《浙江公报》第一千六百七十六号,一九一六年十一月十二日,一八至一九页,训令)

浙江督军公署训令第三三○号
浙江省长公署训令第九七六号

令各属为日本人平岗小太郎三田宗治郎

赴浙游历令照约保护由

令特派交涉员、温交涉员、宁交涉员、警政厅长、各县知事、暂编第一师长、暂编第二师长、嘉湖镇守使、台州镇守使、暂编混成旅长

本年十月十七日准江苏省公署咨开,"案据特派江苏交涉员杨晟

---

① 阿若弟央,弟,正文作第。

呈称,'顷准日本国总领事函,以平岗小太郎①、三田宗治郎赴江苏、江西、浙江、安徽、山东游历,缮给护照请盖印前来。除将护照印发外,理合呈请察照,转饬各属,俟该日本人到境呈验护照时,照约保护'等情。据此,除训令各属保护并分咨外,相应咨请贵省长查照,希即转行各属照约一体保护"等由。准此,除分令外,合行令仰该 即便转令所属一体照约保护。此令。(刊登《公报》,不另行文)

督军兼署省长吕公望

中华民国五年十月二十五日

(原载《浙江公报》第一千六百六十二号,一〇页,训令)

附 浙江警政厅训令第五百二十五号

令各属保护日本人平冈小太郎等赴浙游历由

令各警厅、各区统带

本年十月二十七日奉浙江督军公署训令第三三〇号、浙江省长公署训令第九七六号内开,"本年十月十七日准江苏省公署咨开,'案据特派江苏交涉员杨晟呈称,顷准日本国总领事函,以平冈小太郎、三田宗治郎赴江苏、江西、浙江、安徽、山东游历,缮给护照请盖印前来。除将护照印发外,理合呈请察照,转饬各属,俟该日本人到境呈验护照时照约保护等情。据此,除训令各属保护并分咨外,相应咨请贵省长查照,希即转行各属照约一体保护'等由。准此,除分令外,合行令仰该厅长即便转令所属一体照约保护"等因。奉此,合行令仰该厅长、该统带即便转令所属一体照约保护,并将该日本人入境出境日期随时具报备查。此令。(刊登《公报》,不另行文)

中华民国五年十一月六日

---

① 平岗,附件作"平冈"。

警政厅长夏超

（原载《浙江公报》第一千六百七十六号，一九一六年十一月十二日，一九至二〇页，训令）

浙江督军公署训令第三三一号
浙江省长公署训令第九八三号

令各属为德国瑞记洋行大班罗殿臣赴浙游历令保护由

令镇守使、交涉员、各县知事、厅长、师长、旅长

本年十月十七日准广东省长公署咨开，"现接德国驻广州领事官函开，'本国瑞记洋行大班罗殿臣拟赴广东、江西、湖南、湖北、江苏、浙江、山东、直隶各省游历，备具护照一纸，请盖印送回给执'等由前来。查洋人游历内地，经过地方自应照约保护，惟不得夹带军火、测绘地图，应于保护之中随时密为防范，除将来照加印送给收执，函复该领转饬探明，如有贼匪未靖地方，勿得前往，并分令咨行查照外，相应咨会贵省长希为查照，饬属一体按约保护"等由。准此，除分令外，合行令仰该　即便转令所属一体照约保护。此令。（刊登《公报》，不另行文）

督军兼署省长吕公望

中华民国五年十月二十五日

（原载《浙江公报》第一千六百六十二号，一〇至一一页，训令）

附　浙江警政厅训令第四百八十四号

令各属奉督军省长训令准广东省长咨德国瑞记洋行

大班罗殿臣赴粤浙等处保护游历由

令各厅长、各区统部

本年十月二十七日奉浙江督军公署训令第三三一号、浙江省长公署训令九八三号内开，"本年十月十七日准广东省长公署咨开，'现接德国驻广州领事官函开，本国瑞记洋行大班罗殿臣

拟赴广东、江西、湖南、湖北、江苏、浙江、山东、直隶各省游历,备具护照一纸,请盖印送回给执等由前来。查洋人游历内地,经过地方自应照约保护,惟不得夹带军火、测绘地图,应于保护之中随时密为防范,除将来照加印送给收执,函复该领转饬探明,如有贼匪未靖地方勿得前往,并分令咨行查照外,相应咨会贵省长希为查照,饬属一体按约保护'等由。准此,除分令外,合行令仰该厅长即便转令所属一体照约保护"等因。奉此,合行令仰该厅长、该统带即便转令所属一体照约保护,并将该德国瑞记洋行大班罗殿臣入境出境日期随时具报备查。此令。(刊登《公报》,不另行文)

中华民国五年十一月一日

警政厅长夏超

(原载《浙江公报》第一千六百六十九号,一九一六年十一月五日,一二至一三页,训令)

浙江督军公署训令第三三二号
浙江省长公署训令第九八四号

令各属为德人林狄文随带手枪猎枪赴浙游历令保护由

令交涉员、镇守使、各县知事、师长、厅长、旅长

本年十月十七日准江苏省公署咨开,"案据特派江苏交涉员杨晟呈称,'顷准德国总领事函,以林狄文随带手枪二支、猎枪一支、弹少许,赴江苏、浙江、山东游历,缮给护照请盖印前来。除将护照印发外,理合呈请察照,转饬各属,俟该德人到境呈验护照时照约保护'等情。据此,除训令各属保护并分咨外,相应咨请贵省长查照,希即转行各属照约一体保护"等由。准此,除分令外,合行令仰该　　即便转令所属一体照约保护。此令。(刊登《公报》,不另行文)

中华民国五年十月二十五日

督军兼署省长吕公望

(原载《浙江公报》第一千六百六十二号,一一页,训令)

　　附　浙江警政厅训令第四百七十九号
　　令各厅奉督军省长训令准江苏省公署咨德人
　　林狄文赴江浙等处保护游历由

　　令各警厅、各区统部

　　本年十月二十七日奉浙江督军公署训令第三三二号、浙江省长公署九八四号，内开，"本年十月十七日准江苏省公署咨开，'案据特派江苏交涉员杨晟呈称，顷准德国总领事函，以林狄文随带手枪二支、猎枪一支、弹少许，赴江苏、浙江、山东游历，缮给护照请盖印前来。除将护照印发外，理合呈请察照，转饬各属，俟该德人到境呈验护照时照约保护等情。据此，除训令各属保护并分咨外，相应咨请贵省长查照，希即转行各属照约一体保护'等由。准此，除分令外，合行令仰该厅长即便转令所属一体照约保护"等因。奉此，合行令仰该厅长、该统带即便转令所属一体照约保护，并将该德人入境出境日期随时具报备查。此令。
（刊登《公报》，不另行文）

　　　　　　　　　　　　　中华民国五年十一月一日
　　　　　　　　　　　　　　　警政厅长夏超

　　（原载《浙江公报》第一千六百六十九号，一九一六年十一月五日，一一页，训令）

浙江督军公署训令第三三三号
浙江省长公署训令第九八五号

　　令各属为德人顾锡恩携眷随带手猎枪
　　各一支赴浙游历令保护由

　　令文武各机关、各县知事

　　本年十月十七日准江苏省公署咨开，"案据特派江苏交涉员杨晟呈称，'顷准德国总领事函，以本署公堂按察司顾锡恩携眷，随带手猎枪各一支,弹少许,赴江苏、浙江、江西、安徽游历,缮给护照请盖印前来。除将护照印发外,理合呈请察照,转饬各属,俟该德人到境呈验护照时照约保护'等情。据此,除训令各属保护并分咨外,相应咨请贵省长查照,希即转行各属照约一体保护"等由。准此,除分令外,合行令仰该即便转令所属一体照约保护。此令。(刊登《公报》,不另行文)

中华民国五年十月二十五日

督军兼署省长吕公望

(原载《浙江公报》第一千六百六十二号,一一至一二页,训令)

附　浙江警政厅训令第四百七十七号
令各属奉督军省长训令准苏省公署咨德领事署
按察司顾锡恩携眷赴江浙等处保护游历由

令各警厅、各区统部

本年十月二十七日奉浙江督军公署训令第三三三号、浙江省长公署九八五号,内开,"本年十月十七日准江苏省公署咨开,'案据特派江苏交涉员杨晟呈称,顷准德国总领事函,以本署公堂按察司顾锡恩携眷,随带猎手枪各一支、弹少许,赴江苏、江西、浙江、安徽游历,缮给护照请盖印前来。除将护照印发外,理合呈请察照,转饬各属,俟该德人到境呈验护照时照约保护等情。据此,除训令各属保护,并分咨外,请贵省长查照,希即转行各属照约一体保护。'等由。准此,除分令外,合行令仰该厅长,即便转令所属一体照约保护"等因。奉此,合行令仰该厅长、该统带,即便转令所属一体照约保护,并将该德人入境出境日期随时具报备查。此令。(刊登《公报》,不另行文)

中华民国五年十一月一日

警政厅长夏超

(原载《浙江公报》第一千六百六十九号,一九一六年十一月五日,一〇至一一页,训令)

浙江督军公署训令第三三四号
浙江省长公署训令第九八六号

令各属为德人李登白赴浙游历令保护由

令交涉员、镇守使、各县知事、厅长、师长、旅长

本年十月十七日准江苏省公署咨开,"案据特派江苏交涉员杨晟呈称,'顷准德国总领事函,以李登白赴江苏、浙江、福建游历,缮给护照请盖印前来。除将护照印发外,理合呈请察照,转饬各属,俟该德人到境呈验护照时,照约保护'等情。据此,除训令各属保护并分咨外,相应咨请贵省长查照,希即转行各属照约一体保护"等由。准此,除分令外,合行令仰该　即便转令所属一体照约保护。此令。(刊登《公报》,不另行文)

中华民国五年十月二十五日

督军兼署省长吕公望

(原载《浙江公报》第一千六百六十二号,一二页,训令)

附　浙江警政厅训令第四百七十八号
令各属奉督军省长训令准苏省公署咨德人
李登白赴江浙等处保护游历由

令各警厅、各区统部

本年十月二十七日奉浙江督军公署训令第三三四号、浙江省长公署训令九八六号内开,"本年十月十七日准江苏省公署咨开,'案据特派江苏交涉员杨晟呈称,顷准德国总领事函,以李登白赴江苏、浙江、福建游历,缮给护照请盖印前来。除将护照印发外,理合呈请察照,转饬各属,俟该德人到境呈验护照时照约保护等情。据此,除训令各属保护并分咨外,相应咨请贵省长查照,希即转行各属照约一体保护'等由。准此,除分令外,合行令仰该厅长即便转令所属一体照约保护"等因。奉此,合行令仰该厅长、该统带即便转令所属一体照约保护,并将该德人入境出境

日期随时具报备查。此令。(刊登《公报》，不另行文)

中华民国五年十一月一日

警政厅长夏超

(原载《浙江公报》第一千六百七十号，一九一六年十一月六日，一六页，训令)

浙江督军公署训令第三三五号
浙江省长公署训令第九六九号

令各属为美人盖理逊、亚白赴浙游历令保护由

令文武各机关、各县知事

本年十月十七日准江苏省公署咨开，"案据特派江苏交涉员杨晟呈称，'顷准美国总领事函，以盖理逊、亚白赴江苏、浙江、山东、安徽游历，缮给护照请盖印前来。除将护照印发外，理合呈请察照，转饬各属，俟该美人到境呈验护照时照约保护'等情。据此，除训令各属保护并分咨外，相应咨请贵省长查照，希即转行各属照约一体保护"等由。准此，除分令外，合行令仰该　　即便转令所属一体照约保护。此令。(刊登《公报》，不另行文)

中华民国五年十月二十五日

督军兼署省长吕公望

(原载《浙江公报》第一千六百六十二号，一二至一三页，训令)

附　浙江警政厅训令第四百八十三号

令各属奉督军省长训令美国人盖理逊等

来浙游历转令各属保护由

令省会警察厅厅长、内河水上警察厅厅长、外海水上警察厅厅长、各区警备队统带

本年十月二十七日奉督军公署训令第三三五号、省长公署训令第九六九号内开，"本年十月十七日准江苏省公署咨开，'案

据特派江苏交涉员杨晟呈称，顷准美国总领事函，以盖理逊、亚白赴江苏、浙江、山东、安徽游历，缮给护照请盖印前来。除将护照印发外，理合呈请察照，转饬各属，俟该美人到境呈验护照时照约保护等情。据此，除训令各属保护并分咨外，相应咨请贵省长查照，希即转行各属照约一体保护'等由。准此，除分令外，合行令仰该厅长即便转令所属一体照约保护"等因。奉此，合行令仰该厅长、该统带即便转令所属一体照约保护，并将该美国人入境出境日期随时具报备查。此令。（刊登《公报》，不另行文）

中华民国五年十一月一日

警政厅长夏超

（原载《浙江公报》第一千六百六十九号，一九一六年十一月五日，一一至一二页，训令）

浙江督军公署训令第三三六号
浙江省长公署训令第九七一号

令各属为喃嘲人戴克拉格携带手枪赴浙游历令保护由

令交涉员、镇守使、各县知事、师长、厅长、旅长

本年十月十七日准江苏省公署咨开，"案据特派江苏交涉员杨晟呈称，'顷准喃嘲国总领事函，以喃嘲人戴克拉格携带手枪一枝、弹二十粒，赴江苏、浙江、安徽游历，缮给护照请盖印前来。除将护照印发外，理合呈请察照，转饬各属，俟该商人到境呈验护照时照约保护'等情。据此，除训令各属保护并分咨外，相应咨请贵省长查照，希即转行各属照约一体保护"等由。准此，除分令外，合行令仰该　　即便转令所属一体照约保护。此令。（刊登《公报》，不另行文）

中华民国五年十月二十五日

督军兼署省长吕公望

（原载《浙江公报》第一千六百六十二号，一三页，训令）

附　浙江警政厅训令第四百九十号

令各属奉督军省长训令为保护嗬嘛国商人

戴克拉格来浙游历由

令各警厅、各统带

本年十月二十七日奉浙江督军训令第三三六号、浙江省长训令第九七一号，内开，"十月十七日准江苏省长公署咨开，'案据特派江苏交涉员杨晟呈称，顷准嗬嘛国总领事函，以戴克拉格携带手枪一支、弹二十粒赴江苏、浙江、安徽游历，缮给护照请盖印前来。除将护照印发外，理合呈请察核转饬各属，俟该商人到境呈验护照时照约保护等情。据此，除训令各属保护并分咨外，相应咨请贵省长查照，希即转行各属照约一体保护'等由。准此，除分令外，合行令仰该厅长即便转令所属一体照约保护"等因。奉此，合行令仰该厅长、该统带即便转令所属一体照约保护，并将该嗬嘛国商人入境出境日期随时具报备查。此令。（刊登《公报》，不另行文）

中华民国五年十一月一日

警政厅长夏超

（原载《浙江公报》第一千六百六十九号，一九一六年十一月五日，一五页，训令）

浙江督军公署训令第三三七号
浙江省长公署训令第九七九号

令各属为德人哈白保慈各带猎枪赴浙游历令保护由

令交涉员、镇守使、各县知事、师长、旅长、厅长

本年十月十七日准江苏省公署咨开，"案据特派江苏交涉员杨晟呈称，'顷准德国总领事函，以哈白、保慈各带猎枪一杆、弹少许，赴江苏、浙江、安徽游历，缮给护照请盖印前来。除将护照印发外，理合呈

请察照,转饬各属,俟该德人到境呈验护照时照约保护'等情。据此,除训令各属保护并分咨外,相应咨请贵省长查照,希即转行各属照约一体保护"等由。准此,除分令外,合行令仰该　即便转令所属一体照约保护。此令。(刊登《公报》,不另行文)

中华民国五年十月二十五日

督军兼署省长吕公望

(原载《浙江公报》第一千六百六十二号,一三至一四页,训令)

附　浙江警政厅训令第四百七十五号
令各属奉督军省长训令准苏省公署咨德人
哈白等赴江浙等处保护游历由

令各警厅、各区统部

本年十月二十七日奉浙江督军公署训令第三三七号、浙江省长公署训令九七九号,内开,"本年十月十七日准江苏省公署咨开,'案据特派江苏交涉员杨晟呈称,顷准德国总领事函,以哈白、保慈各带猎枪一杆、弹少许,赴江苏、浙江、安徽游历,缮给护照请盖印前来。除将护照印发外,理合呈请察照,转饬各属,俟该德人到境呈验护照时照约保护等情。据此,除训令各属保护并分咨外,相应咨请贵省长查照,希即转行各属照约一体保护'等由。准此,除分令外,合行令仰该厅长,即便转令所属一体照约保护"等因。奉此,合行令仰该厅长、该统带,即便转令所属一体照约保护,并将该德人等入境出境日期随时具报备查。此令。(刊登《公报》,不另行文)

中华民国五年十一月一日

警政厅长夏超

(原载《浙江公报》第一千六百六十九号,一九一六年十一月五日,九至一〇页,训令)

浙江省长公署训令第九百六十七号

令各县知事为严禁私采矿苗并仰布告
合县人民一体知照由

令各县知事

案查现行《矿业条例》，对于未得矿业权而窃采矿质者，处以三年以下之有期徒刑，或三千元以下之罚金，并没收其所采之矿质，如已出售或消费，应追缴其价值金，定则綦严，不容故犯。近闻各县商民每有发现矿苗并不循例呈请官厅核准，自由开采，甚或将所采矿质私与外人订结契约售卖情事，自非严行申禁，不足以肃矿政而杜流弊。除分行外，合行训令该知事即便随时督率团警，严密查察，按例究惩，并先布告合境商民人等一体遵照，仍将遵办情形连同布告稿录折报核勿违。此令。

中华民国五年十月二十六日

省长吕公望

（原载《浙江公报》第一千六百六十二号，一四页，训令）

浙江省长公署训令第一千零零二号

令宁波警察厅据杨灏等禀组织侦探研究所请立案由

令宁波警察厅长周琮

案据鄞县公民杨灏等禀称"招集侦探，实地研究"等情到署。查侦探关系司法行政极为重大，该县地方如果必须举办侦探研究所，应由官厅筹定经费，拟具章程，呈候核办，断非该公民等所可擅自组织，致多流弊。至该公民等如果于侦探一道确有心得，非惟官厅乐于委用，即人民遇有被害案件，亦乐于聘请。所请设立公共探访社之处，迹涉招谣，并毋庸议。据禀前情，合行抄粘原禀及简章，令仰该厅长传谕该公民知照。此令。

计抄粘原禀及简章。

中华民国五年十月二十六日

省长吕公望

附 杨灏方梅秦裕等原禀

禀为招集侦探，实地研究，叩请恩鉴准予立案，迅赐示谕，以便开办事。窃维侦探一道，学理深奥，若非研究有素，不足以资奏功，所以东西各国对于是项人才非常注重。中国不然，招致一般毫乏资格程度之辈滥充其间，到处恫吓，遇事敲诈，甚至埋赃图害，时有所闻。一逢地方发生疑难案情，并不设一计、画一策，呆似木鸡。即如城内采莲桥厕上之缢死一案、江北李家后河中之溺死案、江东镇安桥侧路旁之车载尸案、南郊后划船场田边之席裹尸案，迄今多日，未见破获一起，探原其故，佥因知识不广，教育未周，所以研究一事，刻不容缓。公民等有鉴于此，以为造就侦探人才、研究疑难案情起见，于是邀集同志，拟组织侦探研究所，招集一般现充侦探以及志愿人员来所，实地研究。现下正拟聘请专门学员分课教授，将来毕业，择尤呈请官厅派用，一面再设立公共探访社，以补助官厅耳目之不逮。兹订《简章》八条，除禀请鄞县知事转详外，为此据情陈请，伏乞察核备案，迅赐示谕，俾便开办，实为公便。谨禀。

附 宁波侦探研究所简章

宗旨 本所以造就侦探人才、研究疑难案情为目的。

名称 本所定名曰宁波侦探研究所。

科学 本所分为侦探学、催眠术、江湖诀、拳艺学、违警律、机要学（关于灵变计画之一种）。

职员 本所设所长一人、文牍兼会计一人、调查兼庶务一人，教员无定额，学员无定额。

经费　本所开办经费,发起人自行筹垫,通常经费以学员讲义费补助之(特别学员讲义费每月大洋二元四角,普通学员讲义费每月大洋二元,印刷、邮汇、纸张一概在内)。

办法　本所特别学员以现充官厅侦探为限,普通学员以函授者为限,如遇地方发生疑难案情,官厅交由本所研究,因即召集一般学员共同讨论如何进行方法,一俟解决,先行呈请官厅核准施行,总期达到破获目的而已。每星期日宣讲侦探小说,以资考证。至于《取缔规则》以及《办事细则》,另行厘订、通过之后,再当呈请官厅备案。

场所　本所择定共有场所设立之。

附则　本所创办伊始,章程恐有未妥之处,临时改正,呈请官厅许可行之。

(原载《浙江公报》第一千六百六十二号,一四至一六页,训令)

浙江省长公署训令第一千零零四号

令黄岩温岭两县限日撩除野水荷花由

令黄岩、温岭两县知事

案查杭嘉湖上下一带河道滋生野水荷花,妨碍交通,迭经前按署暨本公署分别饬令,不分汶港、运河,悉数勘拔,并将历来办法登报公布各在案。兹闻黄岩、温岭两县境内亦有是项野荷发生,该知事等何以玩忽不治,任其蔓延。除分令外,为此令仰该知事迅即查照历来公布办法,限文到二十日内悉数勘拔具报,所需经费即在公益费项下搏节动支,不得稍有浮滥。如遇毗连县分,亦有此项野荷,并仰分别咨会,同时并举,以期绝尽根株。事关水利交通,毋稍玩延,切切。此令。

中华民国五年十月二十六日

省长吕公望

(原载《浙江公报》第一千六百六十二号,一六页,训令)

浙江省长公署训令第一千零十二号

令宁波总商会准部咨复宁波总商会章程

名册准备案附发关防由

令宁波总商会会长费绍冠、副会长余承谊

本年十月十二日案准农商部咨开，"本年九月十二日接准咨送《宁波总商会章程》暨《选举职员名册》并关防公费三十元，请察核见复等因前来。查核该商会《章程》大致均属妥协，所举会长费绍冠、副会长余承谊等亦均合格，应并准予备案。附去关防一颗，请饬具领并将启用日期报部备核。相应咨复贵省长查照饬遵可也"等因，附关防一颗到署。准此，合亟检同关防，令仰该总商会遵照收领，并报启用日期，以凭转报。此令。

附关防一颗。

中华民国五年十月二十六日

省长吕公望

（原载《浙江公报》第一千六百六十二号，一七页，训令）

浙江省长公署训令第一千零十三号

令龙游县准部咨行该县商会准其改组备案附发钤记由

令龙游县知事

本年十月十二日准农商部咨开，"本年九月十一日接准咨称，'据龙游县知事呈送该县商会《改组章程》及《发起人名册》并钤记公费，请核准施行'等因前来。查龙游县商务分会依法改组为商会，所送《章程》及《发起人名册》大致尚无不合，应即准其改组备案。惟《章程》第十九条内，'得遵章公断'句应改为'在本会未设商事公断处以前，得暂照《公断处章程》及《细则》办理'，希饬遵照更正，并依法选举，造册连同补报备核。兹附去该商会钤记一颗，请转发具领，并将启用日期报部备案。相应咨行查照饬遵可也"等因，附钤记一颗到署。准此，合亟检同钤记一颗，令仰该知事查收，转给启用，并转知遵照具报。此令。

附商会钤记一颗。

中华民国五年十月二十六日

省长吕公望

（原载《浙江公报》第一千六百六十二号，一七至一八页，训令）

浙江省长公署训令第一千零十六号

令金华兰溪浦江三县知事为金华北山林牧公司代表
蒋倬章禀请饬县会勘分别官私荒山详细丈查由

令金华、兰溪、浦江县知事

案据金华北山林牧公司代表蒋倬章禀称，"为混公为私，破坏公益，请求批饬金华、兰溪、浦江三县知事会同履勘，分别官私，详细丈查，会呈核办事。窃十月四日接浦江县公署训令第八九号，内开：'本年十月二日奉浙江民政厅指令第一八五三号，内开：呈及附件均悉。查此案前据兰溪县先后送到承领地图及禀请书等到厅，迭经指令转饬改正地图及营业概算书并补足文件各四份在案。该公司所领官荒既系分属三县辖境，自应分别缴纳保证金，并由该三县会呈报明，仰即遵办并转饬遵照，附件存等因。奉此，查此案前据该公司将承领官荒图说等件呈送到县，即经据情转呈在案。兹奉前因，合行令仰该公司知照，仰将应纳保证金照章呈缴来县，以凭转报备案，毋稍逾延。此令。'本公司正在遵令改正地图及营业概算书，并补足文件、分别缴纳保证金，乃十月十一日接金华县知事公函第一七八号，内开，'径启者。前据贵公司禀请领借玉壶山圈入畜牧场所。查该处玉壶山系官有性质，当经敝公署呈请省长核夺在案。兹奉令开该县呈为北山林牧公司借领官荒请示遵由，奉令查承领以官荒为限，据呈该公司禀领造林地域多为本邑人民私有，或租或借，应向业主妥商，未便遽向官厅承领。玉壶山官有营地五十亩，应否缴价，抑准具领承借，仰财政厅核议饬遵。此令等因，并抄发原呈一件到厅。奉此查玉壶山营地系属官产，自应照章责令缴价，以符向例。奉令前因，合行令仰该知事遵照办理等因。奉此，合函知贵公司查照办理'。观之不胜大诧。本公司经理廖庚曾同倬章于上年及本年七月间带测绘生二次到山绘图估计，惟兰溪燹后，清赋有鳞册号数可查，所开荒山亩分虽未尽实，然由民间估报，有增无减，大致不差；而金华、浦江二县均未清赋，无号亩可稽，一片濯濯童山，无可查诘。是以在金华县公署另附呈说明书，力斥该自治委员详报之笼统。兹据金华县呈报，玉壶山只有官有营地五十亩，其余均为私有，实属荒谬绝伦。查东西玉壶山周围约方二十里，跨有金、兰、浦三县地界，玉壶山阴在兰界内者有四千余亩，在浦界内者有一千余亩，虽未详细丈量，然以每一方里五百四十亩之数计之，约得此数。玉壶山阳均金华县管辖，东至天生尖，西至金盆山，其上下衔接之处，如壶坪殿、紧风冈、石水牛、水牛背、大盘，以迄白兰山，皆玉壶支部，大约十方里之地，应得山五千余亩。该县所称营地五十亩，仅壶坪殿前之一隅，地稍平坦，有田有塘，现今有人租种萝卜，每年付县公署租钱十六元者，不能以之括玉壶山之全部，总由该知事与自治委员足迹并未至山，但据署中案牍为凭，而不知是山之真面目，胡乱朦报。又，金盆山、盘泉、徐公湖、石棋盘四处，燹前虽有人承粮，而燹后六十年，徐公湖、石棋盘二处，并无人承认完粮，金盆、盘泉虽有人开种萝卜，然粮册任由册书开指，张冠李戴，弊窦宏深。况盘泉门前山之后，如牛橱井、大人背小孩、大水坑、乌龟腿、羊五冈等处，皆一片荒芜，无人过问，即使各有业主，为知事者亦应督率劝勉，责令垦种，乃轻信自治员之一禀，指各山为民间私有，遽以此卸责，任其荒废百年，不求垦艺。知事为亲民之官，正宜讲求实业，为民间提倡，似此朦混卸责，地方何以振兴？且愚民藉'租借'二字，可以有挟要求，公益事业被其阻挠破坏非浅。为此请求省长披图省览，立饬金华县知事到山勘明，何处为官，何处为私，私有系何人产业，何户完粮，不得含糊朦混，并饬兰溪、浦江两县会同到山定界呈报，实为公便"等情，并附北山全图及说明书前来。据此查官有、私有产业自应以有无粮串户折为区别，据禀前情，应由各该县知事会同实地履勘，分别列摺绘图呈复核夺，如有私有产业，并即吊验粮串户折，一并详叙，不得含混。除批示并分行外，合亟令仰该知事遵办。此令。

中华民国五年十月二十六日　省长吕公望

（原载《浙江公报》第一千六百六十二号，一八至一九页，训令）

浙江省长公署指令第二千三百七十五号

令黄岩县知事

呈一件为县商会选票①职员就职造册呈报附缴钤记费由

呈及附件均悉。卷查该商会前送《章程》第一章下应添"名称区域及所在地"八字，第二条关于区域应与路桥镇商会协议划清，仍将条文更正明白，另缮送候核转，仰即转知遵照。名册、钤记公费均存，章程二份发还。此令。十月二十六日

（原载《浙江公报》第一千六百六十二号，二〇页，指令）

浙江省长公署指令第二千三百七十六号

令黄岩县知事

呈一件呈路桥商会依法改组请核咨由

呈及附件均悉。查该县路桥地方距县商会在三十里以上，商务繁盛，拟添设商会，事尚可行。惟察阅所送《章程》第二条，以本镇东南乡为区域，是否与县商会协议划定，未据来呈叙明。又，发起人名册漏列年岁，均属不合。仰即转知遵照更正，并与县商会划分管辖，

---

① 选票，疑为选举之误。

另缮送核。附件一并发还。钤记费暂存。此令。十月二十六日

（原载《浙江公报》第一千六百六十二号，二〇页，指令）

浙江省长公署指令第二千三百七十七号

令水利委员会技正林大同

呈一件呈送五六月份支出计算书据由

呈、件均悉。查该会五、六两月份支出款项，间有未据说明，无凭审核，应照签示分别详叙，再行呈夺。附件发还。此令。十月二十六日

（原载《浙江公报》第一千六百六十二号，二〇页，指令）

浙江省长公署指令第二千三百七十八号

令海宁县知事

呈一件为商民韩希龄等请设电灯公司附送章程请核由

呈悉。查前民政厅据朱鸿达等呈请在该镇设立电灯公司，经以"该商等拟组织电灯公司，应遵照《公司条例》及《公司注册规则》办理，并呈请该管县知事验明股本转呈核夺。工程师履历一纸，未据附送，亦无凭察核，所请备案专利之处，暂毋庸议，仰即知照。《章程》、各单姑存"等语批示在案。该商等既拟组织是项公司，即可与朱鸿达等妥议合股，遵照前民政厅批示办理，所请备案之处，应毋庸议。仰即转饬知照。《章程》等件发还。此令。十月二十六日

（原载《浙江公报》第一千六百六十二号，二〇至二一页，指令）

浙江省长公署指令第二千三百七十九号

令海宁县知事

呈一件为呈报拨款修筑太平桥运洞计家坝由

呈悉。该县太平桥暨运洞、计家坝三处坍损，既据查与水利交通均有妨碍，自应赶筹修复，所需经费应准如呈，在闸坝经费项下拨补，

仍俟工竣后切实验收,并造具收支清册具报查核,仰即遵照。此令。

十月二十六日

（原载《浙江公报》第一千六百六十二号,二一页,指令）

浙江省长公署指令第二千三百八十二号

令江山县知事

呈一件前民政厅转呈该县调查实业报告书由

呈、件并悉。察阅《调查实业报告书》,尚属详明,应准存候汇办。仍仰查照就地情形,随时督饬进行,期收效益,切切。件存。此令。十月二十六日

（原载《浙江公报》第一千六百六十二号,二一页,指令）

浙江省长公署指令第二千三百八十三号

令海宁县知事

呈一件呈县城商会改组附设章程名册请核转由

呈及附件均悉。查核县商会尚有袁化、长安两处,此次该商会改组,是否已经协议妥洽,未据叙明。察阅所送《章程》第二条,以"县境为区域";又,《商事公断处章程》及《施行细则》经部规定颁行有案,第二十条"本会商事公断处规则另定之"一语,均属不合。所请转咨之处,未便遽准,仰即转行知照。各册姑存,《章程》发还。此令。十月二十六日

（原载《浙江公报》第一千六百六十二号,二一至二二页,指令）

浙江省长公署指令第二千三百八十四号

令水利委员会技正林大同

呈一件为浙西水利宜乘时兴修并拟先修吴兴碧浪湖由

查修浚浙西水利事宜,业经提出修正案,咨交省议会议复在案。

据呈前情,应俟复到再行核夺,仰即知照。此令。十月二十六日

（原载《浙江公报》第一千六百六十二号,二二页,指令）

浙江省长公署指令第二千三百八十六号

令农事试验场代理场长袁锵金

呈一件呈为转函王前场长请其指定代表

来场移交迄未答复请核示由①

呈悉。候令高等审判厅转行杭县地方审判厅从速讯判具报,催举代表赴场交代,仰即知照。此令。十月二十六日

（原载《浙江公报》第一千六百六十二号,二二页,指令）

浙江省长公署指令第二千三百八十七号

令崇德县知事徐肃

呈一件为旧茧商请恢复茧厂应否准予

捐领新帖转呈核示由

呈悉。德永恒茧行停业多年,已失继续领帖之效力,况旧有《茧行条例》尚未废止,凡属官商仍宜遵守,毋再尝试干诘,并即转饬知照。此令。十月二十六日

（原载《浙江公报》第一千六百六十二号,二二页,指令）

浙江省长公署牌示

慈溪县知事夏仁溥辞职,遗缺准以林觐光署理。

鄞县知事祝绍箕与新委松阳县知事王理孚对调。

（原载《浙江公报》第一千六百六十二号,二三页,通告）

---

① 王前场长,指王泽南,宣统元年毕业于江南实业学堂农科。民国二年十二月任农事试验场场长兼农事讲习所所长,民国五年七月由袁锵金代理场长,十二月袁正式接任。

浙江省长公署咨司法部铨叙局

核议专审员江巨夔病故恤案由

浙江省长为咨行事。案据高等审判厅厅长范贤方呈称，"据余杭县知事成健呈，'窃照余杭县审检所专审员江巨夔在职病故，前经呈报在案。查《文官恤金令》第二十三条内载，文官在职半年以上，未满十年，又无第十七条情事之死亡者，得于该文官死亡时之一月俸额之范围内，给其遗族以一次恤金。又，第二项内载，前项之遗族一次恤金，死亡文官在职满一年以后，每增一年，递次加给其一月俸额之十分之二各等语。该故员家本赤贫，身后萧条，几至无以为殓，自应照例给恤，以彰国典。查专审员月俸五十元，拟请于一月范围给予一次恤金五十元。又，该故员民国以来，先后任职已逾三年，按照第二十三条二项之规定，应再递加恤金三十元，共应给予一次恤金八十元。现由该故员家族江陈氏开具事实，呈请前来，理合备文转请，仰祈钧厅察核施行，指令祗遵'等情，并开具清摺一扣。据此，职厅复核无异。惟该故员江巨夔死亡时系充专审员，系承审员改称，而承审员为文职表内所不载，可否援照该《恤金令》办理之处，未敢擅拟，理合具文呈请钧署核转令遵"等情，并送清摺一扣到署。据此，查该故员江巨夔原系专审员职任，虽为文职表内所未载及，究系委任官之一种，如果司法官吏别无特定恤案，似应援用前项《恤金令》办理，以免向隅。据呈前情，除批并分咨外，相应摘抄清摺，备文咨请大部/贵局察核施行。此咨

司法总长张①

铨叙局局长

———————

① 司法总长张，即张耀曾（1885—1938），字镕西，云南大理人。留学东京帝国大学法学部。国民党党员，国会参议员，北京大学法科教授。民国五年六月至民国六年六月任司法总长。

计咨送清摺一扣。

浙江省长吕公望

中华民国五年十月二十七日

（原载《浙江公报》第一千六百六十三号，一九一六年十月三十日，三页，咨）

浙江省长公署咨省议会

准咨送钱议员保杭等关于原蚕种
制造场事项质问书由

浙江省长公署为咨复事。案准贵议会咨送钱议员保杭等提出《关于省立原蚕种制造场事项质问书》一件到署。准此，查该场本年养蚕经过成绩各表，内称，"大兴种即嵊县玉蚕，发育强健，眠起甚齐，对蚁一钱之收茧量计二十二斤七两五钱，成绩为各种冠，正拟就此改良，预备统一，以符设场之本意。采自何人，固可不问也。至场中制就蚕种，将来如须发售，其售价自应涓滴归公，即无以官营事业，而发私人制物之问题"。又称该场"制有杂种"等语。查该场报告制种表内并无是项名称，惟兴馀一种，说明以吴兴、余杭普通之种相配而成，为预备研究改良地步，似不能过于限制，致碍进行。又查场内桑圃，因工程甫竣，尚未经营妥洽，现有桑树均系从前地主种植，其中不无枯败之象，自应饬令加意栽培。现在树旁隙地虽间有栽植玉蜀黍，然于桑树生长确无窒碍，书称包栗，是否即指玉蜀黍而言，当经询据该场长姚永元复称，并无包栗副产物等情，此来书或系误会。再，该场开办经费，原预算列银九千七百八十元，除已据先后呈明购买屋地契税及添建场屋工程共费银六千元有零外，余已不及四千元，而上年筹备费用及将来修缮旧屋，均须仰给此数，其购置器具、扩充桑圃，因未能十分求备，固亦事实使然，一俟汇总报销，自即查照《审计法》严重审核。准咨前因，相应咨复贵议会，请烦查照。此咨

浙江省议会议长沈①

浙江省长吕公望

中华民国五年十月二十七日

（原载《浙江公报》第一千六百六十三号，四页，咨）

浙江督军公署训令第三三八号
浙江省长公署训令第九八〇号

令各属为通令保护德人课尔登赴浙游历由

令混成旅旅长、嘉湖镇守使、宁台镇守使、暂编第一师师长、暂编第二师师长、警政厅厅长、特派交涉员、温州交涉员、宁波交涉员、各县知事

本年十月十七日准江苏省公署咨开，"案据特派江苏交涉员杨晟呈称，'顷准德国总领事函，以课尔登赴江苏、浙江、安徽、福建，随带猎枪一枝、弹少许游历，缮给护照请盖印前来。除将护照印发外，理合呈请察照，转饬各属，俟该德人到境呈验护照时，照约保护'等情。据此，除训令各属保护并分咨外，相应咨请贵省长查照，希即转行各属照约一体保护"等由。准此，除分令外，合行令仰该　即便转令所属一体照约保护。此令。（刊登《公报》，不另行文）

中华民国五年十月二十五日

督军兼署省长吕公望

（原载《浙江公报》第一千六百六十三号，五页，训令）

---

① 议长沈，即沈定一。

附　浙江警政厅训令第四百七十六号
令各属奉督军省长训令准江苏省公署咨德人
课尔登赴江浙等处保护游历由

令各警厅、各区统部

本年十月二十七日奉浙江督军公署训令第三三八号、浙江省长公署九八〇号,内开,"本年十月十七日准江苏省公署咨开,'案据特派江苏交涉员杨晟呈称,顷准德国总领事函,以课尔登赴江苏、浙江、安徽、福建,随带猎枪一支、弹少许游历,缮给护照请盖印前来。除将护照印发外,理合呈请察照,转饬各属,俟该德人到境呈验护照时照约保护等情。据此,除训令各属保护,并分咨外,相应咨请贵省长查照,希即转行各属照约一体保护'等由。准此,除分令外,合行令仰该厅长,即便转令所属一体照约保护"等因。奉此,合行令仰该厅长、该统带,即便转令所属一体照约保护,并将该德人入境出境日期随时具报备查。此令。(刊登《公报》,不另行文)

中华民国五年十一月一日

警政厅长夏超

(原载《浙江公报》第一千六百六十九号,一九一六年十一月五日,一〇页,训令)

浙江督军公署训令第三三九号
浙江省长公署训令第九七〇号

令各属为罗特随带双管枪手枪赴浙游历令保护由

令暂编第一师师长、暂编第二师师长、各县知事、警政厅厅长、交涉员、混成旅旅长、嘉湖镇守使、宁台镇守使

本年十月十七日准江苏省公署咨开,"案据特派江苏交涉员杨晟呈称,'顷准美国总领事函,以罗特赴江苏、浙江,随带十二口径双管

散子枪一支、弹百颗,三十八口径柯罗手枪一支、弹百五十三,五一自自动温者斯得来福枪一枝、弹五十颗游历,缮给护照请盖印前来。除将护照印发外,理合呈请察照,转饬各属,俟该美人到境呈验护照时,照约保护'等情。据此,除训令各属保护并分咨外,相应咨请贵省长查照,希即转行各属照约一体保护"等由。准此,除分令外,合行令仰该
即便转令所属一体照约保护。此令。(刊登《公报》,不另行文)

中华民国五年十月二十五日

督军兼署省长吕公望

(原载《浙江公报》第一千六百六十三号,五至六页,训令)

附　浙江警政厅训令第四百八十六号
令各属奉督军省长准江苏省公署咨美国人
罗特游历来浙饬属保护由

令各警厅、各区统带

本年十月二十七日奉浙江督军公署训令第三三九号、浙江省长公署训令第九七〇号,内开,"本年十月十七日准江苏省公署咨开,'案据特派江苏交涉员杨晟呈称,顷准美国总领事函,以罗特赴江苏、浙江,随带十二口径双管散子枪一支、弹百颗,三十八口径柯罗手枪一支、弹百五十三,五一自自动温者斯得来福枪一支、弹五十颗游历,缮给护照请盖印前来。除将护照印发外,理合呈请察照,转饬各属,俟该美人到境呈验护照时照约保护等情。据此,除训令各属保护并分咨外,相应咨请贵省长查照,希即转行各属照约一体保护'等由。准此,除分令外,合行令仰该厅长即便转令所属一体照约保护"等因。奉此,合行令仰该厅长、该统带即便转令所属一体照约保护,并将该美国人入境出境日期随时具报备查。此令。(刊登《公报》,不另行文)

中华民国五年十一月一日

警政厅长夏超

（原载《浙江公报》第一千六百六十九号，一九一六年十一月五日，一三至一四页，训令）

浙江督军公署训令第三四〇号
浙江省长公署训令第九七三号

令各属为美人麦淑禧姑娘等赴浙游历令保护由

令交涉员、镇守使、各县知事、师长、旅长、厅长

本年十月十三日准外交部咨开，"准驻京美国公使函称，'兹有本国人麦淑禧姑娘等前往浙江省游历，请给照盖印'等因前来。除由本部分别照办外，相应开具游历名单咨请查照，转饬保护可也"等由。准此，除分令外，合行令仰该　　即便转令所属一体照约保护。此令。（刊登《公报》，不另行文）

附名单

麦淑禧姑娘　葛从理携眷　屈厚伯

中华民国五年十月二十五日

督军兼署省长吕公望

（原载《浙江公报》第一千六百六十三号，六页，训令）

附　浙江交涉公署训令第五十五号

令各县知事美人麦淑禧姑娘赴浙游历照约保护由

令各县知事

案奉省长训令内开，"准外交部咨开，准驻京美国公使函称，兹有本国人麦淑禧姑娘等赴浙游历"；同日又奉省长训令内开，"准广东省长公署咨开，现接德国驻广州领事官函开，本国瑞记洋行大班罗殿臣赴浙游历"各等因。奉此，合将该美人麦淑禧姑

娘等姓名、国籍开列清单,令仰该县知事查照,俟该美人等到境呈验护照时一体照约保护,并将出入境日期具报备查。再,此项公文刊登《公报》,不另行知。此令。

附发清单一纸。

中华民国五年十一月六日

署外交部特派浙江交涉员林鹍翔

美国 麦淑禧姑娘 葛从理携眷 屈厚伯

德国 瑞记洋行大班罗殿臣

(原载《浙江公报》第一千六百七十三号,一九一六年十一月九日,一一页,训令)

附 浙江警政厅训令第四百九十八号

令各属为美人麦淑禧姑娘等赴浙游历照约保护由

令各警厅、各区统部

本年十月二十七日奉浙江督军公署训令第三四〇号、浙江省长公署训令第九七三号内开,"本年十月十三日准外交部咨开,'准驻京美国公使函称,兹有本国人麦淑禧姑娘等前往浙江省游历,请给照盖印等因前来。除由本部分别照办外,相应开具游历名单,咨请查照转饬保护可也'等由。准此,除分令外,合行令仰该厅长即便转令所属一体照约保护"等因。奉此,合行令仰该厅长、该统带即便转令所属一体照约保护,并将该美国人麦淑禧姑娘等入境出境日期随时具报备查。此令。(刊登《公报》,不另行文)

附名单一份(已见本日交涉公署训令第五十五号)。

中华民国五年十一月四日

警政厅长夏超

(原载《浙江公报》第一千六百七十三号,一六页,训令)

浙江督军公署训令第三四一号
浙江省长公署训令第九七五号

令各属为美人梅森源赴浙游历令保护由

令文武各机关、各县知事

本月十四日准江苏省公署咨开，"据金陵关监督兼江宁交涉员冯国勋呈称，'九月二十七日准宁美领事哲谟森函开，据敝国人梅森源禀称，现由南京前赴江苏、安徽、浙江等省游历，缮具护照一纸，请盖印发还，以便转给等因。准此，除已将护照一张盖印发还美领，并属转告该美人游历到境时，先将护照陈验、询明内地情形再行前往外，理合具文呈请省长饬登《公报》，行知地方官，俟该美人游历到境时，妥为保护，实为公便'等情。据此，除训令各属保护，并分咨外，相应咨请贵省长查照，希即转行各属照约一体保护"等由。准此，除分令外，合行令仰该　　即便转令所属一体照约保护。此令。（刊登《公报》，不另行文）

中华民国五年十月二十五日

督军兼署省长吕公望

（原载《浙江公报》第一千六百六十三号，六至七页，训令）

附　浙江警政厅训令第四百九十三号
令各属奉督军省长训令美国人梅森源来浙
游历转令保护由

令各警厅、各区统带

本年十月二十七日奉督军公署训令第三四一号、省长公署训令第九七五号内开，"本月十四日准江苏省公署咨开，'据金陵关监督兼江宁交涉员冯国勋呈称，九月二十七日准宁美领事哲谟森函开，据敝国人梅森源禀称，现由南京前赴江苏、安徽、浙江等省游历，缮具护照一纸请盖印发还，以便转给等因。准此，除已将护照一张盖印发还美领,并属转告该美人游历到境时先将护照陈验、询明内地情形,再行前往外,理合具文呈请省长饬登《公报》行知地方官,俟该美人游历到境时妥为保护,实为公便等情。据此,除训令各属保护并分咨外,相应咨请贵省长查照,希即转行各属照约一体保护'等由。准此,除分令外,合行令仰该厅长即便转令所属一体照约保护"等因。奉此,合行令仰该厅长、该统带即便转令所属一体照约保护,并将该美国人入境出境日期随时具报备查。此令。(刊登《公报》,不另行文)

中华民国五年十一月二日

警政厅长夏超

(原载《浙江公报》第一千六百七十二号,一九一六年十一月八日,一七至一八页,训令)

浙江督军公署训令第三四二号
浙江省长公署训令第九八一号

令各属为通令保护英人唐舜赴浙游历由

令特派交涉员、温州交涉员、宁波交涉员、嘉湖镇守使、宁台镇守使、暂编第一师师长、暂编第二师师长、混成旅旅长、警政厅厅长、各县知事

本年十月十七日准江苏省公署咨开,"案据特派江苏交涉员杨晟呈称,'顷准英国总领事函,以唐舜赴江苏、浙江、安徽、直隶游历,缮给护照请盖印前来。除将护照印发外,理合呈请察照,转饬各属,俟该英人到境呈验护照时,照约保护'等情。据此,除训令各属保护并分咨外,相应咨请贵省长查照,希即转行各属照约一体保护"等由。准此,除分令外,合行令仰该　　即便转令所属一体照约保护。此令。(刊登《公报》,不另行文)

中华民国五年十月二十五日

督军兼署省长吕公望

（原载《浙江公报》第一千六百六十三号，七页，训令）

附　浙江警政厅训令第四百八十七号

令各属奉督军省长训令英国人唐舜来浙游历转令保护由

令各警厅、各统带

本年十月二十七日奉浙江督军公署训令第三四二号、浙江省长公署训令第九八一号，内开，"十月十七日准江苏省公署咨开，'案据特派江苏交涉员杨晟呈称，顷准英国总领事函，以唐舜赴江苏、浙江、直隶、安徽游历，缮给护照请盖印前来。除将护照印发外，理合呈请察照，转饬各属，俟该英人到境呈验护照时照约保护等情。据此，除训令各属保护并分咨外，相应咨请贵省长查照，希即转行各属照约一体保护'等由。准此，除分令外，合行令仰该厅长即便转令所属一体照约保护"等因。奉此，合行令仰该厅长、该统带即便转令所属一体照约保护，并将该英国人入境出境日期随时具报备查。此令。（刊登《公报》，不另行文）

中华民国五年十一月一日

警政厅长夏超

（原载《浙江公报》第一千六百六十九号，一九一六年十一月五日，一四页，训令）

浙江督军公署训令第三四三号
浙江省长公署训令第九七八号

令各属为江苏省咨请保护法人巴赛到浙游历由

令特派交涉员、宁波交涉员、温州交涉员、镇守使、师长、旅长、厅长、各县知事

本年十月十七日准江苏省公署咨开，"案据特派江苏交涉员杨晟

呈称,'顷准法国总领事函,以巴赛赴江苏、浙江、福建游历,缮给护照盖印前来。除将护照印发外,理合呈请察照,转饬各属,俟该法人到境呈验护照时照约保护'等情。据此,除训令各属保护,并分咨外,相应咨请贵省长查照,希即转行各属照约一体保护"等由。准此,除分令外,合行令仰该　　即便转令所属一体照约保护。此令。(刊登《公报》,不另行文)

中华民国五年十月二十五日

督军兼署省长吕公望

(原载《浙江公报》第一千六百六十三号,八页,训令)

附　浙江警政厅训令第五百二十三号

令各属保护法国人巴赛赴江浙等省游历由

令各警厅、各区统带

本年十月二十七日奉浙江督军公署训令第三四三号、浙江省长公署训令第九七八号内开,"本年十月十七日准江苏省公署咨开,'案据特派江苏交涉员杨晟呈称,顷准法国总领事函,以巴赛赴江苏、浙江、福建游历,缮给护照请盖印前来。除将护照印发外,理合呈请察照,转饬各属,俟该法人到境呈验护照时照约保护等情。据此,除训令各属保护并分咨外,相应咨请贵省长查照,希即转行各属照约一体保护'等由。准此,除分令外,合行令仰该厅长即便转令所属一体照约保护"等因。奉此,合行令仰该厅长、该统带即便转令所属一体照约保护,并将该法国人入境出境日期随时具报备查。此令。(刊登《公报》,不另行文)

中华民国五年十一月六日

警政厅长夏超

(原载《浙江公报》第一千六百七十六号,一九一六年十一月十二日,一八页,训令)

浙江省长公署训令第九百十三号

令公立图书馆长及各县知事准教育部咨
征取最新刊之志书径送本部由

令公立图书馆馆长、各县知事

案准教育部咨开，"京师图书馆之设，所以保存典册，馈饷士林。庚邮所及，必广搜罗；乙部所储，尤期赅备。粤自刘歆《七略》，特列山经；王俭'九条'，兼详地域。《隋书》地理之编，著录者千四百卷；《唐志》黄图以下，纂纪者六十三家。以及《崇文总目》之所载，《永乐大典》之所收，地志图经，搜辑尤富。更观东西诸国，册府珍藏，莫不备赤县之图，耀蓝皮之色。故坤舆之广，可揽于户庭；而方志之书，同重于中外也。今观该馆所藏，各省县图志寥寥无几，且系百余年前修辑之本，自非更行采集，无以汇志乘之大观，供士民之搜讨。为此咨行贵省长，请烦查照，转饬所属征取最新修刊之志书，其未经新修者，取最后修成之本，径行邮送本部，仍具报贵公署备查。庶几职方所掌，无忝于《周官》；桑钦之经，可补夫《汉志》。积丝成匹，合为百衲之衣；图物远方，如见九金之鼎"等因。准此，除分令外，合即令仰该馆长、该知事遵照转送，仍具报本署备查。此令。

中华民国五年十月二十六日

省长吕公望

（原载《浙江公报》第一千六百六十三号，八至九页，训令）

浙江省长公署训令第九百十四号

令各县知事催送义务教育程序内调查表册由

令各县知事

案照部颁义务教育程序内调查表册，前经规定限九月十日以前由县汇编转送在案。兹查该县是项表册尚未送到，殊属迟延，合就令催该知事克日查填呈送,毋再延误,切切。此令。

中华民国五年十月二十六日

省长吕公望

(原载《浙江公报》第一千六百六十三号,九页,训令)

浙江省长公署训令第九百十五号

令各县知事准教育部咨各县著名碑碣
石刻各拓一份径送本部由

令各县知事

案准教育部咨开,"查金石之文,传世最永,洽闻论古,罔不取资。石鼓马同,可以证经;诅楚熊相,可以订史。郙阁桂阳等颂,可以观政教;校官绥民诸碑,可以考典守。碑铭颂赞,间辑于艺文;假借象形,旁通乎小学。以至雕文刻画,美术存焉;祈寿荐福,风俗系焉。不徒极奇博之观,供摩挲之玩已也。是以艺林宝重,学士珍藏。欧、赵萃其菁华,陈、王详其类别。然私家搜辑之力,究有未周;学者甄录之编,或从盖阙。考前清开三通馆时,尝征天下金石,《续通志》之'金石略'考订纂修,即依据各省所上拓本。近世泰西各国勤求古代铭刻,亦多由政府特命专使巡行搜访,其所得者即以藏之国立图书馆中,备学者之考究。可知册府之珍,瑰奇必备;典彝之重,中外相同也。京师图书馆为我国文艺渊府,吉金药石,宜广收藏。乃观该馆所储碑碣拓本寥寥无几,自非更事搜罗,恐无以发皇国华,阐扬学艺。为此咨行贵省长,请烦查照转饬所属,凡系当地著名碑碣石刻,各拓一份,径送本部,仍详报贵公署备查。庶几来观填咽,恍睹鸿都刻石之珍;考论异同,复见虎观研经之盛。此咨"等因。准此,除分令外,合即令仰该知事遵照搜送,并具报本署备查。此令。

中华民国五年十月二十六日

省长吕公望

(原载《浙江公报》第一千六百六十三号,九至一〇页,训令)

浙江省长公署训令第一千零十四号

令高等审判厅据农事试验场代理场长呈为
王前场长未指定代表来场移交由

令高等审判厅长范贤方

案查前民政厅以"农事试验场王前场长因案停职,未及办理交代,致该场职务进行殊多窒碍",函请杭地审厅谕令该场王前场长先举代表赴场,将停职以前经手场务及场中一切器具、款项刻日结算明白,移交该代理场长点收具报去后。旋准函复,已面谕该停职场长遵照,即经令知代理场长在案。兹据该代理场长袁锵金呈称,"奉令后,当即转函前场长王泽南,请其指定代表来场移交,以便接收呈报。讵迄今未据答复,不知究何用意。窃思交代不清,则责任不专,且于场务进行诸多窒碍,但迭次函催,置不一覆。代理场长进退两难,似非派委督令速指代表办理交代,势难专责成而利进行。即如刻下本场关于四年度决算及本年六月二十一日以前报销各项,亦无从着手代报。似此困难情形,理合备文呈请察核示遵"等情到署。除指令外,合行令仰该厅转行杭县地方审判厅从速讯判具报,并一面催令该王前场长举定代表赴场交代清讫,俾利进行,切切。此令。

中华民国五年十月二十六日

省长吕公望

(原载《浙江公报》第一千六百六十三号,一〇页,训令)

浙江省长公署训令第一千零十七号

令杭县知事准部咨复杭馀两县瓶窑镇商会
章程名册准备案附发钤记由

令杭县知事

案准农商部咨开,"本年九月二十九日接准,'咨送杭、馀两县瓶窑镇商会改正章程及职员名册,并钤记公费,请核给'等因到部。查杭、馀两县瓶窑镇商会章程,既经遵照更正,职员名册亦无不合,应准备案。附去该商会钤记一颗,请饬转发具领,并将启用日期报部备核。相应咨行查照饬遵可也"等因,并附钤记一颗到署。准此,合亟检同钤记一颗,令仰该知事查收转给具领,遵报启用日期,并转行余杭知事查照。此令。

　　附发钤记一颗。

中华民国五年十月二十六日

省长吕公望

(原载《浙江公报》第一千六百六十三号,一一页,训令)

浙江省长公署训令第一千零十八号

令建德县知事准部咨复该县商会章程名册准备案附发钤记由

令建德县知事

　　案准农商部咨开,"本年九月三日接准咨称,'据前金华道道尹转据建德县知事详送该县商会《改组章程》及发起人名册,并钤记公费,请核复'等因前来。查建德县商务分会依法改组为商会,所送发起人名册及《章程》大致尚无不合,应即准其改组备案。惟《章程》第一条内,'定名建德县商会'句下,应加'以全县所辖境为区域'九字,希饬遵照更正,并依法选举,造册连同补报备核。附去该商会钤记一颗,请转饬具领,并将启用日期报部备案。相应咨行查照饬遵可也"等因,并附钤记一颗到署。准此,合亟检同钤记一颗,令仰该知事查收转给具领,遵报启用日期,并将《章程》第一条转饬遵改,连同选举册送候核转。此令。

　　附发钤记一颗。

中华民国五年十月二十六日

省长吕公望

(原载《浙江公报》第一千六百六十三号,一一至一二页,训令)

浙江省长公署训令第一千零十九号

令嘉善县准部咨复该县商会章程
既经修改准予备案附发钤记由

令嘉善县知事

案准农商部咨开，"本年九月二十五日接准，'咨送嘉善县商会修正章程及职员名册，并钤记公费，请核复施行'等因到部。查《嘉善县商会章程》，既经遵照修改，职员名册亦无不合，应准备案，附去该商会钤记一颗，请饬转发具领，并将启用日期报部备核。相应咨行查照饬遵可也"等因，并附钤记一颗到署。准此，合亟检同钤记一颗，令仰该知事查收转给，并将启用日期报候核转。此令。

中华民国五年十月二十六日

省长吕公望

（原载《浙江公报》第一千六百六十三号，一二页，训令）

浙江省长公署指令第一千九百六十七号

令省立甲种商校校长周锡经

呈一件呈前民政厅造送第三班本科毕业生名册
请分行各机关任用由

呈、册均悉。蔡惟康一名，应准令知财政厅转送录用，其余徐纪汉等二十八名，候分行各县及杭州商务总会酌量任用可也。仰即知照。册存。此令。十月十九日

（原载《浙江公报》第一千六百六十三号，一五页，指令）

浙江省长公署指令第二千一百十八号

令代理瑞安县知事李藩

呈一件为拟议原有自治机关经费回复办法由

呈悉。该县抵补金特捐自改征后，既减少至一万元有奇，将来自

治回复,势有顾此失彼之虞。但习艺所等各机关均系地方自治事宜,议会应予维持或加推广,断无因议会成立需用经费转为缩减之理,其应如何通盘筹划、双方兼顾之处,即由该知事编具议案,俟议会实行召集时,首先提交公决,呈候核夺可也,仰即遵照。此令。十月二十三日

(原载《浙江公报》第一千六百六十三号,一五页,指令)

浙江省长公署指令第二千一百四十一号

令绍兴县知事宋承家

呈一件为换送自治办公处自四年一月至

五年七月经费收支清册由

据前民政厅转呈该县呈送更正自治办公处清册,请核示等情。查此项清册于每一个月分内,应将公费暨办公费两项分别开列,并须于公费一项加具说明,以备稽核,若照来册笼统开报,究竟何月尚有流存,何月尚须归垫,无凭查阅,且不敷之款,既据称由委员自行弥补,册内何以又统收统支,显系办法不合,仰即更正。至三年分应送是项清册,自前按署批道饬县更送去后,迄未据汇转前来,仍仰查案附册补送,是为至要。册存。此令。十月二十三日

(原载《浙江公报》第一千六百六十三号,一五至一六页,指令)

浙江省长公署指令第二千一百四十二号

令平阳县知事张朝辅

呈一件呈为该县济婴局应否派员接办抑或

将陈董旧欠先予归还请示遵由

呈悉。陈董锡琛经管婴堂,先后积垫至六千余元之巨,其中收支款项是否核实,应俟将来县议会回复后,由县并案造具决算报告,交会审查,如果认为正当,再行筹议拨还。至原有济婴局,系属慈善事业,有举莫废,自应从速遴员接办,惟内容、组织暨办法与收支各款,

自不能不先事图维，以昭慎重。仰该知事分别悉以核议具复察夺。此令。十月二十三日

（原载《浙江公报》第一千六百六十三号，一六页，指令）

浙江省长公署指令第二千一百五十七号

令财政厅长莫永贞

呈一件桐乡县呈送修理武庙开支册请核销由

察核列支总数，尚未溢出预算原额。至散数黏据，是否符合，仰财政厅察核令遵，仍具复备案。此令。册存。十月二十三日

（原载《浙江公报》第一千六百六十三号，一六页，指令）

浙江省长公署指令第二千一百七十四号

令云和县知事

呈一件呈前民政厅转呈该县呈送苗圃图说由

呈、件均悉。先农庙一处，官产、公产，图说两歧，应再明白查复。余属营产各处，并应另绘详细图说各三份，呈候咨部核拨，仰即遵照。来件暂存。此令。十月二十三日

（原载《浙江公报》第一千六百六十三号，一六页，指令）

浙江省长公署指令第　　号[1]

令警政厅长夏超

呈一件呈复查明拿获著匪邬顺昌详情由

呈悉。该哨长王运升，既据查明确无冒功擅禁情事，并核台州镇守使顾乃斌呈复相符，准自本月分起，照一等哨长支薪；管带花耀魁，应记大功一次；哨官饶宗舜、金得胜，各记功一次；庄董张兆熊，给予

---

[1] 本文由浙江警政厅训令第四百五十六号析出。

"捍卫乡闾"四字匾额一方，由警政厅置就转发；所有在事出力各兵士、线民等，即由台州镇守使将前次领去之赏格千元分别给赏，用示鼓励。至省会卫戍司令部侦探潘文元，饰词诬控，意在邀功冒赏，应由该部严予惩处，以儆刁顽。除分令外，仰将发到记功状及匾额字样遵照置就，转发祗领。此令。

计发记功状三纸、匾额字样一付。

附　浙江警政厅训令第四百五十六号
令宁海县知事警备队第四区统带奉督军省长指令
本厅呈复查明拿获邬顺昌详情由

令宁海县知事何公旦、警备队第四区统带黄继忠

本年十月二十三日奉督军省长指令本厅呈复查明拿获著匪邬顺昌详情由，奉令内开，"呈悉。该哨长王运升，既据查明确无冒功擅禁情事，并核台州镇守使顾乃斌呈复相符，准自本月分起，照一等哨长支薪；管带花耀魁，应记大功一次；哨官饶宗舜、金得胜，各记功一次；庄董张兆熊，给予'捍卫乡闾'四字匾额一方，由警政厅置就转发；所有在事出力各兵士、线民等，即由台州镇守使将前次领去之赏格千元分别给赏，用示鼓励。至省会卫戍司令部侦探潘文元，饰词诬控，意在邀功冒赏，应由该部严予惩处，以儆刁顽。除分令外，仰将发到记功状及匾额字样遵照置就，转发祗领。此令。计发记功状三纸、匾额字样一付"等因。奉此，查此案前据警备队第四区统带/该统带呈报，第三营于宁海境内购获邬匪各情，即经本厅拟具分别奖赏办法，呈请督军/省长核夺。旋奉指令，以'据第六师卫戍司令部函报，核与呈情不符'等因，复经令据警备队第四区统带/该统带查复，据情转呈各在案。兹奉前因，除将记功状三纸令行第四区统带查照转给/匾额字样一付令行宁海县知事制就转给，并分别注册呈报外，合

将奉发匾额字样一付/记功状三纸随文发仰该知事即便查照,克日制就转给,并将遵办情形具报备查。/统带即便查照分别行知给领具报备查。此令。

计发匾额字样一付、记功状三纸。

中华民国五年十月二十八日

警政厅长夏超

(原载《浙江公报》第一千六百六十六号,一九一六年十一月二日,五至六页,训令)

浙江省长公署指令第二千一百九十四号

令於潜县知事平智础

呈一件呈前民政厅送义务教育程序内调查事项表册由

呈、表均悉。查教员表"其他学校毕业"栏,不按照说明,于"备查"栏内注明;各项毕业人数经费表,"高小校收入杂款"栏,所填各款系属固有学款;又,近三年内小学校及学童比较表,漏填四年度学生数;均属不合,应将原表发还,仰即更正,并加造一份送候分别编转。此令。十月二十四日

(原载《浙江公报》第一千六百六十三号,一七页,指令)

浙江省长公署指令第二千二百号

令黄岩县知事汤赞清

呈一件为补报增设停办学校造表请备案由

呈、表均悉。该县学校自该知事到任后,历年均有增设,具见尽心教育,良堪嘉许。惟启明等十二校,因何停办,应再将事由声复备核,仰即遵照。表存。此令。十月二十四日

(原载《浙江公报》第一千六百六十三号,一七页,指令)

浙江省长公署指令第二千二百零八号

令青田县知事张鹏

呈一件呈前民政厅送劝学所所长及

劝学员履历请分别择委备案由

呈及履历均悉。查叶蔚系体操专修科毕业,应准以孙渊为该县劝学所所长,先予委任,俟《施行细则》颁到再令开办。至劝学员薪水开支一节,并准如呈办理。惟孙如侃一员,现既专任劝学员事务,核与规定资格不符,应另选委具报。仰即遵照,并将发去任命状转令祗领。叶蔚、孙如侃两员履历发还,余存。此令。十月二十四日

(原载《浙江公报》第一千六百六十三号,一七页,指令)

浙江省长公署指令第二千二百四十五号

令宁海县知事

呈一件前民政厅长转呈据呈送章亮鉴与

应世芳等控争塘涂案卷宗由

呈、件均悉。此案现经照案决定,除将决定书送达应世芳等知照外,仰即遵照决定办理具报。事关垦案,毋得徇延。决定书连同案卷四宗随发。此令。十月二十五日

(原载《浙江公报》第一千六百六十三号,一七至一八页,指令)

浙江省长公署指令第二千二百四十六号

令崇德县知事兼警所长汪寿鉴

呈一件为送八九两月警费支出计算书表由

呈及书、表、黏据均悉。该县警所本年八、九两月警费支出,既据将溢支之数由所分别弥补,余无不合,应准照销,仰即知照。书、表、单据存。此令。十月二十五日

(原载《浙江公报》第一千六百六十三号,一八页,指令)

浙江省长公署指令第二千二百四十八号

令长兴县知事兼警所长魏兰

呈一件为送七八九等月警费支出计算书表由

呈悉。查核该县警所本年七、八、九月警费支出计算书、表、单据各件,尚无不合,应准照销。惟查是项书据,嗣后应按月分报,不得汇送,仰即知照。书、表、单据存。此令。十月二十五日

（原载《浙江公报》第一千六百六十三号,一八页,指令）

浙江省长公署指令第二千二百四十九号

令汤溪县知事兼警所长丁燮

呈一件为呈送七月份警费支出计算书据由

呈及七月分警费支出书、据等件均悉。查该县警所前次呈报六月分书、表,已积亏二元四角三分五厘,业由前民政厅批令自行筹补。乃此次册报增至三元二角三分,仍未声叙如何拨补,殊属疏忽,应责成该所长一并自行弥补,嗣后不得再列入不敷名目,致滋朦混,切切。书、表、折、据存。此令。十月二十五日

（原载《浙江公报》第一千六百六十三号,一八页,指令）

浙江省长公署指令第二千二百九十二号

令崇德县知事徐肃

呈一件为呈报养济院栖流所成立情形请批准拨款定案由

查是项慈善事业,如果地方财力裕如,自可次第举办,但内部组织仍须斟酌尽善,予以相当职业,免长其怠惰之风。查阅该知事前呈办法,对于此项规画未据提及,应仍查照厅令,交由新任知事核办可也。此令。十月二十五日

（原载《浙江公报》第一千六百六十三号,一八至一九页,指令）

浙江省长公署指令第二千三百零九号

令黄岩县知事

呈一件呈请解释商会法条文由

呈悉。查《修正商会法》第十八条，会长、副会长由会董互选，是会长等即在会董内选出，会员选举时，当然将会长名额加入，于当选会董之列计算；第十九条，特别会董之推选，其资格以富有资力或工商业之学术技艺经验者为前提，其已否当选会董自在所不拘；至会董因选出会长或特别会董后，额不足数时，应否递补，本法虽无专条规定，其可以补充已可于第二十三条互文见义。仰即遵照。此令。十月二十五日

（原载《浙江公报》第一千六百六十三号，一九页，指令）

浙江省长公署指令第二千三百一十七号

令长兴县知事魏兰

呈一件为委任掾属开送履历请注册由

呈及清摺均悉。准予注册。清摺存。此令。十月二十五日

附原呈

呈为委任掾属开明履历加具考语备文呈送仰祈察核注册事。

案奉钧饬"各县掾属应照官制，由各该知事自行委任，佐理一切，检同履历加具考语，呈请核定"等因。知事于八月四日接印任事，黄前任所委掾属有辞职另就者，有任留佐理者，悉心遴选，为事择人，未敢稍徇请托。经设民政、财政、教育三科，民政科定为主任一员、助理三员，财政科定为主任一员、助理三员，教育科定为主任一员，并设机要文牍、收发、会计、庶务、监印各员，

月支薪水就规定行政经费内酌量分配,当经先行试用。现查各该员均能胜任,除分别发给任命状外,理合开具各该主任、助理等员履历,加具考语,备文呈送,仰祈鉴核注册,实为公便。谨呈。

附名单

民政科主任方　璟,安徽桐城人。考语:规模宏达,强干精明。

民政科助理方达成,浙江寿昌人。　　　历办政务,措置裕如。

民政科助理周元崇,浙江绍兴人。　　　才具开展,尚有见地。

民政科助理徐文镜,浙江临海人。　　　老成练达,才识明敏。

财政科主任高学愚,江苏吴县人。　　　稽核精密,学有渊源。

财政科助理许懋钊,浙江海盐人。　　　学有根柢,敏事慎言。

财政科助理徐德升,浙江永康人。　　　持躬谨饬,劳瘁不辞。

财政科助理郑炳莹,浙江云和人。　　　娴于财政,办事勤慎。

会计兼征收主任魏毓蕃,浙江云和人。　历充要职,富有经验。

机要文牍员张之杰,浙江云和人。　　　才大心细,游刃有余。

教育科主任丁　蕭,浙江长兴人。　　　热心教育,任事勤劳。

（原载《浙江公报》第一千六百六十三号,一九至二〇页,指令）

浙江省长公署指令第二千三百四十四号

令财政厅长莫永贞

呈一件为呈复核议奉化县地方兴革事宜内财政条陈由

呈悉。该知事所呈,遽加陈粮罚金办法,既据易滋流弊,应即毋庸置议,仰即转令遵照可也。此令。十月二十六日

附财政厅呈复原呈

呈为遵令核议具复事。

案奉钧长令开,"案据奉化县知事董增春呈称,遵饬条陈该

县地方应兴应革事宜,请予察核等情,并附呈清折到署。据此,除将条陈分别批答并指令外,合亟抄录原折内应由该厅核议各节暨本署批答,令发该厅遵照办理。此令"等因,并抄发财政条陈及批答到厅。奉此,查浙省自光复以来,始则豁免钱粮,继则革除漕政,人民多有误会,相率观望,而征数疲滞,是以《地丁征收章程》有滞纳处罚之规定,藉以督促进行。嗣经体察情形,民力实有未逮,节次核减,原冀普通完户有所观感而勇于输将,至于刁绅劣户,匿粮欠税,所在多有,不罚固不见恩,倍罚亦未必知儆。定章所以有强迫、拘押、封屋、备抵各项办法,以济其穷。县知事兼征收职务,考成攸关,催科是其专责,岂能仅恃罚金以收功效?该知事不思切实整顿而以累罚为请,非特迹近掊克,抑且易滋流弊,其裨益于征务者甚鲜,而贻累于人民者实大。所有该知事条陈遽加陈粮罚金一条,应请毋庸置议。奉令前因,合将核议缘由具文呈复,仰祈钧长鉴核示遵。谨呈。

(原载《浙江公报》第一千六百六十三号,二〇至二一页,指令)

浙江省长公署指令第二千三百八十八号

令桐庐县知事颜士晋

呈一件为造送四年分农商统计表票由

呈及表、票均悉。应予存候汇办,调查费用并准在县税一成准备金项下分支银二十五元,仰即录报财政厅备案。此令。十月二十六日

(原载《浙江公报》第一千六百六十三号,二一页,指令)

浙江省长公署批第五百六十号

原具禀人朱棣卿等

禀一件为警佐张继墉被控久押请暂行保释由

查此案前据前民政厅查明,该警佐张继墉利令智昏,不知自爱,

业予撤任,令县归案依法讯办呈报在案。据禀,"诬控潜逃,被控久押,请暂行保释"等情,应否照准,仰自行禀县核办可也。此批。十月二十三日

（原载《浙江公报》第一千六百六十三号,二二页,批示）

浙江省长公署批第五百六十一号

原具禀人徐正丰等

禀一件为警佐徐荣不法请委查由

案查控告官吏,须开具籍贯、年龄、职业、住所并觅妥保,出具诬坐甘结,方准核办,业由本省长在都督任内明白公示在案。来禀不合定章,碍难受理。此批。十月二十三日

（原载《浙江公报》第一千六百六十三号,二二页,批示）

浙江省长公署批第五百八十九号

原具呈人沈德庆等

呈一件为备款缴价地已标卖请令官产处
吊销执照准予购回由

此项佃地,既经清理官产处饬令缴价在前,该民延不遵缴,系属自误,所请着毋庸议。此批。十月二十三日

（原载《浙江公报》第一千六百六十三号,二二页,批示）

浙江省长公署批第五百九十号

原具呈人义乌县农会会长黄循理等

呈一件据呈经费奇绌无从进行请饬县仍照议案补助由

呈悉。查前民政厅据禀同情,业以各农会经费,按照前农林部颁《农会暂行规程》以各会会员及组织该会之农会分担为主,其有不足者,方得呈请酌拨公款补助。该县农会成立后,业由县查照议案,于

公款项下先后拨给银洋二百六十元作为补助,提倡已属周至,何得视为定款?且该会成立至今,历办成绩如何,未来计划奚似,未据只字提及,内容可想而知。所请饬照从前议案补助之处,应毋庸议,令仰该县知事转行知照在案。该会果有必需补助之处,亦应俟将历办成绩及以后进行计划呈由该管县署转呈,再行核夺,所请碍难准行,仰即知照。此批。十月二十三日

(原载《浙江公报》第一千六百六十三号,二二至二三页,批示)

浙江省长公署批第五百九十九号

原具呈人青田徐麟等

呈一件为叶蔚谋充劝学所长捏诬孙渊由

呈悉。查遴选劝学所所长,系县知事之职权,无论该叶蔚有无捏诬情事,均毋庸该民等与闻,所请不准。此批。十月二十四日

(原载《浙江公报》第一千六百六十三号,二三页,批示)

浙江省长公署布告第三号

布告免试知事准部电免试各员限本年
十一月二十日以前赴部考询由

为布告事。案准内务部电开,“案查第三届、四届核准免试知事未经考询各员,前经通电于十月十五日以前一律赴部报到,听候考询,逾限即将原案撤销。兹经各省省长要求宽限,特再通电宽限一月,尽本年十一月二十日以前赴部报到,补行考询,希即查照办理。如有特别情形不能离职者,应请电部核办”等因。准此,合亟布告各该免试知事一体遵照。特此布告。

省长吕公望

中华民国五年十月二十七日

(原载《浙江公报》第一千六百六十三号,二三页,布告)

吕省长复海宁县知事电

海宁县知事：养电悉。该县建筑城议会房屋一案，以款关漕项，业令财政厅核议饬遵，仰即知照。省长。沁。印。（中华民国五年十月二十七日）

（原载《浙江公报》第一千六百六十三号，二四页，电）

吕省长复嵊县知事电

嵊县知事：电悉。如有要公，尽可文递，毋庸来省。省长。沁。印。（中华民国五年十月二十七日）

（原载《浙江公报》第一千六百六十三号，二四页，电）

浙江督军署训令第三百八十号

令委叶英为步兵第四团中校团附由

令本署参谋叶英

兹任命该参谋为暂编浙江陆军第一师步兵第四团团附中校，月薪照八成支给。除分令外，合将任命状发仰该参谋祗领遵照。此令。

计发任命状一张。

中华民国五年十月二十八日

督军吕公望

（原载《浙江公报》第一千六百六十四号，一九一六年十月三十一日，三页，训令）

浙江督军署训令第同上号

令第一师长为委叶英为步兵第四团中校团附由

令暂编浙江陆军第一师司令部师长童保喧

兹查有本署参谋叶英，堪以调充该师步兵第四团团附中校，月薪照八成支给。除任命外，合行令仰该师长知照。此令。

中华民国五年十月二十八日

督军吕公望

（原载《浙江公报》第一千六百六十四号，三页，训令）

浙江督军公署训令第三五三号①
浙江省长公署训令第一〇二九号

通令各属为英教士王廷献赴浙游历令保护由

令特派交涉员、温交涉员、宁交涉员、警政厅厅长、各县知事、暂编第一师长、暂编第二师长、嘉湖镇守使、宁台镇守使、暂编混成旅长

本年十月二十日准江苏督军署"案据镇江关监督兼交涉员袁思永呈称，'准驻镇英国领事函开，据英国教士王廷献禀请给护游历江苏、浙江、安徽、山东四省等情前来，合将填就之第三十四号护照一纸等因。准此，查核来照，均注明限一年缴销，除将送到护照会衔加印函送英领事转给外，理合具文呈请，仰祈察核，俯赐转咨游历四省分别饬属照约保护，深为公便'等情。据此，除分别咨令外，相应咨请分别饬属照约保护"等由。准此，除分令外，合行令仰该　　即便转令所属一体照约保护。此令。（刊登《公报》，不另行文）

中华民国五年十月二十六日

督军兼署省长吕公望

（原载《浙江公报》第一千六百六十四号，三至四页，训令）

---

① 此通与附文，前见督军公署训令第三六〇号、省长公署训令第九四七号（2035至2036页），因两者内容略有差异，姑且同时收录，以存其真。

附　浙江警政厅训令第五百一十八号

令各属保护英国教士王廷献来浙游历由

令各警厅、各区统带

本年十月二十八日奉浙江督军公署训令第三五三号、浙江省长公署训令第一○二九号内开，"本年十月二十日准江苏督军署'案据镇江关监督兼交涉员袁思永呈称，准驻镇英国领事函开，据英国教士王廷献禀请给护游历江苏、浙江、安徽、山东四省等情前来，合将填就之第三十四号护照一纸等因。准此，查核来照，均注明限一年缴销，除将送到护照会衔加印函送英领事转给外，理合具文呈请，仰祈察核，俯赐转咨游历四省分别饬属照约保护，深为公便等情。据此，除分别咨令外，相应咨请分别饬属照约保护'等由。准此，除分令外，合行令仰该厅长即便转令所属一体照约保护，并将入境出境日期呈报来署"等因。奉此，合行令仰该厅长、该统带即便转令所属一体照约保护，并将该英国教士王廷献入境出境日期随时具报备查。此令。（刊登《公报》，不另行文）

中华民国五年十一月六日

警政厅长夏超

（原载《浙江公报》第一千六百七十六号，一九一六年十一月十二日，一五页，训令）

浙江督军公署训令第三五四号
浙江省长公署训令第一○三一号

令各属为日人方波见正吉藤崎善雄赴浙游历令保护由

令特派交涉员、温州交涉员、宁波交涉员、警政厅厅长、各县知事、暂编第一师师长、暂编第二师师长、混成旅旅长、嘉湖镇守使、宁台镇守使

本年十月十八日准奉天省公署咨开，"案据兼安东交涉员呈称，

'顷准驻安日领事函送邦人方波见正吉、藤崎善雄前往南满洲一带及直隶、山东、江苏、安徽、河南、湖北、浙江等省游历,护照各一纸限期一年缴销,请加印付还等因。准此,除将护照加衔盖印付还日领转给外,理合具文呈请鉴核,俯赐转咨各省,并通令南满洲一带地方官妥为保护'等情。据此,除指令并分行外,相应咨行请烦查照转令所属照约保护"等由。准此,除分令外,合行令仰该　　即便转令所属一体照约保护。此令。(刊登《公报》,不另行文)

中华民国五年十月二十六日

督军兼署省长吕公望

(原载《浙江公报》第一千六百六十四号,四页,训令)

附　浙江警政厅训令第五百十四号

令各属奉督军省长训令准奉天省公署咨

驻安日领事函送邦人方波见正吉等赴南

满洲及江浙等处游历饬保护由

令各警厅、各区统带

本年十月二十八日奉浙江督军公署训令第三五四号、浙江省长公署训令第一〇三一号内开,"本年十月十八日准奉天省公署咨开,'案据兼安东交涉员呈称,顷准驻安日领事函送邦人(方波见正吉、藤崎善雄)前往南满洲一带及直隶、山东、江苏、安徽、河南、湖北、浙江等省游历,护照各一纸限期一年缴销,请加印付还等因。准此,除将护照加衔盖印付还日领转给外,理合具文呈请鉴核,俯赐转咨各省,并通令南满洲一带地方官妥为保护等情。据此,除指令并分行外,相应咨行请烦查照转令所属照约保护'等由。准此,除分令外,合行令仰该厅长即便转令所属一体照约保护"等因。奉此,合行令仰该厅长、该统带即便转令所属一体照约保护,并将该方波见正吉等入境出境日期随时具报备

查。此令。(刊登《公报》,不另行文)

警政厅长夏超

中华民国五年十一月六日

(原载《浙江公报》第一千六百七十五号,一九一六年十一月十一日,二〇至二一页,训令)

浙江督军公署训令第三五五号
浙江省长公署训令第一〇三二号

令各属为德人西伯斯赴浙游历令保护由

令特派交涉员、温州交涉员、宁波交涉员、警政厅厅长、各县知事、暂编第一师师长、暂编第二师师长、混成旅旅长、嘉湖镇守使、宁台镇守使

本年十月十八日准江苏省公署咨开,"案据特派江苏交涉员杨晟呈称,'顷准德国总领事函,以西伯斯随带手枪一枝、猎枪三枝、弹少许,赴江苏、江西、浙江、安徽游历,缮给护照请盖印前来。除将护照印发外,理合呈请察照,转饬各属,俟该德人到境呈验护照时照约保护'等情。据此,除训令各属保护并分咨外,相应咨请贵省长查照,希即转行各属照约一体保护"等由。准此,除分令外,合行令仰该即便转令所属一体照约保护。此令。(刊登《公报》,不另行文)

中华民国五年十月二十六日

督军兼署省长吕公望

(原载《浙江公报》第一千六百六十四号,四至五页,训令)

附 浙江警政厅训令第五百二十二号

令各属保护德国人西伯斯赴江浙等处游历由

令各警厅、各区统带

本年十月二十八日奉浙江督军公署训令第三五五号、浙江

省长公署训令第一○三二号内开，"本年十月十八日准江苏省公署咨开，'案据特派江苏交涉员杨晟呈称，顷准德国总领事函，以西伯斯随带手枪一枝、猎枪三枝、弹少许，赴江苏、江西、浙江、安徽游历，缮给护照请盖印前来。除将护照印发外，理合呈请察照，转饬各属，俟该德人到境呈验护照时照约保护等情。据此，除训令各属保护并分咨外，相应咨请贵省长查照，希即转行各属照约一体保护'等由。准此，除分令外，合行令仰该厅长即便转令所属一体照约保护"等因。奉此，合行令仰该厅长、该统带即便转令所属一体照约保护，并将该德国人入境出境日期随时具报备查。此令。（刊登《公报》，不另行文）

中华民国五年十一月六日

警政厅长夏超

（原载《浙江公报》第一千六百七十六号，一九一六年十一月十二日，一七至一八页，训令）

浙江督军公署训令第三五六号
浙江省长公署训令第一○三○号

令各属为德领事署书记吕德齐赴浙游历令保护由

令特派交涉员、温州交涉员、宁波交涉员、警政厅厅长、各县知事、暂编第一师师长、暂编第二师师长、混成旅旅长、嘉湖镇守使、宁台镇守使

本年十月十八日准江苏省公署咨开，"案据特派江苏交涉员杨晟呈称，'顷准德国总领事函，以本署书记吕德齐随带猎枪一枝、弹少许，赴江苏、江西、浙江、福建、安徽、湖南、广东游历，缮给护照请盖印前来。除将护照印发外，理合呈请察照，转饬各属，俟该德人到境呈验护照时照约保护'等情。据此，除训令各属保护并分咨外，相应咨请贵省长查照，希即转行各属照约一体保护"等由。准此，除分令外，

2113

合行令仰该　　即便转令所属一体照约保护。此令。（刊登《公报》，不另行文）

中华民国五年十月二十六日

督军兼署省长吕公望

（原载《浙江公报》第一千六百六十四号，五至六页，训令）

附　浙江警政厅训令第五百二十六号

令各属保护德总领事署书记吕德齐赴江浙等省游历由

令各警察厅长、各区统带

本年十月二十八日奉浙江督军公署训令第三五六号、浙江省长公署训令第一〇三〇号内开，"本年十月十八日准江苏省公署咨开，'案据特派江苏交涉员杨晟呈称，顷准德国总领事函，以本署书记吕德齐随带猎枪一枝、弹少许，赴江苏、江西、浙江、福建、安徽、湖南、广东游历，缮给护照请盖印前来。除将护照印发外，理合呈请察照，转饬各属，俟该德人到境呈验护照时照约保护等情。据此，除训令各属保护并分咨外，相应咨请贵省长查照，希即转行各属照约一体保护'等由。准此，除分令外，合行令仰该厅长即便转令所属一体照约保护"等因。奉此，合行令仰该厅长、该统带即便转令所属一体照约保护，并将该德国总领事署书记吕德齐入境出境日期随时具报备查。此令。（刊登《公报》，不另行文）

中华民国五年十一月六日

警政厅长夏超

（原载《浙江公报》第一千六百七十六号，一九一六年十一月十二日，二〇页，训令）

浙江督军公署训令第三五七号
浙江省长公署训令第一〇三三号

令各属为江苏省长咨请保护英人修斯
赴江浙等省游历饬保护由

令特派交涉员、温州交涉员、宁波交涉员、警政厅厅长、各县知事、暂编第一师师长、暂编第二师师长、混成旅旅长、嘉湖镇守使、宁台镇守使

本年十月十八日准江苏省公署咨开，"案据特派江苏交涉员杨晟呈称，'顷准英国总领事函，以修斯、白图温赴江苏、浙江、江西、安徽游历，缮给护照请盖印前来。除将护照印发外，理合呈请察照，转饬各属，俟该英人到境呈验护照时照约保护'等情。据此，除训令各属保护并分咨外，相应咨请贵省长查照，希即转行各属照约一体保护"等由。准此，除分令外，合行令仰该　　即便转令所属一体照约保护。此令。（刊登《公报》，不另行文）

中华民国五年十月二十六日

督军兼署省长吕公望

（原载《浙江公报》第一千六百六十四号，六页，训令）

附　浙江警政厅训令第五百二十号
令各属保护英国人修斯等赴江浙等处游历由

令各警厅、各区统带

本年十月二十八日奉浙江督军公署训令第三五七号、浙江省长公署训令第一〇三三号内开，"本年十月十八日准江苏省长公署咨开，'案据特派江苏交涉员杨晟呈称，顷准英国总领事函，以修斯、白图温赴江苏、江西、浙江、安徽游历，缮给护照请盖印前来。除将护照印发外，理合呈请察照，转饬各属，俟该英人到

境呈验护照时照约保护等情。据此，除训令各属保护并分咨外，相应咨请贵省长查照，希即转行各属照约一体保护'等由。准此，除分令外，合行令仰该厅长即便转令所属一体照约保护"等因。奉此，合行令仰该厅长、该统带即便转令所属一体照约保护，并将该英国人等入境出境日期随时具报备查。此令。（刊登《公报》，不另行文）

中华民国五年十一月六日

警政厅长夏超

（原载《浙江公报》第一千六百七十六号，一九一六年十一月十二日，一六至一七页，训令）

浙江督军公署训令第三七二号
浙江省长公署训令第一○二六号

令各属为保护英女教士杜德深等来浙游历由

令各厅长、各师长、各交涉员、各县知事

为令行事。本年十月二十三日准江西省长咨开，"本年十月十三日据代理九江关监督兼通商交涉事宜胡上襄呈称，'案准驻浔英领事潘函开，兹有本国教士松德成 Rer. F. I. P. Sauage 携眷往江西、湖北、湖南等省游历；又，女教士杜德深 Mis E. M. Oouly、鱼宝珠 Mis. M. H. Firle、林德国 Mis. M. Gme Rueen 往江西、浙江等省游历；又，教士傅渊如 Rer. R. H. Eorteow 往江西、湖南等省游历，护照送请盖印掷还。又，准驻浔日本领事河西函开，兹有本国商民米泽大捆 Mis D. Youlyana 往江西、湖北、安徽三省游历，执照送请盖印掷还各等因。除将护执各照盖印送还外，理合呈请转令各属及警厅，并乞转咨饬属一体照约保护'等情。据此，除分别咨令保护，并汇案列表咨报外交部外，相应咨会贵省长请烦转饬各地方官，俟该洋人等游历到境，照约妥为保护施行"等因。准此，除通令外，合行令仰该各厅长、该交涉

员、该知事即便转令各属一体保护,并将该英女教士等入境出境日期呈报备查。此令。(刊登《公报》,不另行文)

中华民国五年十月二十六日

督军兼署省长吕公望

(原载《浙江公报》第一千六百六十四号,六至七页,训令)

附　浙江交涉公署训令第五十三号

令各县知事英女教士杜德深等赴浙游历照约保护由

令各县知事

案奉省长训令内开,"准江西省长咨开,据代理九江关监督兼通商交涉事宜胡士襄呈称,准驻浔英领事潘函开,本国女教士杜德深等赴浙游历;同日又奉省长训令内开,准奉天省公署咨开,据兼安东交涉员呈称,准驻安日领事函称,邦人方波见正吉等赴浙游历;同日又奉省长训令内开,准江苏督军署咨开,据镇江关监督兼交涉员袁思永呈称,准驻镇英领事函开,英国教士王廷献禀请游历浙江等处"各等因。奉此,合将该英女教士等姓名国籍开列清单,令仰该县知事查照,俟该女教士等到境呈验护照时一体照约保护,并将出入境日期具报备查。再,此项公文刊登《公报》,不另行知。此令。

附发清单一纸。

中华民国五年十一月六日

署外交部特派浙江交涉员林鹍翔

英国　女教士杜德深　女教士鱼宝珠　女教士林得国　教士王廷献

日本国　方波见正吉　藤崎善雄

(原载《浙江公报》第一千六百七十三号,一九一六年十一月九日,九至一〇页,训令)

附　浙江警政厅训令第五百十三号令
各属奉督军省长训令准江西省长咨英国女教士杜德深等
赴江西浙江等游历饬保护由

令各警厅、各区统带

本年十月二十八日奉浙江督军公署训令第三七二号、浙江省长公署训令第一〇二六号内开，"本年十月二十三日准江西省长咨开，'本年十月十三日据代理九江关监督兼通商交涉事宜胡上襄呈称①，案准驻浔英领事潘函开，兹有本国女教士杜德深 Mis E. M. Ooulg、鱼宝珠 Mis M. H. Fiele、林得国 Mis M. Gmeonun 往江西、浙江等省游历②，执照送请盖印掷还各等因。除将护执各照盖印送还外，理合呈请转令各属及警厅，并乞转咨饬属一体照约保护等情。据此，除分别咨令保护并汇案列表咨报外交部外，相应咨会贵省长，请烦转饬各地方官，俟该洋人等游历到境，照约妥为保护施行'等因。准此，除通令外，合行令仰该厅长即便转令各属一体保护，并将该英女教士等入境出境日期呈报备查"等因。奉此，合行令仰该厅长、该统带即便转令所属一体照约保护，并将该英国女教士杜德深等入境出境日期随时具报备查。此令。（刊登《公报》，不另行文）

中华民国五年十一月六日

警政厅长夏超

（原载《浙江公报》第一千六百七十五号，一九一六年十一月十一日，一九至二〇页，训令）

---

① 底本作"交涉员事宜"，"员"字衍，径删。
② 底本鱼宝珠、林得国英文名字附件与正文有出入。

浙江督军公署训令第三七三号
浙江省长公署训令第一〇二五号

通令各属保护德副领事来浙游历由

令特派交涉员、温州交涉员、宁波交涉员、警政厅厅长、各县知事、暂编第一师师长、暂编第二师师长、混成旅旅长、嘉湖镇守使、宁台镇守使

为令行事。本年十月二十三日准江苏省公署咨开，"案据特派江苏交涉员杨晟呈称，'顷准德总领事函称，本署斐赤尼副领事官请领游历河南、山西等省护照，曾于三月三十一日发给在案。兹尚拟游历江苏、浙江，除于照上填入该两省字样外，合行函请查照等由。理合具文呈请省长鉴核，转饬各属，俟该副领事过境时照约一体保护'等情。据此，除训令各属保护外，相应咨请查照，希即转行各属照约一体保护"等因。准此，除分令外，合行令仰该　　即便转令所属一体照约保护，并将该德副领事入境出境日期呈报备查。此令。（刊登《公报》，不另行文）

中华民国五年十月二十六日

督军兼署省长吕公望

（原载《浙江公报》第一千六百六十四号，七至八页，训令）

附　浙江警政厅训令第五百十五号
令各属奉督军省长训令准德领事署
斐赤尼游历江浙等处饬保护由

令各警厅、各区统带

本年十月二十八日奉浙江督军公署训令第三七三号、浙江省长公署训令第一〇二五号内开，"本年十月二十三日准江苏公署咨开，'案据特派江苏交涉员杨晟呈称，准德国总领事函称，本

署斐赤尼副领事官请领游历河南、山西等省护照，曾于三月三十一日发给在案。兹尚拟游历江苏、浙江，除于照上填入该两省字样外，合行函请查照等由。理合具文呈请省长鉴核，转饬各属，俟该副领事过境时照约一体保护等情。据此，除训令各属保护外，相应咨请查照，希即转行各属照约一体保护'等因。准此，除分令外，合行令仰该厅长即便转令所属一体照约保护"等因。奉此，合行令仰该厅长、该统带即便转令所属一体照约保护，并将该德国人入境出境日期随时具报备查。此令。（刊登《公报》，不另行文）

中华民国五年十一月六日

警政厅长夏超

（原载《浙江公报》第一千六百七十五号，一九一六年十一月十一日，二一页，训令）

浙江省长公署委任令第三十号

令委刘项宣为查勘设置新化县治委员由

令委员刘项宣

案据宁海公民胡佩珍等呈请派员查勘设置新化县治各情前来。据此，查此案前准省议会咨行到署，业经令行宁海、临海两县知事会勘在案。据呈各情，尚系实在，自应另行派员驰往会勘，以期周妥而昭慎重。查有该员堪以派委，为此特行抄黏呈、咨各件，令仰该员遵即驰往该处，会同宁海、临海两县知事，将议案内开列各项逐一查明，详细具复，以凭核办。此令。

中华民国五年十月二十六日

省长吕公望

（原载《浙江公报》第一千六百六十四号，八页，训令）

浙江省长公署训令第一千零二十号

令各县知事准省议会咨送人力车取缔规则及
浙江省各县消防队规则遵照办理由

令各县知事

案准省议会咨送《〈人力车取缔规则〉议决案》《〈浙江省各县消防队规则〉议决案》咨请公布施行等由。准此，除咨复，并将前项《规则》刊登《公报》公布暨分令外，合亟令仰该县遵照《公报》所登《规则》办理。此令。

中华民国五年十月二十六日

省长吕公望

《人力车取缔规则》议决案

第一章　总则

第一条　本规则凡以人力车营业或家用者皆须遵守。

第二条　凡以人力车营业或家用者，皆须领有该管警察官署所给之车照。

第三条　凡人力车车夫须先由该车行行主或车主将车夫姓名、年龄、籍贯、住址报明该管警察官署，经验明后，发给允许证。

第四条　凡人力车每辆应月纳一元以上、三元以下车照捐，由该管警察官署酌定，按月于换给车照时征收之，但家用车得酌量减免。

第五条　车照每月换给一次，应由该管警察官署于每月一日检验车体，如果确系坚固、清洁者，始得发给车照。

第六条　车照应钉于座位后面板上。

第七条　车夫所领允许证，每年须换给一次，不得取费。

第八条　车夫有左列各项情事者，应于三日内，禀请该管警察官署换给允许证：

一、迁居或雇主及保证人有变更时；

一、允许证遗失、损坏及文字不明时。

第九条　车夫有左列各项情事者，应于三日内，将允许证呈缴于该管警察官署注销：

一、营业停止时；

一、失第十四条之资格时；

一、死亡或失踪时（由行主或车主呈缴）。

第十条　车夫有违犯本规则及其他不正当之行为，得追缴其允许证。

第十一条　允许证不得贷与他人，车照亦不得转用于他车。

第十二条　车行贷车于车夫，每日贷金不得超过银元四角以上。

有违犯前项之规定者，除处罚外，并注销其存案。

第二章　车体及附属品之制限

第十三条　车体及附属品之制限如左：

一、车体须制造坚固；

一、车体须以黄黑色油漆涂之，不得绘画；

一、车体背面须记入车行商号或车主姓氏，及车辆号数；

一、车中须备具白色布制坐褥，并油布制之车篷及车帘；

一、车旁须装置前白色后红色玻璃灯一盏以上。

第三章　车夫之资格及服装

第十四条　车夫须具有左列资格：

一、年龄满十八岁以上，五十岁以下，身体强壮者；

一、于该管警察官署境内有一定住所及有确实保证人者。

第十五条　车夫之服装须遵守左列制限：

一、须有蓝布制成之号衣；

一、雨具须用油制之黄布类制成者；

一、号衣及雨具之前后中心，须记入各该车行商号或车主姓氏，及允许证之号数；

一、蓝布号衣字用白色，黄布雨具字用红色；

一、破损或污染之服装不得着用。

第四章　车夫就业中之制限

第十六条　车夫就业中，须携带允许证及车价表，于岗警或乘客索观时，应立即交验。若挽运重要物品，因乘客之要求，须将允许证交乘客暂行收执。

第十七条　在停车场外不得停车待客，但乘客因事暂停于交通不甚妨碍地方，不在此限。

第十八条　不得挽空车于路上故意徘徊。

第十九条　警察禁止通行之场所不得行驶。

第二十条　未到乘客指定之场所，不得无故请其下车。

第二十一条　乘客若有遗留物件，须送交最近警察官署报告认领，不得隐瞒藏匿。

第二十二条　凡遇火灾或建筑及人众群集之处，须遵警察之指挥，绕道行驶。

第二十三条　不得沿涂招揽乘客，或为侮慢之言行。

第二十四条　不得两车并驶或任意疾驱。

第二十五条　两车以上连续进行时，前车与后车须有四尺以上之距离。

第二十六条　后车欲超过前车时，须扬声使前车避左，始得通过。

第二十七条　通过街角、桥梁及往来杂沓或狭窄之处所，皆须缓行。桥梁略高而不能行驶者，须请乘客下车。

第二十八条　无论何处，均须于左侧行驶。

第二十九条　途遇对面之车马轿担,须互避于左方。

第三十条　夜间自街市上灯后,除在停车场外,皆须点灯。

第三十一条　无论何处,空车均避让实车。

第三十二条　途遇左列各项,应即停车或避让之。

一、军队及学生队;

一、赴火场之消防队及救火会;

一、清道或邮政所使用之车马;

一、婚丧仪仗。

第三十三条　凡家用车,不得营业。

第五章　乘载制限

第三十四条　一车不得乘载两人,但未满十二岁之幼孩,不在此限。

第三十五条　左列各项,不得乘载:

一、患疥疮、麻疯及其他容易传染之病者;

一、疯癫者及泥醉者;

一、可污染车体或可遗留恶臭之物品;

一、兽类;

一、突出于车体外长大之物件。

第六章　乘车价额

第三十六条　乘车价额,由人力车行协议,分别造列以里计算及以时计算之车价表,呈由该管警察官署核准,分给各车夫携带。

第三十七条　车夫对于乘客,不得于定价外别立名目需索银钱。

第七章　停车场

第三十八条　停车场由该管警察官署指定之。

第三十九条　停车场责成人力车行随时洒扫清洁。

第八章　罚则

第四十条　违反本规则第二条、第三条、第六条、第七条、第八条、第九条、第十一条至第二十条、第二十二条至第三十五条及第三十七条、第三十九条者,依照《违警罚法》分别罚办。犯本规则第二十一条者,追缴原物,分别轻重惩罚。

第九章　附则

第四十一条　凡已通行人力车各县,以不与本规则相抵触为限,得酌量地方情形,另订施行细则,但须呈报省长核准。

第四十二条　本规则自公布之日施行。

附　人力车夫允许证及车照样式①

人力车夫允许证						里　书
第 号	姓 名	年 龄	籍 贯	住 所	或住何车行营业受雇某家	中华民国　年　月　日给　某某警察官署	一、无允许证者,不得充当人力车车夫; 一、允许证如有遗失、损坏及文字不明,或变更证面,填写各项时,应呈请该管警察署核明换给; 一、车夫如有改业时,或失去车夫资格及失踪死亡情事,应将允许证呈缴该管警察署注销; 一、此项允许证不得借给于他人; 一、此项允许证就业时必须提带; 一、因乘客要求,须呈交乘客观看或暂持。

车　照	家用车照
今据　县　地方　人力车行经理人　将本年　月份第　号车捐遵章缴　元　角讫。除检验车体外,合行给予车照。 　　　　　　　某某警察官署 中华民国　年　月　日给	今据　县　地方姓名　,将本年　月份　车捐遵章缴讫。除检验车体确系坚固,并查明确系自用,合行给予车照。 　　　　　　　某某警察官署 中华民国　年　月　日给

---

①　允许照与车照样式,底表均为竖排,此处酌情改为横排。

《浙江省各县消防队规则》议决案

第一条　各县警察所长得以职权为消灭或防御火灾起见，依本规则筹备消防各事宜。

第二条　各县城之消防队隶属于该县之警察所，镇埠之消防队隶属于该镇之警察分所，受各该警佐之指挥、监督。

第三条　消防队每队以队长一名、长警十名组织之。县城及镇埠，视各该地方情形，设置消防队一队以上。

第四条　消防队长之任免，由该管警佐呈请该管警察所长行之；消防长警之任免，由该队长呈请该管警佐转呈该管警察所长行之。

第五条　凡火场以距烧点一里之周围，设救护、警护二线，分布长警，分任其职务：

（甲）救护线专为救护被灾者而设，长警于此线内应服左之职务：

一、老幼妇女及病者之保护；

一、协助人民贵重家具或棺柩之搬运①；

一、防御火场盗劫。

（乙）警护线专为施行消防方法之活动而设，长警于此线内应服左之职务：

一、禁止行人来往，但于线内居住或有公务及助消防者，不在此限；

一、禁止在火场者之喧闹。

第六条　于设有消防队之区域内，须各备具消防器械，每队置洋龙一架、拆屋器具全副及其他应用器械，均由该队长妥为保管，并须设备警钟信号，以便声援，其规则由各该管警察所酌量

---

① 家具，底本误作"家其"，径改。

规定公布施行。

第七条　凡消防队遇非所属之区域有火灾时,得有长官之命令,亦应出队救护。

第八条　消防队赴火场时,无警察长官命令不得任意破毁房屋,但警察长官尚未临场,火势已有延烧之虞,得依队长命令行之。

第九条　消防队之演习分为平时、定时两种。

(甲)平时演习　每日限定钟点,由队长督率行之,并为准备迅速消防火灾起见,得于二十四小时内假呼集一次。

(乙)定时演习　每年四次或两个月一次,由各该警佐督率队长行之。

第十条　消防队于其所在区域内,须常注意于水利之便否。

第十一条　消防队人员不得因尽其职务有私受及勒索金钱情事。

第十二条　消防队于火灾扑灭之后,须整队而归,并由队长检查出场人数及器械之有无损失,报告于该管警察所或警察分所,由警佐酌量赏罚或修理。

第十三条　于火灾扑灭后,消防队改应调查被火场所人口死伤之有无、房屋烧毁之间数,并物价损失之概要以及起火之原因,呈报该管警察所或警察分所,以资察核。

第十四条　各该警察所或警察分所关于消防事宜,须备左之簿册:

一、消防队人名簿;

二、消防队器械簿;

三、消防队任免簿;

四、消防队功过赏罚簿;

五、消防队统计簿。

第十五条　关于消防之服务纪律及赏罚各项规则,由该管警察所长拟订,呈报省长核准施行。

第十六条　关于消防队必须之器具或建筑物及其他一切经费,该管县知事于地方经费内支办之。

第十七条　于设有消防队之区域内原有救火会或义勇集等,平日务须联络一气,至火场时,须听该管警佐之指挥。其联络方法由各该警佐督同各该救火会、义勇集董事协议规定之。

第十九条　本规则于公布日施行。

(《浙江公报》第一千六百六十四号,一九一六年十月三十一日,六至一六页,训令)

浙江省长公署训令第一千零三十五号

令为大总统任命童保暄等为暂编浙江第一师师长由

令警政厅厅长、高等审判厅厅长、高等检察厅检察长、特派浙江交涉员、宁波交涉员、瓯海交涉员、各县知事

案准浙江督军署咨开,"本年八月准国务院、陆军部艳电内开,'各省秩序初平(文云见九月十九日本报"训令"门),沈宗约充任辎重兵第一营营长,应照准,此令'各等因。除分令遵照更改,并通行知照外,相应咨行请烦查照"等由。准此,为此刊登《公报》,仰该厅长、该交涉员、该知事即便一体查照。此令。

中华民国五年十月二十七日

省长吕公望

(《浙江公报》第一千六百六十四号,一六至一七页,训令)

浙江省长公署指令第二千二百六十号

令永嘉县知事郑彤雯

呈一件呈前民政厅呈复朱鸿藻资格与劝学所规程相符请委任由

呈及履历均悉。该朱鸿藻资格既与《劝学所规程》第四条第二项

相符,应准先予委任,俟《施行细则》咨到,再令开办。仰将发去任命状转发祗领。此令。十月二十五日

计发任命状一纸。

（《浙江公报》第一千六百六十四号,二〇页,指令）

浙江省长公署指令第二千三百二十号

令临安县知事黄鹗之

呈一件为拟晋省备陈要公由

该知事前次来省距今未久,如有要公,尽可文递核夺,所请应毋庸议。此令。十月二十五日

（《浙江公报》第一千六百六十四号,二〇页,指令）

浙江省长公署指令第二千三百四十五号

令青田县知事张鹏

呈一件为更委掾属开送履历请注册由

呈悉。准予注册。履历存。此令。十月二十六日

附原呈

呈为更委掾属取送履历请予核准注册事。

窃职县公署佐治各员前经知事分别委定,并取具履历,各加考语,呈请前巡按使届核准注册在案。兹据政务主任张鸿翼因事面请辞职,当予照准,所遗职务即以政务助理张鼎勋升充。查该员办事稳练、恂恂无华,以之升充政务主任,自属游刃有余。递遗政务助理员缺[①],查有张心濂才具开展、干练有为,堪以接充。均于六月一日分别饬委。供职历经数月,深资得力,理合取

---

① 政务助理,底本误作"致务助理",径改。

具各该员履历,照缮清摺,加具考语,备文呈送,仰祈钧长察核准予一并注册,实为公便。谨呈。

(《浙江公报》第一千六百六十四号,二〇至二一页,指令)

浙江省长公署指令第二千三百四十六号

令温岭县知事陆维李

呈一件为更委掾属开送履历请注册由

呈悉。准予注册。履历存。此令。十月二十六日

附原呈

呈为更委掾属陈请注册事。窃照职署掾属前经知事照章编制分别委任,并取具各该员履历,呈奉核准在案。兹财务主任许元鼐因事辞退,所遗职务,查有杜振南精于计学、稳练老成,堪以接充。除由知事先行委任外,理合取具履历,加考备文呈报,仰祈省长察核注册,实为公便。谨呈。

(《浙江公报》第一千六百六十四号,二一页,指令)

浙江省长公署指令第二千三百四十七号

令杭县知事姚应泰

呈一件为县警队定期裁撤请酌给恩饷由

呈悉。前据民政厅拟呈《裁撤警队办法》到署,业经通令遵照在案。所有裁撤警队日期及发给恩饷数目,均于该《办法》中分别规定,仰即查照办理可也。此令。清册发还。十月二十六日

(《浙江公报》第一千六百六十四号,二一页,指令)

浙江省长公署指令第二千三百四十八号

令东阳县知事俞景朗

呈一件呈报警佐交替日期并请核销

旧委状换给警察所委状由

呈悉。该警佐邢契陶委任状应予换给,随令附发,所缴旧委任状亦予核销,仰即转给祗领。再,来文全叙前令殊嫌繁冗,嗣后务须遵照《浙江公报》第一五八五号登载本公署第一〇一号通饬办理,并仰知照。此令。十月二十六日

（《浙江公报》第一千六百六十四号,二一页,指令）

浙江省长公署指令第二千三百五十一号

令高等审判厅长范贤方

呈一件呈复遵查叶尹峰被逮一案由

呈悉。仰仍转令该所讯明确情,依法拟办具报毋延。此令。十月二十六日

附原呈

呈为呈复事。

案据崇德县审检所专审员罗韵珂呈称,"本年十月六日奉钧厅训令第七七一号内开,'本年十月二日奉省长公署指令第一四二六号为本厅呈复嘉兴警探至该县查赃被乡民误拿一案情形由。内开,呈悉。此案既据令查明确,应如所呈除曹阿三一犯解归嘉兴县讯办外,其余各人即由崇德县复讯拟办,并令将叶尹峰一案另文呈复,合行令仰该厅遵照。此令。等因。奉此,查误拿警探暨叶尹峰二案,均经本厅先后令仰该知事分别查明办理具复在案,乃迄今未据将叶尹峰案呈复到厅,殊属玩延。兹奉前因,合行令仰该知事即便遵照办理毋违,切切。此令。'等因下所。奉此,查此案于本年九月二日准内河水上警厅第二区函,据驻石湾分队长蒋连胜报称,'嘉兴警探带同失主、窃贼,会同石湾水陆警察前往崇德县属十一都东一图唐保珍家查起失赃,致被

唐保珍纠众凶殴,受伤解县。分队长闻即赴县说明原委,并探得由崇拘获之叶六斤即坏六斤供,有胞兄叶尹峰在场行凶,于本月二十三日将叶尹峰传提到队,即饬伤警孙荣清认系当场行凶之人,送厅函解'到县。业经兼理检察事务知事即提叶尹峰预审,供词狡展,发所看守并将人卷照章提起公诉前来。专审员又经派警调查。正在分函查询受伤各警伤痕已否平复,定期集讯判报间,适闻嘉兴陆警杨炳章在嘉兴医院医治罔效,因伤身死,又经函致嘉兴县审检所查明杨炳章是否因伤身死,曾否报验去后,迄今未准函复。兹奉前因,究竟叶尹峰是否无辜被逮,抑系在场凶殴之人,应俟嘉兴县审检所函复后,再行定期传集全案人证质明判报。除函催外,合将叶尹峰被逮缘由先行备文呈复"等语前来。据此,除令行该所迅行讯明判报外,理合将遵查叶尹峰一案缘由先行备文呈复,仰祈钧长察核示遵。谨呈。

(《浙江公报》第一千六百六十四号,二二至二三页,指令)

浙江省长公署指令第二千三百六十二号

令杭县知事姚应泰

呈一件为打捞野荷需费甚巨请拨款接济由

查撩除野荷有关水利,纯系地方应办事宜,未便率支省款,应于地方公款内撙节动支,其不敷之款并由该知事先行设法筹垫,即在征起之自治附捐及公益费内归还可也。此令。十月二十六日

(《浙江公报》第一千六百六十四号,二三页,指令)

浙江省长公署指令第二千三百六十五号

令杭县知事姚应泰

呈一件为送更正二年分内务统计舛误各表由

案据前民政厅呈据该县呈送更正二年分内务统计舛误各表祈鉴

核等情已悉,复核更正各表尚无大误,惟第六十九号总合计两栏彼此核对,暨七十、七十一两号前八种外各栏共计数,与十六、十七两号死因别第十五栏总数核对,仍未尽符。本应发还更正,惟念所误各点尚可旁参互证,寻出的数,业经分别代为更正,连同其余未误各号在前送表内一并更换矣,仰即知照。此令。表存。十月二十六日

(《浙江公报》第一千六百六十四号,二三页,指令)

浙江省长公署指令第二千三百七十三号

令海宁县知事

　　呈一件呈为转呈虞古诜等拟在郭店镇

　　开设厚生茧行请核示由

呈悉。商民请设茧行,应先核明地点与《条例》是否符合。该知事不加审核,遽予照转,迹涉尝试,殊属非是。所请不准,仰即转行知照。此令。十月二十六日

(《浙江公报》第一千六百六十四号,二三页,指令)

浙江省长公署指令第二千三百九十一号

令公报处主任陈焕章

　　呈一件为请委任公报处会计兼庶务陈树槐等七员由

呈悉。查该处会计兼庶务及编辑员准予分别给委,其书记及办事员系雇员性质,毋庸加委。仰将发去委任状四份转给祗领。此令。十月二十六日

计发委任状四道。

(《浙江公报》第一千六百六十四号,二三至二四页,指令)

浙江省长公署指令第　号①

令警政厅长夏超

呈一件呈请将第三区统带督率有方防地安谧

请予晋等支薪由

呈悉。警备队第三区统带洪士俊准晋升,照一等支薪,仰即转令知照。此令。

附　浙江警政厅训令第四百七十号

令警备队第三区统带奉省长指令准本厅呈请

将第三区统带洪士俊晋等支薪由

令警备队第三区统带洪士俊

本年十月二十七日奉省长指令本厅呈为该统带督率有方,防地安谧,请予晋等支薪由,奉令,"呈悉。警备队第三区统带洪士俊准晋升,照一等支薪,仰即转令知照。此令"等因。奉此,除注册外,合就抄录原呈,令仰该统带即便知照,自本年十一月一日起,照一等支薪,以示鼓励。此令。

中华民国五年十月三十一日

警政厅长夏超

(原载《浙江公报》第一千六百六十九号,一九一六年十一月五日,八页,训令)

浙江省长公署指令第二千三百九十四号

令高等审判厅长范贤方

呈一件呈报江山县判决虞开和死刑由

呈及供、判均悉。该犯虞开和杀毙人命并抢劫死者衣服等件,情

---

① 本文自浙江警政厅训令第四百七十号析出。

罪甚重,原判处以死刑,尚无不合。惟察阅证人供词,系杀人在先,抢物在后,究竟该犯驰赴祝世仓家时是否预谋抢劫衣物,抑系怀恨寻仇。如系前往行劫,因祝世仓扭住致被杀毙,自可按照《刑律》三百七十六条之规定,援引《惩治盗匪法》第三条第二款处断;若先系寻仇,至杀人之后始行起意行劫,应按照《刑律》并科杀人、强盗二罪,呈由该厅照章复判,方为合法。原判引用《惩治盗匪法》未免错误。查全案供词,均无寻仇凭证,究竟该判决书所指仇杀一节,系何根据。又,该犯供词内有"民到他山里偷柴,当被祝世仓看见,把民拖住,民所以将他家里刀棍打伤祝世仓"等语,如果属实,亦可依照《刑律》第三百五十二条之规定,援引《惩治盗匪法》第三条第二款处断。究竟如何实情,仰即转令该县遵照指令各节,悉心研鞫,分别改正,限文到十日内另备供、判呈候核办。再,该县此次所呈供、判均系铅笔缮写,殊欠郑重,嗣后应改用墨笔,并仰令遵。此令。供、判姑存。十月二十七日

（《浙江公报》第一千六百六十四号,二四页,指令）

浙江省长公署指令第二千四百零四号

令乐清县知事钱沐华

呈一件呈前民政厅为筹定劝学所经费及所址由

呈、单均悉。查《劝学所施行细则》虽经教育部订定呈准,然未奉通咨,碍难依据。县视学一职,应仍照设,原支薪费未便改拨。余准如呈办理。所有不敷经费应再另筹呈核,仰即遵照。单存。此令。十月二十七日

·（《浙江公报》第一千六百六十四号,二四至二五页,指令）

浙江省长公署指令第二千四百零五号

令武康县知事宗彭年

呈一件为另送劝学所长履历请核委由

呈悉。查沈溁履历,系充任中小学校教员五年以上,是否与《劝

学所规程》第四条一项资格相合,应候咨请教育部解释,再予核办。履历暂存。此令。十月二十七日

(《浙江公报》第一千六百六十四号,二五页,指令)

浙江省长公署指令第二千四百一十号

令瑞安县知事李藩

　　呈一件呈前民政厅请委任劝学所长开送履历由

　　呈及履历均悉。应准先予委任,俟《施行细则》颁到,再令开办。仰即将发去任命状转令遵领。摺存。此令。十月　日

　　计发任命状一件。

(《浙江公报》第一千六百六十四号,二五页,指令)

督军署电海门顾镇守使镇海王厅长

　　据宁海何知事电为健跳洋匪劫已向台洋遁逃分饬协缉由

海门顾镇守使、镇海王厅长:据宁海何知事敬电称,"昨健跳洋匪首讨饭,率匪数十狂劫,经护商船力击格毙一匪,余匪向台洋遁"等语。仰该厅长迅即饬属兜缉,并由该镇守使转饬沿海营、县一体协缉,务获具报。督军兼省长吕。俭。印。(中华民国五年十月二十八日)

(《浙江公报》第一千六百六十四号,二五页,电)

浙江省长公署咨内务部

　　据海宁县公民吕丕英呈为请部资遣吕留良子孙回浙由

浙江省长公署为咨请事。

　　案据海宁县公民吕丕英呈称,"载籍所记,一姓一代之兴,必先谋所以旌表。胜国伤谗之臣,而收其所放逐,为民矜式者,例如商容、比干,得罪于受,无辜于天下,爰有式闾表墓之敬,其他类是,尚难偻屈。有清逊国,凡曾见仇于爱亲觉罗氏政府者,莫不膺懋赏而猎鹰仕,齿

于勋贵。曾亦思清失天下，实惟二三儒士笔舌张皇，其术益幸而售，而其所以失，则犹基于祖宗朝之杀士。读康雍乾诸纪，以文字纤屑贾祸者，相望于册，尤以吾浙古德吕先生留良之狱为最冤酷。先生为明王府仪宾之后，黍离麦秀，惓惓故君，一寓之于所为诗歌。康熙间以鸿博征，不奉诏，终其身以著书讲学，自晦而死。死后凡若干年，曾静发难，词连先生，廷臣希旨，辄笔举先生集中一二疑似，文致其罪，谓为大逆不道，构成大狱。蛮野之刑，施及骸骨，终格于士庶之清议，天诱其衷，幸免赤族。有诏尽籍诸吕及严鸿逵子孙，发往宁古塔，予披甲人为奴。清初诸帝以异类入主中国，家法相传，务为猜忌，以宰割压制汉族，而于士类为尤甚。先生学主《春秋》，时怵然于夷夏之防，所至结社讲学，皆本斯旨，直人心思汉，闻者感奋，遂致多所归附。雍正黠刻阴狠，钩距为政，方其备位储贰，已闻先生讲学之事，故撄忌尤深。践祚未几，即以督臣告密之奏多方牵连，入先生于叛逆，而奴戮之，以为从此可以杜天下思汉之心。初不料积压既久，而爆发之力乃愈巨，曾未数传，而种族革命之说乃大昌，于士类且有以先生为口实，而若为之仇复者，酝酿鼓吹，终迫客帝于虞宾之列而止。杀于祖宗之朝，报于子孙之世，例以曲突徙薪之当为上客，虽谓先生以子孙骸骨为亡秦报韩之牺牲，亦胡慊焉。然而先生固无取此也。今日国体大定，民族有昭苏之象，独是士风不古，不能师人之长，而徒嚣然议论，不屑于其祖国。长此不已，国何所赖，更安所得如先生其人者而熏染之。诚知尊攘之说，学理陈旧，或不谐于今日。惟是先生以明遗民受清知遇，宠以缥蒲，犹复断断于夷夏之际，所谓爱国爱种者，毋亦如是而已？先生于清为叛臣，于民国为古德，于吾浙为先贤，于吾督军则固宗族家乘光也。旌表之典，姑置后议。第其子孙淹滞绝域，沦陷奴籍，所可危心。夫人情莫不私其宗族，而爱恋其乡土，共和人民不以请愿为罪戾。为此具呈恳吾督军可否上其事于大总统，请予饬下宁古塔等处该管官吏检查成籍，凡吕氏子孙与其戚党，及同时遣戍严鸿逵之子孙,现存若干名口,悉予资遣回籍之处,出自钧裁,无任迫切待命之至"等情前来。据此,查吕先生留良以胜国之遗民,痛中原之沦陷,黍离麦秀,茹恨于生前,瓜摘蔓抄,罹殃于死后。戮尸一狱,千古含冤,而尽籍诸吕发宁古塔为奴,并及严氏子孙,尤觉惨无人道。载瞻芳躅,冤愤同深;奴籍长沦,曷胜悯恻。方今共和回复,万汇昭苏,海邦通客,已无永玦之人,古德遗黎,未沐赐环之典。揆诸表彰先烈,殊觉间然;用以昭示来兹,尤难获已。为此据情咨请大部恳予令行宁古塔等处该管官吏,查明戍籍中吕氏后裔并其戚党与严鸿逵之子孙,按名资遣回浙。俾覆盆之下,重瞻化日光天;冤海余生,一致含和饮德。不胜幸甚。此咨

内务部

浙江省长吕公望

中华民国五年十月二十八日

(原载《浙江公报》第一千六百六十五号,一九一六年十一月一日,四至五页,咨)

浙江省长公署训令第九百十六号

令校县所造送五年度管教员学生一览表由

令省立各学校校长(除第一、第六中校)、省城私立中等以上各学校校长、各县知事、各联合县立师范讲习所所长(除第五、第十两所)

案查各学校管教员、学生一览表,照章应于学年开始时呈报一次,历经遵照办理在案。兹查五年度是项一览表,尚未据该校/县/所呈送前来,合行令仰该校长/该知事转行所属县私立各中学校及各高小学校/该所长,于文到十日内迅将是项表册各造具二份,送候核转,毋延。此令。

中华民国五年十月二十六日

省长吕公望

（原载《浙江公报》第一千六百六十五号，六页，训令）

浙江省长公署训令第九百二十二号

令警政厅据董顺生等禀明被人借名续控巡逻
分队长陈荣保实系不知求销案由

令警政厅长夏超

案据董顺生等禀称，声明不知何人借名续控巡逻警察队第三分队长陈荣保非法刑讯一案，实系不知，恳请销案等语到署。据此，查此案前据该董顺生一再禀控，迭经令转查办在案。兹据前情，除批以"禀悉。该民等于陈队长拘办董阿才赌案，既未查知确实，擅许列名呈控，已属非是。兹据禀称，续控陈队长违法一案，系属有人借名，该民等何以懵无所闻，事前并未阻止，殊不可解。案经令查，应候复到核办。此批"等语牌示外，合行抄发原令仰该厅知照，仍遵节次令饬查复核夺。此令。

抄发原呈。

中华民国五年十月二十三日

省长吕公望

附原呈

具呈人董顺生、汤永才、陈光和、李阿江、陆成玉、宋庆红、徐寄生、吴鉴林等，年甲不齐，住艮山门外。

为声明不知何人借名续控巡逻警察队第三分队长陈荣保非法刑讯事。

民等于上月间，因董阿才为赌事被陈队长拘送警厅法办，颇嫌御民太苛，时因董阿才邀请禀诉惩戒，初次冒昧，许其列名是实。后经各方详查，始识陈队长办理此事，确不苛待，悔许董阿才列名呈控良吏，今懊悔未已。讵复有人借民等姓名续控陈队长违法，呈请停职。闻言之下，殊深骇异。究系何人借题发挥，欲泄私愤，民等实系不知。为此具呈声明，仰祈省长俯念民等愚顽无知，初次冒昧免究，并恳恩准销案，不胜戴德之至。谨呈。

（原载《浙江公报》第一千六百六十五号，六至七页，训令）

浙江省长公署训令第九百九十一号[①]

令警政厅转奉天督军兼省长咨请协缉
褫职分奉县知事赵宇航由

令警政厅长夏超

案准奉天督军兼省长咨开，"案查前西丰税捐征收局长、分发县知事赵宇航，迭据人民禀揭，私提各卡，浮收税款万余元，征收豆税，减价填票，吞蚀余款各节，当经财政厅派接任局长傅恩普密查属实，复派稽查员前往澈查无异，当由本省长呈请褫职讯办。于五年九月二十七日奉大总统令，'奉天督军兼署奉天省长张呈[②]，前西丰税捐征收局长、分发县知事赵宇航，巧取浮收，侵吞巨款，请予先行褫职，归案讯办等语。赵宇航着即先行褫职，归案讯办，依律严惩，以儆贪黩。此令'等由。查该员赵宇航，业已畏罪远飏，亟应通缉归案讯办，以伸国纪。除分行外，相应查开该逃员年籍清单，咨行贵公署，请烦转令所属一体协缉"等由，并附清单到署。准此，除分令外，合亟抄录清单，令仰该厅通令所属一体协缉。此令。

中华民国五年十月　日

省长吕公望

---

① 本文由浙江警政厅训令第四百七十二号析出。
② 奉天省长张，即张作霖（1875—1928），字雨亭，奉天海城人。民国五年七月至民国十一年五月任奉天督军兼省长。

附　浙江警政厅训令第四百七十二号

令各属奉省长训令奉天督军兼省长

咨请协缉褫职分奉县知事赵宇航由

令省会、内河、外海各警厅,警备队各区统部

本年十月二十六日,奉省长训令第九九一号内开,"案准奉天督军兼省长咨开,'案查前西丰税捐征收局长、分发县知事赵宇航,迭据人民禀揭,私提各卡,浮收税款万余元,征收豆税,减价填票,吞蚀余款各节,当经财政厅派接任局长傅恩普密查属实,复派稽查员前往澈查无异,当由本省长呈请褫职讯办。于五年九月二十七日奉大总统令,奉天督军兼署奉天省长张呈,前西丰税捐征收局长、分发县知事赵宇航,巧取浮收,侵吞巨款,请予先行褫职,归案讯办等语。赵宇航着即先行褫职,归案讯办,依律严惩,以儆贪黩。此令等由。查该员赵宇航,业已畏罪远飏,亟应通缉归案讯办,以伸国纪。除分行外,相应查开该逃员年籍清单,咨行贵公署,请烦转令所属一体协缉'等由,并附清单到署。准此除分令外,合亟抄录清单,令仰该厅通令所属一体协缉"等因。奉此,合行登报通令,不另行文,仰该厅长、该统带即便遵照转令所属一体协缉。此令。

计抄单:

赵宇航,年三十九岁,直隶南宫县人。

中华民国五年十一月一日

警政厅长夏超

(原载《浙江公报》第一千六百六十九号,一九一六年十一月五日,八至九页,训令)

浙江省长公署训令第九百九十三号

令高检厅据嘉兴吴晋甫等呈伊等被盗
抢劫伤毙人命请饬县严缉由

令高等检察厅长殷汝熊

案据嘉兴县民吴晋甫等以伊等十二家同于九月七日夜间被盗抢劫，并枪毙事主吴茂森一名，殴伤吴松甫、吴丽生二名，请予饬县缉盗追赃，分别究办给领等情呈请到署，并抄呈失单一纸。据此，查此案前据该县知事暨该民等先后电呈，业经令知该厅饬县迅将案内正盗会营督警勒限破获追赃，按法惩办各在案。据呈前情，除批示外，合行抄呈令仰该厅迅令该县知事查照先后令文，勒限缉盗追赃，依法诉究。一面并先查明盗犯姓名、年貌、籍贯，开具清单，呈候通缉。案情重大，毋稍延纵。此令。

中华民国五年十月二十五日

省长吕公望

（原载《浙江公报》第一千六百六十五号，七页，训令）

浙江省长公署训令第一千零四十三号

令高审厅转令各县呈报积案起数由

令高等审判厅长范贤方

照得各县诉讼事件，前因积案过多，迭经前巡按使饬由高等审判厅拟具办法，遴派专员前往清理，迄今两年之久，据报扫数清结者只有崇德等数县，其余各属尚有积案若干，未据呈报，无凭考核。合令该厅迅行通令各县审检所，限文到十日内查明，至本年九月底止，确有积案若干起，据实报由该厅认真复核，转报查考。如有以多报少，或并延迟不报者，应即呈请严予处分，以为欺饰违误者戒。仰即遵照办理，切切。此令。

中华民国五年十月二十七日

省长吕公望

（原载《浙江公报》第一千六百六十五号，七至八页，训令）

浙江省长公署训令第一千零四十四号

令平阳县据商民孔幼臣禀黄可贵等私收埠费请饬严禁由

令平阳县知事张朝辅

案据该县商民孔幼臣即恺"为遵谕禀恳黏祈电准札禁并一面遵章归并过塘事①。窃民于前清宣统二年间，遵章捐请僻中长期部帖，在平阳县城南隅船埠边，承粮开张孔裕丰过塘行，帖注交易茶杂等件，其出口诸货，向归民过塘运送。迨民国纪元，改定新章，又复遵章补缴捐，换长字二百六十四号省帖，仍在原认地点开张，过塘运送。本年三月间有商人吴芝亭等惨遭埠头扰害，禀请道、县札饬示禁各等因批黏，谁知县知事以学捐故，延未准理。民因于四月十四号并二十号禀恳财政厅、巡按使沐准札饬遵办，具复在案。后于五月二十号因茶上市，除埠头黄可贵、戴进弟，长包林正松、许三媄，短包开媄郎、弟阿顺，水头份张钦山、东班老等踵延陋习，私收规费，惨遭躏害外，又有伊等自雇不肖船夫，每于茶叶出运，划至万金铺、倒树桥②、观音亭、水心等僻静水滨，肆行偷窃，又经民禀请县知事出示严禁，各批均粘原示抄电。伏查埠头规费，本为前清积弊，以埠头承办差使，凡客经由处所，皆有埠费，以资差使津贴，后以革除一切差使，而埠头规费亦随之取消。况其时省议会议裁，可知埠规一项早经销灭。比年以来，各县埠头想已一例革除净尽，何独平阳南门外三层楼及坡南二埠，近在县治，仍胆相沿踵弊，私收规费，可谓蔑法已极。乃明知有违禁例，

---

① 孔恺，谱名宪恺，字聘侯，浙江省立法政专门学校毕业。幼臣，族谱未记，估计是别名。

② 倒树桥，底本误作"到树桥"，据《平阳县地名志》径改。

特巧立名目,改埠头经理处,埠役黄可贵、戴进第改名经理人,其每日除埠规费外,又复轮班抽收私费,计有四十余家,名曰水头份,其船载除过北者定有船价,凡过南诸货,仍照旧习,船夫赶货,其货即归该船夫出划,名曰赶载,客货到埠上岸者,名曰起水,装载出外,名曰下水,起落水均有人收取私费。货物过境,自行重任无力,肩人代挑,亦有埠头钱,勒取钱文不等。他如送至鳌江及江南,路近者名曰短包,送至南港、北港,路远者名曰长包。其尤甚者,惟山东班,每埠规费钱一千,山东人坐分四百文。种种积弊,指难枚举。且该痞只知饱蠹,而于客货无论霉霆,任听风飘雨洗,惨不胜言。再加一班肆窃,客人真有冤莫雪。民捐请承粮开张过塘行,例应遵办运送,若蒙归并进口客货,诸害悉除,所需者仅只担力船价而已。奈叠沐札饬,第以学堂捐故延未理,恳将黏示内有仍由黄可贵、戴进第等确核,况今又奉省署钧谕,以地方有何利弊,札饬兴革,埠头为地方要务,非蒙札饬严禁,民何以安?为此黏叩省长电怜核准,札饬严禁,诚为恤商除弊公要,不胜祷切"等情。据此,查此案本省长前在都督任内据前瓯海道道尹转详前来,当即批经前民政厅转饬知照在案。据禀前情,除批示挂发外,合行令仰该知事遵照前饬,赶速详订妥法呈候核夺,勿延。此令。

中华民国五年十月二十七日

省长吕公望

(原载《浙江公报》第一千六百六十五号,八至九页,训令)

浙江省长公署训令第一千零五十七号

令财政厅准财政部咨行派委周佩箴会办
浙江官产事宜由

令财政厅长莫永贞

本年十月二十三日准财政部咨开,"查浙江官产事宜,前为节省经费起见,暂由财政厅长兼办。现在本部对于此项收益,力图整顿,该厅长事务殷繁,恐难兼顾,自应派员会办,以策进行。查有周佩箴堪以派充,月给薪水二百四十元,即在官产收益项下开支。除分别令知外,相应咨请查照饬遵可也"等由。准此,合亟令仰该厅长即便遵照,并通令各属一体知照。此令。

中华民国五年十月二十八日

省长吕公望

(原载《浙江公报》第一千六百六十五号,九至一〇页,训令)

浙江省长公署训令第一千零五十八号

令财政厅准审计院咨饬财政厅查明二三年度内应补送

书据及四年下半年书据一并汇呈核办由

令财政厅长莫永贞

本年十月二十三日准审计院咨开,"案查浙江财政厅所管各捐局二、三年度内,逐月支出计算书表单据,应行送院审查者,尚属不少,现正亟待结束,以资清厘,未便任其延宕。又,四年分下半年各该局支出计算书据,全未送到;其有前经造报由本院审查认为疑义,曾经咨行查询各案,亦未据声复前来,致案悬莫结,殊非重视计政之道。相应咨请转饬该厅查明二、三年度内各该局应行补送支出书据,及四年下半年支出书据一并汇赍。至查询各案,并希从速查复,以凭核办可也"等由。准此,合亟令仰该厅迅即查明二三年度内各局应行补送支出书据,及四年分下半年支出书据,分别催齐汇呈,并将查询各案从速声复,以凭转咨核办,毋再稽延,切切。此令。

中华民国五年十月二十八日

省长吕公望

(原载《浙江公报》第一千六百六十五号,一〇页,训令)

浙江省长公署训令第一千零六十一号

令高检厅据义乌骆正喜呈控吴兆槐等逞凶
焚杀知事宽纵请严饬保护由

令高等检察厅长殷汝熊

案据义乌县民人骆正喜等以"吴兆槐等目无法纪,肆行焚杀,请饬县缉凶究办"等情呈控到署,并附呈抄件、图说等件。据此,查此案前据该县知事呈报,吴章时、吴其煌、吴华祝先后被骆姓杀毙,业经令行该检厅转饬该县严缉骆贵发等到案,提同骆樟维等,并传集人证讯明本案起衅致毙各情,分别诉究在案。据呈"吴章时、吴其煌二名,系由吴姓自行轰毙,暨吴兆槐等肆行焚杀"各节,如果属实,殊属不法,何以该县知事并未据报。除批示外,合行抄呈训令该厅仰即迅行转饬该县详晰查明,秉公办理,一面速将实在情形具报核夺,切切。此令。原呈抄发,绘图并发,仍缴。

中华民国五年十月二十八日

省长吕公望

（原载《浙江公报》第一千六百六十五号,一〇至一一页,训令）

浙江省长公署训令第一千零六十七号

令各交涉员准外交部咨转饬发照机关如发给
护照时应将旧照撤回或竟涂销由

令温州交涉员、特派交涉员、宁波交涉员

为令行事。本年十月二十三日准外交部咨开,"顷准驻京英朱使照称,'准本国外部来咨内称,近经本国陆军部查明驻扎本国及他各中立国之领事官发给本国人护照,查得有时领照之人尚执有期满或将届满之旧照,大都系发新照,未将旧照收销所致。近据确实消息,中立国人到他中立国时,往往有敌国之人向其购买所领之护照,此项护照虽已期满,尽可窜改,展其期限,倘发新照时,不将旧照取销,难免不为敌国人购用。况屡次查行路之人,一人执有两三护照,当此时际,不免致生查验官之疑。是以将此情形特嘱驻扎各国大臣转达各该国政府,即请饬行本国领事官发给护照,如遇领照人存有旧照,应将该照撤回,或竟涂销,以免再用,新照上亦须注明,原领旧照作废等因前来。本大臣准此,相应据情达知贵部,如贵部如蒙转饬有发给护照权之华官照此办理,则欣感无既'等因。准此,相应咨达查照,转饬所属发照机关遵照办理可也"等因。准此,合行令知该交涉员遵照办理。此令。

中华民国五年十月二十八日

省长吕公望

(原载《浙江公报》第一千六百六十五号,一一页,训令)

浙江省长公署训令第一千零六十八号

令高审厅长准司法部电知任命经家龄为浙江高等审判厅长由

令新任高等审判厅长经家龄、现任高等审判厅长范贤方

案准司法部号电内开,"十六日奉大总统令,'任命经家龄署浙江高等审判厅厅长'等因,希转行遵照"等由。准此,除分令知照外,合行令仰该厅长即便遵照。此令。

中华民国五年十月二十八日

省长吕公望

(原载《浙江公报》第一千六百六十五号,一一至一二页,训令)

浙江省长公署训令第一千零七十二号

令衢县知事为该县视学施则行呈省议会

非法处置儒租请核咨取消由

令代理衢县知事王象泰

案据该县视学施则行呈议会,非法处置儒租,请求咨移取消议决

2147

等情。查贤产办学,核与置产原意,并无违背,处置办法既仍由共有之房族公同议决,于法律固无抵触,亦断不至有乙房攫及甲房儒租情事,据呈殊属误会。再,该员既系现任视学,何以禀尾署名有"浙东代表"字样?察阅呈词,于教育原理亦未甚明了,究竟于视学能否胜任,应由该县切实查明复夺,以重教育。合行令仰该知事查照办理,并转行该视学知照。原呈抄发。此令。

计抄发原呈一件。

中华民国五年十月二十八日

省长吕公望

(原载《浙江公报》第一千六百六十五号,一二页,训令)

浙江省长公署指令第二千四百一十号

令乐清县知事钱沐华

呈一件呈前民政厅请委任劝学所所长开送履历由

呈及履历均悉。应准先予委任,仰即将发去任命状转令遵领。摺存。此令。十月二十七日

(原载《浙江公报》第一千六百六十五号,一三页,指令)

浙江省长公署指令第二千四百十二号

令桐庐县知事颜士晋

呈一件呈前民政厅送劝学所所长履历请选择委任由

呈及履历均悉。应准以洪铎为该县劝学所所长,先予委任,俟《施行细则》颁到再令开办,仰即将发去任命状转令遵领。履历存。方颐履历发还。此令。十月二十七日

计发任命状一件,又,发还履历一份。

(原载《浙江公报》第一千六百六十五号,一三页,指令)

浙江省长公署指令第二千四百二十六号

令海宁县知事刘蔚仁

呈一件为警长沈凤仪服务有年勤劳卓著请以警佐记名由

呈及履历均悉。查该警长沈凤仪,本年八月业经前民政厅准予奖给甲种精勤证在案,足资鼓励,所请以警佐记名之处,应毋庸议。履历发还。此令。十月二十七日

（原载《浙江公报》第一千六百六十五号,一三页,指令）

浙江省长公署指令第二千四百二十七号

令安吉县知事姜若

呈一件呈送本年九月分警费支出计算书表等件由

呈悉。查核该县本年九月分警察所支出计算书、表各件,尚无不合,应准照销。至计算表系属定章,自应按月遵办,所请免造之处,应毋庸议,仰即知照。书、表、单据黏存,簿存。此令。十月二十七日

（原载《浙江公报》第一千六百六十五号,一三至一四页,指令）

浙江省长公署指令第二千四百三十四号

令景宁县知事秦琪

呈一件为请发还叙官证明文件由

呈悉。证明文件二件随文发还。此令。十月二十七日

计发还证件二件。

（原载《浙江公报》第一千六百六十五号,一四页,指令）

浙江省长公署指令第二千四百三十五号

令松阳县知事余生球

呈一件呈报改委财政助理请注册由

准予如呈注册。履历存。此令。十月二十七日

附原呈

呈为呈报改委掾属请赐鉴核注册事。

窃职署财政助理施磊因事辞职，业经照准，遗缺查有书记员黄裳吉明白事理，精于计学，堪以升充。除委任外，理合取具履历备文呈请，仰祈钧长察核注册。谨呈。

（原载《浙江公报》第一千六百六十五号，一四页，指令）

浙江省长公署指令第二千四百六十四号

令财政厅长莫永贞
　　呈一件为遵令议复象山县条陈地方
　　应兴应革案内财政事宜由
呈悉。所议尚无不合，仰即转行该县遵照办理。此令。十月二十八日

附原呈

呈为遵令核议具复事。

案奉钧长训令内开，"案据象山县知事张鹏霄呈称，遵饬条陈该县地方应兴应革事宜，请予核示等情，并附呈清摺到署。据此除将条陈分别核明批答，并指令该知事遵办外，合亟钞录原摺内应由该厅核议各条暨本署批答令发该厅遵照办理。此令"等因，并摘录该县财政条陈及批答到厅。奉此，查银米并串征收，本非正办，浙东各县前因剔除南兵米折几费手续，现除少数之县实有不能分串者，仍准一串并征，其余均分银、米两串。该县秋米向系另串征收，米与银折价不同，附收特捐及征费又多寡不一，并列一串，眉目不清，转滋流弊，自应循旧办理，以免牵混。至串尾加列应完各项银元总数及征册上按户签字各节，言之似尚成理。惟查现行串式正税及带征各款均分行列，有填注数字空

格,果能于造串时,先将该户应完银米折价及带征各款数目于空格内逐一填明,即不结填总数,以散合总无所出入,况先期有由单填明分给业户,本已一目了然,县知事为经征官吏,监督查察是其专责,而以完户签字为卸责地步,实属无此办法,所言殊不足取。此外如恢复催征陈粮之传费,其性质与督促费相类,更属未便准行。奉令前因,合将核议缘由具文呈复,仰祈钧长鉴核示遵。谨呈。

（原载《浙江公报》第一千六百六十五号,一四至一五页,指令）

浙江省长公署指令第二千四百七十五号

令高等审判检察厅附设筹备处

呈一件高等两厅呈请将永嘉旧县署

改设高等分厅暨地方厅由

呈悉。永嘉旧县署改设该处高等分厅暨地方审检厅,既系较为适用,所需修费亦较分庭原址相差无几,自可照准,仰即分别转饬遵照。此令。十月二十八日

（原载《浙江公报》第一千六百六十五号,一五页,指令）

浙江省长公署指令第二千四百九十号

令临海县知事戚思周

呈一件为裁留警队暨请拨款项由

呈悉。查各县警队业经通令依限裁撤在案,该县果有特别情形,应遵照前项《裁撤警队办法》第四条办理,所请应毋庸议。仰即另筹的款,呈候核夺。至禁烟罚款,原系司法收入留备禁烟之用,所有余款除仍备禁烟用费暨拨补司法不敷经费外,余均不准动支。各该被裁之兵,既经由县核准给予饷银一月,以资谋生,并仰另行筹给具报备查。此令。十月二十八日

（原载《浙江公报》第一千六百六十五号,一五至一六页,指令）

浙江省长公署指令第二千四百九十一号

令龙泉县警察所所长范贤祁

呈一件呈送九月分计算书据表册单请核夺由

察阅呈送表单收据，尚无不合。册书所列开支各款，亦属核实，应准照销。惟计算书、对照表等，嗣后务须专文送核，以清界限，仰即知照。附件存。此令。十月二十八日

（原载《浙江公报》第一千六百六十五号，一六页，指令）

浙江省长公署指令第二千四百九十五号

令天台县知事姜恂如

呈一件为补给新式枪械并提前调补废铁以资捍卫由

查本署前令民政厅派员查验各属枪械，分别调换，俾归一律，当经前民政厅通令各县造具现存枪弹种类数目表，呈候核办。该县迄未送到，究竟该县署及警察所现存枪械子弹是何种类，废坏枪弹能否修用，并不列表声明，率请提前调补，殊属疏忽。仰即查照前民政厅训令详造细表送候派委查验后，再行酌予调换。至请领枪弹，应须备缴半价，该县准备金项下存有若干，能否足敷购领，并即查明，另文呈夺。再，本公署现与督军署分署办公，呈请文件应辨别性质，分文送核，来呈上衔仍然并称，尤属非是。嗣后务须遵办，不得有误，切切。此令。十月二十八日

（原载《浙江公报》第一千六百六十五号，一六页，指令）

浙江省长公署指令第二千四百九十六号

令景宁县知事秦琪

呈一件为遵饬汇报五年七八九等月无盗匪案件发生并声叙

自三年一月到任迄今二年以上均无是项案件发生由

据呈，该知事到任迄今二年以上，并无盗案发生，查卷相符，应将

该知事记大功一次,以示鼓励。除注册外,并填给记功状一纸,仰即祗领具报。此令。十月二十八日

计发记功状一纸。

（原载《浙江公报》第一千六百六十五号,一六至一七页,指令）

浙江省长公署指令第二千五百十九号

令遂安县知事陈与椿

　　呈一件呈前民政厅为呈送学校课外运动一览表
　　并公众运动会章程及图说请核示由

呈悉。察阅一览表,该县各校课外运动已多遵照奉行,良堪嘉慰。惟各该校《运动章程》未据附送,应速分令补具并加具一览表一分送候并转。至公众运动场系社会体育,为一般人民随时运动之所,与各校课外运动固系两事,即与学校联合运动会亦属有别,据拟筹备《课外公众运动会章程》,殊属误会,应行发还改拟,并加拟《设备计画书》一并呈夺。所定场地与此项运动场是否相宜,并应切实查明,再行呈候咨拨,仰即分别遵照。表存。余件发还。此令。十月二十八日

计发还章程一分、图说一分。

（原载《浙江公报》第一千六百六十五号,一七页,指令）

浙江省长公署指令第二千五百三十六号

令於潜县知事

　　呈一件条陈该县地方应兴应革事宜由

呈及清摺均悉。所拟各项办法,业经分别核明批答随令抄发,仰即遵照办理,仍将遵办情形具报。原摺及本署批答并即分录报由主管官署查考。清摺存。此令。十月二十八日

计抄发批答。

警政条陈批答

该县南乡、北乡由乡民自行筹设警察,警费既未具报,督率调遣,县中亦不顾问办法,殊非正当。所拟"遴派警长一名前往督同办理,经费归警董负责收支,按月报县核销,其警察职权范围内应办各事,由该知事饬令城区警佐指挥该处警长办理并负责任"等情,应即妥速办理具报,一面仍应随时督同警佐认真整顿,毋稍废弛,致资藉口。至东西两乡既据调查,有筹设警察之必要,并各筹定每年经常费,应准照办,并即妥速进行,将详细办法呈候核夺。

财政条陈批答

该县地丁地及抵补金,历年征数短绌,既由隐熟作荒所致,应如所拟迅将未完民欠,按户造册,认真查挤,以期恢复原额。其余杂捐,责成前清旧吏办理,殊属不合,应速收回内办,切实整顿,以杜流弊。屯田缴价善后办法,并拟定加价及标卖期间应即补呈察夺,毋延。切切。

司法条陈批答

讼棍颠倒黑白、教唆兴讼,亟宜查访明确,按律起诉,送交专审员依法讯办,以惩习健。法警、承法吏,既据访诸舆论,均谓时有藉案需索及招谣撞骗情事,应即从严惩治,无稍偏护,以期整顿。至于严禁赌博等事,本属知事职责,尤宜随时督饬警役认真查办,勿徒托空言,是为至要。

教育条陈批答

据陈于该县教育,各项校风如何整饬,师资是否足用,佐治人员如何任用,社会教育如何进行等,一字不提,即于现有各校经费及将来扩充计画,所拟按户派捐附加正税,亦仍归束于民意民力,尚待研究。是该知事对于县中教育事宜,可谓毫无布置,实属敷衍,应即严加申斥,仍限一月内将全县教育事宜详细计画呈核。

实业条陈批答

修复旧荡，事关水利，亟宜积极进行，仰即拟章呈核。森林、蚕桑两事，所拟办法，尚属可行，应需经费，应即切实筹议具报，毋徒以空言塞责。

（原载《浙江公报》第一千六百六十五号，一七至一八页，指令）

浙江省长公署指令第二千五百三十九号[①]

令警政厅长夏超

呈一件为呈复查明第一区第六营周管带

扣留陈谘议私置木器一案由

呈悉。既据查明谘议陈步棠搬运各物确非公家物件，该管带周辉并未就移交清册点验清楚，漫听人言，派兵拦阻，办事卤莽已极。惟据称尚非有意留难，姑从宽，严加申斥。其调查未确，率尔报告之哨官陈祖禄、会计秦华一并申斥，以示儆戒。除咨复督军外，仰即转令遵照。此令。十月　日

附　浙江警政厅训令第五百三十号

令警备队第一区统带奉省长指令本厅呈复

警备一区周管带扣留陈谘议木器一案由

令警备队第一区统带王凤鸣

本年十月三十一日奉省长公署第二五三九号指令，本厅呈据委员冯惠安呈复查明该区第六营周管带扣留陈谘议私置木器一案由，奉令"呈悉。既据查明谘议陈步棠搬运各物确非公家物件，该管带周辉并未就移交清册点验清楚，漫听人言，派兵拦阻，办事卤莽已极。惟据称尚非有意留难，姑从宽，严加申斥。其调

①　本文由浙江警政厅训令第五百三十号析出。

查未确,率尔报告之哨官陈祖禄、会计秦华一并申斥,以示儆戒。除咨复督军外,仰即转令遵照。此令"等因。奉此,查此案前据委员冯惠安查复到厅,以该管带周辉对于陈谘议所搬各物并未就移交清册详晰核对,漫听人言,派兵拦阻,虽非有意留难,而办事粗疏,已可概见,业经训令该统带严加申斥,并呈复在案。兹奉前因,除注册外,仰即转饬遵照。此令。

中华民国五年十一月七日

警政厅长夏超

（原载《浙江公报》第一千六百七十六号,一九一六年十一月十二日,二〇至二一页,训令）

浙江省长公署批第六百号

原具呈人青田金璋等

呈一件呈前民政厅为劝学所长呈荐非人请饬改选由

查遴选劝学所长系县知事之职权,该孙渊、叶蔚是否胜任,自有该知事负责,均毋庸该民等干预,所请不准。此批。十月二十四日

（原载《浙江公报》第一千六百六十五号,一九页,批示）

浙江省长公署批第六百十一号

原具呈人新登罗洪海

呈一件呈罗世恭贿通册书占谋山产一案乞讯明究治由

案经迭次批斥,现在是否已经三审判决,来呈又未叙明,显系有心朦混,仍不准。此批。十月二十五日

（原载《浙江公报》第一千六百六十五号,一九页,批示）

浙江省长公署批第六百十二号

原具呈人景瑞三即五四

呈一件呈请患病日久请令厅准予保释由

呈及抄件均悉。案经饬厅查核办理,该被告能否取保,仰即自向高等审判厅呈请核示可也。此批。抄件附。十月二十五日

（原载《浙江公报》第一千六百六十五号,一九页,批示）

浙江省长公署批第六百十三号

原具呈人嘉兴吴晋甫等

呈一件为伊等被盗劫抢伤毙人命请饬县严缉由

呈及失单均悉。查此案前据该县知事暨该民等先后电呈,迭经令行高等检察厅,饬县将案内正盗,会营督警,勒限破获追赃,按法惩办各在案。据呈各情,仰候训令该厅,转令该县迅行查照前令缉犯追赃,依法诉究,并先查明逸犯姓名、年貌、籍贯呈候通缉可也。此批。失单存。十月二十五日

（原载《浙江公报》第一千六百六十五号,一九至二〇页,批示）

浙江省长公署批第六百十四号

原具禀人萧山孙衡等

禀一件为勘明半爿山下泥塘危险情形

粘呈图说请电核施行由

禀及黏件均悉。查此案业据水利委员会勘复,以该处水势冲激较小,毋庸添筑盘头,并令行绍、萧两县知事,转谕各轮船局沿塘缓行,以免塘脚冲刷在案,仰即知照。此批。十月二十五日

（原载《浙江公报》第一千六百六十五号,二〇页,批示）

浙江省长公署批第六百十五号

原具呈人施宗范

呈一件呈请将禁泊商船示谕饬县取消由

呈、黏均悉。查《关章》第一条内载各节，如果各商船一律遵守，则往来梭船自无碰撞之虞，该县知事何至于勘明后，复以"有碍行船，自罗湾马道至安澜亭止示禁"，其中究竟若何情节，并自此次示禁后，于起卸货物、报关请验等事，有无妨碍之处，候令行该知事明白具复，以凭察夺可也。件存。此批。十月二十五日

（原载《浙江公报》第一千六百六十五号，二〇页，批示）

浙江省长公署批第六百十六号

原具呈人临海县民许树勋

呈一件为船户应金永等不缴船捐一案

补叙理由请准予诉愿由

呈及附件均悉。候将诉愿副本令发该县知事，依限答辩可也。此批。十月二十五日

（原载《浙江公报》第一千六百六十五号，二〇页，批示）

浙江省长公署批第六百十七号

原具呈人王文烈等

呈一件为杨梓青侵占官路一案请令县强制执行由

案经县公署先后批令迁让，如果该杨梓青确有抗违情事，应由该民等向县呈催，毋庸越渎。此批。十月廿五日

（原载《浙江公报》第一千六百六十五号，二〇至二一页，批示）

浙江省长公署批第六百十八号

原具呈人绍萧公民徐绳宗等

呈一件为西江塘危急请迅予派员实测由

呈悉。业经令饬海塘测量处提前赶测矣,仰即知照。此批。十月
二十五日

（原载《浙江公报》第一千六百六十五号,二一页,批示）

浙江省长公署批第六百十九号

原具禀人德清姚大炳

禀一件为与沈宏昌等因庵产纠葛不服县批
提起诉愿一案请速决定由

禀悉。查此案已令催该县知事依法答辩,并令杭县地审厅检送
卷宗矣。仰候一并送到,依法裁决。此批。十月二十五日

（原载《浙江公报》第一千六百六十五号,二一页,批示）

浙江省长公署批第六百二十二号

原具呈人永嘉季昌波等

呈一件呈控李应木等移尸捣抢一案
请提犯惩治由

呈悉。查李徐氏等藉尸诈扰、聚众抗拒各节,前据高等检察厅派
员查复,并据该县知事呈报,节经指令会营勒拘讯明拟办,如果再有
持枪抗拒等事,应查照《警械使用法》办理各在案,仰即知照。此批。
十月二十五日

（原载《浙江公报》第一千六百六十五号,二一页,批示）

浙江省长公署批第六百二十三号

原具呈人瑞安胡调元等

呈一件胪举该县代理知事成绩请予留任由

该县代理知事李藩,代理以来,有无成绩,应否留任,本省长自能秉公核办,毋庸该民等率行请求也。此批。来呈于姓名之下各书押字,殊不合式,并着知照。此批。十月二十五日

(原载《浙江公报》第一千六百六十五号,二二页,批示)

浙江省长公署批第六百二十四号

原具呈人开化汪子溥等

呈一件禀控该县会计员周印潭等种种不法请委查办由

据呈该县署会计员周印潭种种不法情形,如果属实,应即呈请该县知事查办,何得以一纸邮呈率行越渎,不准。此批。结发还。十月二十五日

(原载《浙江公报》第一千六百六十五号,二二页,批示)

浙江省长公署批第六百二十五号

原具呈人永嘉县公民项湘

呈一件呈为限制制盐损失大利请求准予开放由

既据分呈,仰候盐运使核示可也。此批。十月二十三日

(原载《浙江公报》第一千六百六十五号,二二页,批示)

浙江省长公署批第六百二十六号

原具呈人馀姚县公民朱恭寿等

呈一件禀控该县征收主任杨秉政巧立
名目浮收国税请依律惩办由

禀悉。查业户领取户折,应纳手数料之限度,已于《编审户粮办

法》第六条内明白规定,何以该县复有送达费名目,是否呈明有案,抑系征收主任杨秉政违法浮收,候令行财政厅查明核办具复察夺。此批。黏件附。十月二十三日

（原载《浙江公报》第一千六百六十五号,二二页,批示）

浙江省长公署批第六百二十七号

原具呈人宁海公民胡佩珍等

呈一件请派员会勘拟设县治由

据呈已悉。候派员驰往会勘可也。此批。十月　日

（原载《浙江公报》第一千六百六十五号,二二页,批示）

浙江省长公署批第六百二十九号

原具呈人朱仙溪等

呈一件呈为创设东义永旅兰病院请令

三县酌拨公益费以资补助由

呈及附件均悉。该民等拟在兰溪创设协济病院,救济旅民,殊堪嘉许。惟该三县公益费有无余力拨补,仰即径呈各该县知事核办可也。此批。十月二十五日

（原载《浙江公报》第一千六百六十五号,二二至二三页,批示）

浙江省长公署批第六百三十九号

原具呈人临海林叶春

呈一件呈被朱子麟冤诬拔苗团总非法滥刑请准上诉由

呈及抄件均悉。此案究系何时判决,尔子林湛井系于何时呈请上诉,有无经过法定期间,未据详细声明,无凭核办。仰即声叙明白,并将判词抄呈,再行察夺。此批。黏抄附。十月二十七日

（原载《浙江公报》第一千六百六十五号,二三页,批示）

浙江省长公署批第六百五十三号

原具呈人海宁公民吕丕英

呈一件为请咨部资遣吕留良子孙回浙由

呈悉。吕先生后裔长沦奴籍，悯恻良深，候据情咨部核办可也。此批。十月二十八日

（原载《浙江公报》第一千六百六十五号，二三页，批示）

浙江省长公署咨农商部

据富阳县呈报商会启用钤记日期并缴销钤记由

浙江省长公署为咨行事。案查富阳县商会改组一案，本公署据前民政厅呈送章程等件咨准大部咨复准予备案，并附钤记一颗到署。经检同钤记令行该厅转令该县发给具领，并饬将启用日期报县转呈在案。兹据该县知事呈称，"奉经备函转送该会会长查收，兹准咨称，'谨于本年十月十四日特开全体大会，召集诸会员、会董出席，当众启用，将旧钤记截角缴销'前来。理合将启用日期及旧钤记一并备文呈报，仰祈省长鉴核存销，并赐转咨，实为公便"等情，并附缴旧钤记前来。据此，除指令并将缴到钤记存销外，相应据情咨明大部，请烦查照备案。此咨

农商总长

浙江省长吕公望

中华民国五年十月三十日

（原载《浙江公报》第一千六百六十六号，一九一六年十一月二日，三页，咨）

浙江省长公署公函 五年　字第二十四号

盐运使据镇海公民虞和德等请将东绪乡
灶民盐粮援照民田减粮成案办理由

径启者。据镇海县东绪乡公民虞和德等呈称,"窃惟上年七月二十七夜,暴风为灾,损失之巨,以镇海东绪乡为最,沿海堤塘被潮冲击,坍塌殆遍,禾稼之损伤既重,棉花之淹没尤甚。查东绪乡地滨大海,物产以棉花为大宗,自遭风灾以后,灶民生计顿形枯竭。当经和德等电禀前巡按使屈、会稽道尹梁,并拟《救灾条例》五条呈请核准施行,复由自治委员郑继耀详请镇海县知事转咨鸣鹤场知事各在案。旋蒙镇海县及鸣鹤场知事先后拨款放赈后,黎民得庆更生,此则和德等所同深感纫者。不今镇海全县民田地丁已蒙县知事详奉省长减收一成,于今年上下忙一律留抵,仰见长官俯恤民困之至意。惟灶民之被灾既甚,所有本年盐粮似应一体减收,方为公允。和德等谊属桑梓,痛深切肤,为特联名公禀,仰乞省长咨商盐运使迅饬鸣鹤场知事,援照民田减粮成案,准予灶田破格减成,藉免偏枯而昭大公,灾余灶民引领以待,无任惶悚屏营之至"等情前来。相应据情函致贵署,即希查酌办理。此致
两浙盐运使

中华民国五年十月三十日

（原载《浙江公报》第一千六百六十六号,四页,公函）

浙江省长公署训令第一千零七十五号

令杭县等县令催拟送条陈内各项章程暨具报遵办情形由

令杭县、富阳、余杭、临安、桐乡、吴兴、德清、武康、象山、绍兴、萧山、上虞、兰溪、武义、浦江、衢县、桐庐、遂安、寿昌、分水、缙云、遂昌、云和、景宁、昌化、嘉兴、崇德、孝丰、奉化、定海、嵊县、仙居、金华、龙游、江山、常山、泰顺、玉环、丽水县知事

案查各县条陈兴革事宜,业经先后批答,并分别饬令拟送章程暨将遵办情形具报在案。兹查各县遵照具复到署者尚属寥寥,除分别令催外,合亟令仰该知事即便查照前今各令克日呈复,以凭核办,毋延。此令。

中华民国五年十月二十八日

省长吕公望

(原载《浙江公报》第一千六百六十六号,五页,训令)

浙江省长公署训令第一千零七十八号

令诸暨县知事据该县周懿浒呈控警察滥权
逮捕警佐抗复抗查请查究由

令诸暨县知事

案据该县周懿浒呈称,"警察滥权逮捕,警佐抗查抗复,狼狈违法,请令县速究"等情到署。据此,除以"呈悉。既经呈由县知事函知警所查复核办,并据呈催有案。该警佐何以延未查复,有无别情,仰候令行诸暨县查案核办"等语批示外,合亟抄呈令仰该县查案办理。至原呈所称"该警郭正元平日不法行为"等语,是否属实,并应澈查核办具复。此令。

中华民国五年十月三十日

省长吕公望

(原载《浙江公报》第一千六百六十六号,五页,训令)

浙江省长公署指令第二千三百二十一号

令财政厅长莫永贞

呈一件呈为查复绍兴县公民朱文宪等禀控该县知事宋承家
任用前清库书姚立三包征钱粮种种违法等情一案由

呈悉。征收钱粮关系何等重大,该知事宋承家并不慎选人员,认真办理,以致前清滑吏姚立三,得以厕身其间,弄权玩法,虽非直接任用,究属无可辞咎,应将该知事严加申斥,以示薄惩。催收役沿用旧时粮差,已非正办,而每人每月所给川食又极微薄,势不能赡其身家。况勒索费用,本系若辈惯技,欲期弊绝风清,何啻南辕北辙,并饬立即切实甄别,分别去留,勿稍姑容。一面督饬征收主任王季琴,将征收事务振刷精神,妥为整理,以观后效。余如所议办理,仰即知照。此令。附件存。十月二十五日

(原载《浙江公报》第一千六百六十六号,七页,指令)

浙江省长公署指令第二千三百三十七号

令警政厅长夏超

　　呈一件呈送三区二营管带高绍基履历
　　印条并项燃旧任命状由

呈悉。履历、印条存。旧任命状验销。此令。十月二十六日

(原载《浙江公报》第一千六百六十六号,七页,指令)

浙江省长公署指令第二千四百三十三号

令高等审判厅长范贤方

　　呈一件请将已故余杭专审员江巨夔核结恤金由

呈悉。查专审员即承审员,虽为文职表所未载,究属委任官之一种。该故员江巨夔,既经在职病故,仰候分咨司法部、铨叙局核复办理,再令知照。此令。十月二十七日

(原载《浙江公报》第一千六百六十六号,七页,指令)

浙江省长公署指令第二千四百六十三号

令财政厅长莫永贞

　　呈一件具复海宁茶商林陈鹤控廖司事索诈
　　不遂反诬殴辱委员查复情形由

既据派委查明,廖司事并无需索规费情事,应准免予置议。余并悉。此令。摺存。十月二十八日

附　原呈

为呈复事。

案奉省长令开，"本年八月七日据海宁茶商泰顺、昌公、泰隆、公正、昌隆记新四茶行总代表林陈鹤禀称，'商等于阴历六月八日装运茶叶八十二件，分运至平湖等处，由硖石报捐出口，经过白苎地方，巡船廖司事盖印已讫，将票留住，谓规矩未完，不能开船。船户以捐已报足，印已盖好，有何规矩未完？廖司事即伸手将船户掌颊。船户以无理受辱与之争执，廖司事老羞成怒，反诬船户殴辱。廖司事遂以失去衣袋中银洋二十元、指上金戒两只，即将船户徐小四一名送至海盐警察所，转请解送海盐县拘留在案。查此次商等装货分运，捐税报足，廖司事所谓规矩未完者，因该局向有每件收受私费洋一角五分情事。此次徐小四摇此装船，初次承办，未悉此项陋规，以捐既报足，故与之争论，在船户一方面无可谓其取咎，而廖司事以索取陋规之不遂，恐自受其咎，反诬人以罪，以图饰己之过，幸白苎乡民皆有共见，已呈公禀声明徐小四之冤屈，廖司事之不法等情在案。查该司事系海盐廖局长之侄，不法索诈，事非一端。以茶叶一部分而言，去年装货至屿城地方，曾被截索诈，因其时值霉雨天气，新货茶叶不能久留路上，故不暇交涉，曾以一百五十元了事。该局此外种种不法情事，罄竹难书。徐小四身充船伙，劳劲度日。当此炎天酷暑，身困冤狱已将一月，其妻母屡来啼哭，缠扰不休，商等暨白苎地方商民，虽屡为剖证请释，而廖司事必欲赔偿银洋、金戒后，始肯代为请县释放。此等违法情事，岂犹容于今日世界？为此商等环叩钧长，请求派员调查，饬知海盐县知事迅将徐小四释放，并饬知廖局长澈究司事不法，以禁奸吏而释冤民'等情。据此，据称廖司事索诈不遂，反诬殴辱，虽系一面之词，然捐局司事最易滋弊，亟应澈查明确，实究虚坐。除批示外，合行令仰该厅迅

速遴选公正人员前往确切查明,具复核夺,并先令行海盐县知照
毋延,切切。此令"等因。奉此,查此案先据海盐统捐局抄录海
盐县判决词呈送到厅,正在核办间,适奉前因,当经委任袁旭前
往海盐,确切查明,据实具复,以凭核办去后。兹据袁委员呈称,
"遵于九月六日驰往海盐县,按照该代表林陈鹤禀控情形确切调
查。查得此案实因该船户徐小四即徐叶四,于本年阴历六月六
日由硖石装运茶叶至平湖等处,经过海盐县属白苎地方,巡船查
验,廖司事因该船户呈验捐票仅载八十二件,而察看船内装货较
多,恐有货票不符之弊,遂令翻舱点验。该船户不服,急欲夺还
捐票,以致互相冲突,殴伤廖司事咽喉、右肚、胁左、后肋等处。
随将该船户徐小四及在场附和之沈叶二连同船货一并扭获送交
警察所,转送县公署,验明廖司事伤痕,依法将该船户等分别判
决。一面由县公署委员黄承桐协同统捐局征收员徐鹤洲查验,
船内茶叶计有八十八件,除票载八十二件外,尚有六件,计六百
觔,并无捐票开单附卷。旋由该船户自挽硖石商务分会会长备
函,并派代表前往海盐商会与王会长家梁协商理处,除在场附和
之沈叶二,由王会长向县保释,并补缴捐洋十二元九角六分外,
所有廖司事因夺票时被失票银、指戒等物,声明由船户一并赔
偿。此系该船户始则反抗不服稽查,继则逞蛮夺票扭殴,是起衅
原由。经委员博访周咨,参以县公署判决之原案,暨海盐商会王
会长面述详情,并非廖司事需索规费所致。至该代表所称该司
事系廖局长之侄,不法索诈,事非一端,去年装货至屿城地方,被
截货索诈,曾以一百五十元了事一节,究竟去年何年何月之事①,
未据切实声叙。查廖局长系江西人,于本年五月间奉委接事,该
司事廖澄,籍隶浙江,此次随同廖局长前往充当局员,为时未久。

①　何年何月,疑为"何月何日"之误。

原控指称廖司事于去年在该处截货索诈,显系砌词耸听。理合将遵查情形据实呈复,仰祈鉴核"等情。据此,查海盐局廖司事对于此案,既据委员查明,并无需索规费情事,拟请毋庸置议。至船户抗捐,不服稽查,逞蛮肆殴,不法已极,既由海盐县验明伤痕依法判决,应照原判执行,以重榷政而儆刁狡。理合抄同海盐县判词及验伤单备文呈复,仰祈省长察核。谨呈。

（原载《浙江公报》第一千六百六十六号,七至九页,指令）

浙江省长公署指令第二千四百七十四号

令高等检察厅长殷汝熊

呈一件呈送定海监狱工场七八月份收支报告表册由

呈及册、表均悉。仰该厅查核饬遵具报。清册二本、表四张均发。仍缴。此令。十月二十八日

定海县管狱员汪溥,谨将监狱工场七月份收支各款造具清册,呈请察核。

计开:

旧管

一、垫付洋一百四十七元四角零五厘。

新收

一、收织工科出品,售洋五十元零一分二厘。内:

正大号毛巾四十九打五条,洋四十八元四角三分七厘;副大号毛巾一打九条,洋一元五角七分五厘。

一、收纸工科出品,售洋二十八元七角六分七厘。内:

双魁红格八行笺一千七百张,洋二元三角八分;双魁黄格七行笺二百张,洋二角。

如意笺四百五十张,洋一元三角零五厘;足百鹿印草二本,

洋一角零四厘；

足五十鹿印草六本，洋一角五分六厘；足一百次鹿印草五本，洋二角五分；

足五十次鹿印草四十九本，洋一元二角二分五厘；三层连十八户五百个，洋一元五角；

印寸户一百五十个，洋一角五分；《普陀山志》书一部，洋四角五分；

三层十八户三百个，洋八角四分；四扣重白全二百二十个，洋一元六角五分；

三层连二十四户一千五十个，洋二元三角一分；五扣官白全九十个，洋九角；

足毛尖草二本，洋五分二厘；一百布总清一本，洋一角八分；

二层饬封三十个，洋三角三分六厘；足百鹿白草一本，洋四分四厘；

足百元印中三元十本，洋六角六分；足五十元印中三元十本，洋三角三分；

算术簿四本，洋一角零四厘；图画簿二十本，洋五角二分；

一百五十布便查四本，洋九角六分；一百布便查二本，洋三角二分；

营租执照一本，洋二角一分二厘；诉讼月报表八十张，洋三角八分四厘；

招生广告五十张，洋一角二分五厘；二十五页条簿六本，洋七分二厘；

五十鹿三联票十本，洋七角五分；公函封三百五十个，洋三元五角；

四页公函纸三百五十套，洋二元八角；三页公函纸四百套，洋二元四角；

魁六行笺二千三百五十张,洋一元五角九分八厘。

一、收竹工科出品,售洋六元九角八分四厘。内:

网篮四只,洋六角;小盅篮一只,洋二角;

竹轿架四根,洋二角;十四淘米箕四只,洋五角六分;

饭篮二只,洋四角五分;轿顶一只,洋四角五分;

畚斗二只,洋二角八分;菜篮一只,洋一角六分;

羹架三只,洋九分;洗帚二把,洋一分四厘;

鱼篓一只,洋二角;十六淘米箕二只,洋三角六分;

篾簟二块,洋二元四角;帘子二斗,洋四角五分;

修旧,洋五角七分。

以上三款,共收洋八十五元七角六分三厘。

开除

一、支月薪,洋二十三元。内:

纸工科艺师一人,月薪洋十元;工场书记一人,月薪洋十元;

织工科工犯魏文倍,兼充教授,赏与金,洋三元。

一、支赏与金,洋一元七角七分。内:

陈立锡,洋一角六分;朱金生,洋八分;

吴得生,洋一角一分;陆子居,洋一角二分;

乐嗣法,洋一角;叶阿高,洋二角;

王夏生,洋一角;张廷高,洋三角;

钱炳荣,洋三角;乐明金,洋二角;

王批成,洋一角。

一、支纸工科材料,洋一元一角九分。内:

麦粉,洋八角;木纱,洋三角二分;漆,洋七分。

一、支竹工科材料,洋九元一角八分。内:

毛竹一千一百二十斤,洋七元四角九分八厘;木中十一斤,洋一元四角八厘；

　　洋钉，洋三分；麻，洋四分四厘；

　　棕绳一支，洋二角。

一、支杂项，洋一元一角七分。内：

　　毛竹肩力，洋二角二分；扫帚五把，洋二角五分；

　　挑水漂毛巾用，洋三角；茶水，洋四角。

　　以上五款，共支洋三十六元三角一分。

实在

一、垫付，洋九十七元九角五分二厘。

定海监狱工场材料报告表 民国五年七月份①

科别	品　名	上月存数	本月收数	本月用数	存　数
织工科	棉纱	七包半	无	二包半	五包
	十六红纱	二只	又	二只	无
	漂粉	四十四磅	又	四磅	四十磅
	二磅太古皂	二两	又	无	二两
纸工科	双赛鹿	五件十刀	又	三刀	五件七刀
	双魁鹿	一件	又	一刀	十一刀
	博鹿	五刀	又	四刀半	半刀
	重泰	四刀	又	二刀	二刀
	表古	二刀	又	半刀	一刀半
	官堆	二刀	又	二刀	无
	有光连	七刀	又	五刀	二刀
	京庄	一刀	又	一刀	无

---

①　底本无表格，由整理者添加。以下出品报告表同。

科别	品　名	上月存数	本月收数	本月用数	存　数
纸工科	本连泗	四刀	又	一刀	三刀
	道林	四十八张	又	四十八张	无
	白报	四刀	又	一刀	三刀
	龙牌绿	四两	又	三两	一两
	虎牌蓝	四两	又	三两	一两
	单赛鹿	一件	又	一件	无
	白毛尖	三件	又	一件	二件
	连黄帖	三件	又	无	三件
	洋连	四刀	又	二刀	二刀
	金鹿	五件	又	无	五件
	白毛参	十刀	又	三刀	七刀
	马粪纸	八张	又	八张	无
	燕靛	一包	又	半包	半包
	金黄粉	一两五钱	又	一两五钱	无
竹工科	毛竹	一千三百斤	一千一百二十斤	六百二十斤	一千八百斤
	木中	七斤	十一斤	八斤	十斤
	洋钉	半斤	无	半斤	无
备考					

定海监狱工场出品报告表 民国五年七月份

科别	品　名	数　量			
		上月存数	本月制成数量	已售数量	实存数量
织工科	大号毛巾	六百五十七条	三百七十二条	五百九十三条	四百六十三条
	副大号毛巾	三百八十四条	八十四条	二十一条	四百四十七条

续　表

科别	品　名	数　　量			
		上月存数	本月制成数量	已售数量	实存数量
织工科	二号毛巾	十五条	无	无	十五条
	双魁红格八行笺	二千一百张	无	一千七百张	四百张
	双魁黄格七行笺	三千六百张	又	二百张	三千四百张
	本如意笺	八百张	又	四百五十张	三百五十张
	本八行笺	五千二百五十张	又	无	五千二百五十张
	十页稿簿	三十本	又	又	三十本
纸工科	光三连传票	六本	无	又	六本
	一百毛鹿印三元	一百十本	又	又	一百十本
	足百印鹿草	六十一本	一百五十六本	二本	二百十五本
	五十印鹿草	四百四十三本	无	六本	四百三十七本
	足百印鹿草	五本	又	五本	无
	五十次印鹿草	四十九本	又	四十九本	又
	足五十毛尖草	十一本	又	无	十一本
	五十毛尖草	六百八十本	四百本	又	一千八十本
	三层连十八户	一百个	三千六百个	五百个	三千二百个
	足百官印方草	十九本	无	无	十九本
	足百官印三元	五十五本	无	无	五十五本
	三十官堆作文簿	八十五本	又	无	八十五本
	印寸户	五十个	三千五十个	一百五十个	二千九百五十个
	《普陀山志》书	一部	无	一部	无
	三层十八户	八百五十个	二百五十个	三百个	八百个

科别	品名	数量			
		上月存数	本月制成数量	已售数量	实存数量
纸工科	白寸户	六百个	无	无	六百个
	顶月单	五百张	又	又	五百张
	顶月封	五百个	又	又	五百个
	顶月千	五百张	又	又	五百张
	四扣重白全	三百八十个	又	二百二十个	一百六十个
	三层连二四户	三千一百五十个	五百个	一千五十个	二千六百个
	五扣官白全	五百四十个	无	九十个	四百五十个
	行百毛尖草	九十六本	又	无	九十六本
	毛尖中草	二百二十本	又	又	二百二十本
	足百毛尖草	二本	一百二十本	二本	一百二十本
	一百布总清	十二本	无	一本	十一本
	五十布总清	七本	又	无	七本
	一百五十布总清	二本	又	又	二本
	二层饬封	九百五十个	又	三十个	九百二十个
	毛九中抄	一百六十本	又	无	一百六十本
	毛九小抄	七十本	无	无	七十本
	三十毛尖抄	一百二十四本	又	又	一百二十四本
	足百鹿白三元	十四本	又	又	十四本
	贡琴八行	一千张	又	又	一千张
	足五十印三元	二十五本	又	又	二十五本
	足百鹿白草	二十八本	又	一本	二十七本
	足百元印中三元	十五本	又	十本	五本

科别	品 名	数 量			
		上月存数	本月制成数量	已售数量	实存数量
纸工科	足百元中白三元	十本	又	无	十本
	足五十中印三元	四十二本	又	十本	三十二本
	足五十毛中三元	二十一本	又	无	二十一本
	算术簿	五十本	又	四本	四十六本
	图画簿	十本	十本	二十本	无
	一百五十布便查	八本	无	四本	四本
	二百 又	四本	又	无	四本
	一百 又	四十一本	又	二本	三十九本
	足百鹿方草	六本	又	无	六本
	警察费收照	二十二本	又	又	二十二本
	营租执照	无	一本	一本	无
	诉讼月表	又	八十张	八十张	又
	招生广告	又	五十张	五十张	又
	二五页条簿	无	六本	六本	无
	五十三连票	又	十本	十本	又
	公函封	又	三百五十个	三百五十个	又
	四页公函纸	又	三百五十套	三百五十套	又
	三页 又	又	四百套	四百套	又
	魁六行	又	二千三百五十张	二千三百五十张	又
	网篮	三只	一只	四只	无
	细盍篮	一只	无	无	一只
	团匾	一块	又	又	一块

科别	品　名	数　　　量			
		上月存数	本月制成数量	已售数量	实存数量
竹工科	小蛊篮	一只	又	一只	无
	细食罩	一只	又	无	一只
	十四锅里笼	三只	又	又	三只
	十六　又	二只	又	又	二只
	竹轿架	四根	又	四根	无
	十四淘米箕	三只	三只	四只	二只
	饭篮	无	二只	二只	无
	帘子	又	二扌	二扌	无
	轿顶	又	一只	一只	无
	小箩	又	一只	无	一只
	粗畚斗	又	二只	二只	无
	菜篮	无	一只	一只	无
	羹架	又	三只	三只	又
	洗帚	又	二把	二把	又
	鱼篓	又	一只	一只	又
	十六淘米箕	又	二只	二只	又
	篾簟	又	二块	二块	又
	修旧	又	五角七分	五角七分	又
备考					

　　　定海县管狱员汪溥,谨将监狱工场八月份收支各款造具清册,呈请察核。

计开：

旧管

  一、垫付，洋九十七元九角五分二厘。

新收

一、收织工科出品，售洋十一元七角五分一厘。内：

  正大号毛巾六十四条，洋五元二角二分六厘；副大号毛巾八十七条，洋六元五角二分五厘。

一、收纸工科出品，售洋五十六元四角零四厘。内：

  双魁黄格八行笺一千四百张，洋一元九角六分；双魁黄格七行笺五百张，洋五角；

  本如意笺二百五十张，洋七角二分五厘；足百鹿印三元一百二十四本，洋十四元八角八分；

  足百鹿印草六本，洋三角一分二厘；足五十鹿印草六本，洋一角五分六厘；

  三层连十八户六百五十个，洋一元九角五分；足百官印方草二本，洋三角六分；

  三十官印作文簿五十九本，洋一元八角八分八厘；印寸户一千七百个，洋一元七角；

  三层十八户五十个，洋一角四分；四扣重白全一百八十个，洋一元八角；

  三层二十四户三百五十个，洋七角七分；五扣官白全一百个，洋八角；

  行百毛尖草三十五本，洋四角五分五厘；二层饬封四百七十个，洋五元二角六分四厘；

  三十毛尖草一百六十本，洋一元八角五分六厘；足百鹿白三元六本，洋六角；

  足五十白三元一本，洋五分；算术簿二百十六本，洋五元六

2177

角一分六厘；

　　足百鹿白方草七本,洋一元零五分；鹿印收条三千张,洋八角七分；

　　户折收条三百张,洋一角二分；申义收条一百五十张,洋一角五分；

　　印黄钱一件,洋一元四角；图书簿一百二本,洋一元六角五分二厘；

　　公函封三百五十个,洋二元五角；同行捐票二十本,洋一元七角九分二厘；

　　五十白方草十本,洋七角五分；五页册簿二十本,洋一角五分；

　　十页册簿三十本,洋四角五分；二十页册簿二十本,洋五角二分八厘；

　　三十页册簿二十本,洋七角二分；钉三元十一本,洋一角一分；

　　银米征册一千张,洋五角四分；呈封五十个,洋五角六分。

一、收作工科出品,售洋六元六角三分八厘。内：

　　十六锅里笼二只,洋三角六分；十四淘米箕一只,洋一角四分；

　　篾篓二块,洋二元四角；洗帚十四把,洋九分八厘；

　　鸡笼一只,洋二角；网篮二只,洋一元六角；

　　轿顶一只,洋四角五分；土箕一只,洋一角。

　　修旧,洋五角四分。

　　以上三款,共收洋七十四元七角九分三厘。

开除

一、支月薪,洋二十三元。内：

　　纸工科艺师一人,月薪洋十元；工场书记一人,月支薪洋十元；

织工科津贴教授，洋三元。

查织工科教授由工犯魏文倍兼充，业经具报在案。兹该犯于本月七日现已期满，本工场织工科艺师一时难得相当之人，故仍留其在工场服务，每月津贴洋三元。

一、支赏与金，洋三元二角九分八厘。

陈立锡，洋一洋八分；朱金生，洋六分；

陆子居，洋一角五分；张廷高，洋三角；

钱炳荣，洋三角；乐明金，洋二角；

王批成，洋一角；叶阿高，洋二角；

王复生，洋一角；乐嗣法，洋一角；

魏文倍，洋一元六角。

查工犯魏文倍，自民国四年七月份起，至十月份止，共积成赏与金洋一元六角，于本月七日业已期满释放，照章全数给与。

一、支织工科材料，洋八元二角。内：

红纱半包，洋八元；红带二并，洋二角。

一、支纸工科材料，洋二十一元三角七分六厘。

纸张，洋十九元零八分；丝线一两五钱，洋一元零三分六厘；

木纱八个，洋六角四分；麦粉，洋五角；

生漆，洋一角二分。

一、支竹工科材料，洋二元二角六分。内：

白木中十三斤四两，洋一元六角九分六厘；条线十一两，洋三角一分六厘；

洋钉，二角二分八厘；麻，洋二分；

一、支器具，洋一元四角零四厘。内：

刻公函板，洋一元四角零四厘。

一、支杂项，洋三元九角七分。内：

棉纱信力,洋三分;纸张信力,洋四角四分;

火油一听,洋二元八角;挑水漂毛巾用,洋三角;

茶水,洋四角。

以上七款,共支洋六十三元五角。

实在

一、垫洋八十六元六角五分九厘。

定海监狱工场材料报告表 民国五年八月份

科别	品　名	上月存数	本月收数	本月用数	存　数
织工科	棉纱	五包	无	四包	一包
	十六红纱	元	半包	一支	九支
	漂粉	四十磅	无	四磅	三十六磅
	二磅太古皂	二两	又	无	二两
纸工科	双赛鹿	五件毛刀	又	一件七刀	四件
	双魁鹿	十一刀	又	二刀	九刀
	博鹿	半刀	又	半刀	无
	重泰	二刀	又	一刀	一刀
	表古	一刀半	又	一刀七十三张	十张
	有光连	二刀	一令	三刀	四刀
	本连泗	三刀	无	一刀	二刀
	白报	三刀	一令	一令一刀	二刀
	龙牌绿	一两	无	一两	无
	虎牌蓝	一两	又	一两	又
	白毛尖	一件	又	二件	又
	连黄帖	三件	又	三件	又
	洋连	二刀	一扛	五刀	十二刀

续　表

科别	品　名	上月存数	本月收数	本月用数	存　数
纸工科	金鹿	五件	无	一件两刀	三件十刀
	白毛参	七刀	又	无	七刀
	燕靛	半包	又	半包	无
	绿线	无	一两五钱	一两五钱	又
竹工科	毛竹	一千八百斤	无	七百斤	一千一百斤
	木中	十斤	又	十斤	无
	白水中	无	十三斤四两	一斤四两	十二斤
	条线	无	十一两	十一两	无
备考					

定海监狱工场出品报告表 民国五年八月份

科别	品　名	数　量			
		上月存数	本月制成数量	已售数量	实存数量
织工科	大号毛巾	四百三十六条	二百四十条	六十四条	六百一十二条
	副大号毛巾	四百四十七条	六十条	八十七条	四百二十条
	二号毛巾	十五条	无	无	十五条
	双魁红格八行笺	四百张	二千一百张	一千四百张	一千一百张
	双魁黄格七行笺	三千四百张	无	五百张	二千九百张
	本如意笺	三百五十张	又	二百五十张	一百张
	本八行笺	五千二百五十张	又	无	五千二百五十张
	十页稿簿	三十本	又	又	三十本
纸工科	光三连传票	六本	又	又	六本
	一百毛鹿印三元	一百十本	一百五十六本	一百二十四本	一百四十二本

科别	品名	数量			
		上月存数	本月制成数量	已售数量	实存数量
纸工科	足百印鹿草	二百十五本	无	六本	二百零九本
	足五十印鹿草	四百三十七本	又	六本	四百三十一本
	足五十毛尖草	十一本	又	无	十一本
	五十毛尖草	一千零八十本	七百本	又	一千七百八十本
	三层连十八户	三千二百个	无	六百五十个	二千五百五十个
	足白官印方草	十九本	又	二本	十七本
	足百官印三元	五十五本	无	无	五十五本
	三十官印作文簿	八十五本	又	五十九本	二十六本
	印寸户	二千九百五十个	一千	一千七百个	二千二百五十个
	三层十八户	八百张	无	五十个	七百五十个
	白寸户	六百张	又	无	六百个
	顶月单	五百张	又	又	五百张
	顶月封	五百个	又	又	五百个
	顶月千	五百张	又	又	五百张
	四扣重白全	一百六十个	三百七十个	一百八十个	三百五十个
	二层二四户	二千六百个	二百个	三百五十个	二千四百五十个
	五扣官白全	四百五十个	无	一百个	三百五十个
	行百毛尖草	九十六本	又	三十五本	六十一本
	毛尖中草	二百二十本	又	无	二百二十本
	足百毛尖草	一百二十本	又	又	一百二十本

续 表

科别	品 名	数 量			
		上月存数	本月制成数量	已售数量	实存数量
纸工科	一百布总清	十一本	又	又	十一本
	五十布总清	七本	又	又	七本
	五十布总清	二本	又	又	二本
	二层饬封	九百二十个	又	四百七十个	四百五十个
	毛九中抄	一百六十本	又	无	一百六十本
	毛九小抄	七十本	又	又	七十本
	三十毛尖抄	一百二十四本	无	一百十六本	八本
	足百鹿白三元	十四本	又	六本	八本
	贡琴八行	一千张	又	无	一千张
	足五十鹿印三元	二十五本	四千八百本	一本	七十二本
	足百鹿白草	二十七本	无	无	二十七本
	足百元印中三元	五本	又	又	五本
	足五十印中三元	三十二本	又	又	三十二本
	足百元中白三元	十本	又	又	十本
	足五十中白三元	二十一本	又	又	二十一本
	算术簿	四十六本	二百四十四本	二百十六本	七十四本
	一百五十布便查	四本	无	无	四本
	二百 又	四本	又	又	四本
	一百 又	三十九本	又	又	三十九本
	足百鹿白方草	六本	五本	七本	四本
	警察费收照	二十二本	无	无	二十二本
	鹿印收条	无	三千张	三千张	无

科别	品名	数量			
		上月存数	本月制成数量	已售数量	实存数量
纸工科	户折收条	又	三百张	三百张	又
	申义收条	又	一百五十张	一百五十张	又
	印黄钱	又	三件	一件	二件
	图画簿	又	二百十二本	一百零二本	一百十本
	公函封	无	三百五十个	三百五十个	无
	同行捐票	又	二十八本	二十八本	又
	五十白方草	又	十八本	十本	八本
	五页册簿	又	二十本	二十本	无
	十页册簿	又	三十本	三十本	又
	二十页册簿	又	二十本	二十本	又
	三十页册簿	又	二十本	二十本	又
	顶三元	又	十一本	十一本	又
	银米征册	又	一千张	一千张	又
	呈封	又	一百个	五十个	五十个
	团匾	一块	无	无	一块
竹工科	细盡篮	一只	又	又	一只
	细食罩	一只	又	又	一只
	十四锅里笼	三只	又	又	三只
	十六锅里笼	二只	又	二只	无
	十四淘米箕	二只	又	一只	一只
	小箩	一只	又	无	一只
	篾箄	无	二块	二块	无
	洗帚	又	十四把	十四把	又

续 表

科别	品 名	数 量			
		上月存数	本月制成数量	已售数量	实存数量
竹工科	簀子	又	三块	无	三块
	鸡笼	又	一只	一只	无
	网篮	又	三只	三只	又
	盏篮	又	二只	二只	又
	轿顶	又	一只	一只	又
	土箕	又	一只	一只	又
	修旧	又	五角四分	五角四分	又
备考					

（原载《浙江公报》第一千六百六十六号，二〇至二八页，指令）

浙江省长公署指令第二千五百四十二号

令警政厅长夏超

　　呈一件为呈报内河水警厅长出巡日期由

据呈已悉。仰仍将该厅长巡视各属情形，随时转报察核。此令。

十月三十日

附原呈

呈为转报事。

　　窃本月十六日据内河水上警察厅长徐则恂呈称，"为具报出巡日期事。本年十月七日奉钧厅训令第三四一号，内开，'本月二日奉省长公署指令内开，令警政厅呈一件呈为转报内河水警厅长出巡考查各区队并拟送节略由：呈悉。节略存。仍将该厅长出巡日期转报备查。此令等因。奉此，查此案前据该厅长呈请到厅，当经指令并转报在案。奉令前因，合亟令仰该厅长遵照，迅将出巡日期具报，以凭核转。此令'等因。奉此，厅长现定于本月十六日起程，督带随员先赴嘉、湖两属躬自巡视，所有出巡期内一切厅务，指派第一科长陈士龙代拆代行，理合备文呈报，仰祈核转施行"等情。据此，查是案该厅长呈请到厅，当经据情转呈在案。据呈前情，除以"如呈备案，仍仰将巡视情形于竣事后详晰具报，以凭核转"等语指令印发外，理合备文转报，仰祈钧长察核备案。谨呈。

（原载《浙江公报》第一千六百六十六号，二八页，指令）

浙江省长公署批第五百九十一号

原具呈人龙泉吴则生等

呈一件呈前清领垦官山知事私卖请饬取销等情由

呈及抄件均悉。此案现据房上林等呈明，背列并称山佃，并无吴则生其人等情，显见虚捏，碍难准理。又，呈内附致厅、署收文处字条各一纸，邮票共银七角五分，尤堪诧异。须知各种陋规，久经革除，发刊《公报》，尤非收文处所能擅专，是此举难免有意尝试，并斥。邮票充公，抄件及字条存查。此批。十月二十二日

（原载《浙江公报》第一千六百六十六号，二九页，批示）

浙江省长公署批第　　号

原具呈人前碧湖烟酒支栈经理陈一新

禀一件为因公受累请求核据追还余款由

所禀是否实情，仰候令行财政厅长兼烟酒公卖局长查明，办理具报。此批。黏件附。十月二十七日

（原载《浙江公报》第一千六百六十六号，三〇页，批示）

浙江省长公署批第六百四十五号

原具禀人庆元吴赡上等

禀一件为征收苛索乞委员密查惩处由

来禀毫无佐证,且未遵章出具甘结同送,碍难准理。此批。十月二十八日

（原载《浙江公报》第一千六百六十六号,二九页,批示）

浙江省长公署批第六百四十七号

原具呈人义乌骆正喜等

呈一件呈吴兆槐等逞凶焚杀知事宽纵请严饬保护由

呈及附件均悉。查此案前据该县先后呈报,业经令行高等检察厅转令该县严缉骆贵发、骆奉升、骆正田务获到案,提同骆樟维等,并传集人证讯明本案启衅、致毙各情,分别诉究在案。据称各节,如果属实,殊属不法,何以该县知事未有呈报,仰候令厅饬县查明,秉公办理,并迅具报核夺。该民等亦应将被告骆贵发等交案投候质讯可也。此批。绘图、抄件存。十月二十八日

（原载《浙江公报》第一千六百六十六号,二九页,批示）

浙江省长公署批第六百四十八号

原具呈人平湖陆宝舒

呈一件县审检所纵盗不办非法传质
请饬严办并勒缉逸盗原赃由

呈悉。该县审检所,因盗犯唐照生供词翻异,传同该民质证办理,并无不合。惟此案前据该民具呈,当经本署令行高等审判厅转饬该县知事,将该犯唐照生一名提讯法办在案,迄今两月,何以仍未讯明判决?据呈各情,仰候令厅饬县迅行查照前令,提犯讯供,依法拟

办,一面并查缉逸盗原赃务获,诉究具报可也。此批。十月二十八日

（原载《浙江公报》第一千六百六十六号,二九至三〇页,批示）

浙江省长公署批第六百四十九号

原具禀人林高蹈

禀一件为警佐张翀侵款确有证据委员袒复请委查追缴由

查此案前据前民政厅呈复,以"该警长诬告长官,罪有应得,令县传讯律办"等情在案。兹据禀称,"警佐张翀侵款确有证据,委员徇情袒复",并指出收捐证人叶碧棠暨收捐簿一本。如果该项证人证物确可凭信,案经令县讯办,应即自行投县听候侦查核办,毋得越渎。此批。簿据一本掷还。十月二十八日

（原载《浙江公报》第一千六百六十六号,三〇页,批示）

浙江省长公署批第六百五十号

原具呈人德清公民程森等

禀一件为请缓裁县警队由

禀悉。查《裁撤县属警队办法》第四条,本有"县属警队裁撤后,各该地方如果有特别情形,得呈请添设临时警察"之规定,该县果有特别情形必须添设警察,仰即呈由该县知事转呈核办可也。此批。十月二十八日

（原载《浙江公报》第一千六百六十六号,三〇页,批示）

浙江省长公署咨复省议会

据毛议员蒙正提出温处水灾案内工赈余款处置情形由

浙江省长公署为咨复事。本月二十六日准贵议会咨送毛议员蒙正等提出《温处水灾案内工赈余款处置情形质问书》一件到本公署。准此,查此项余款,迭据解缴前来,业经前按署先后批发财政厅专案

存储,内除支拨温、处两旧府仓暨省城贫儿院附属分院两款外,余款仍由该厅存储。准咨前因,相应开具清单,咨复贵议会,请烦查照。再,查是项赈款,业经前按署查据各项报销,编造收支总分清册,于本年三月间咨报内务、财政两部查核,一面并将册底暨办理情形,编具《征信录》一种,一俟印刷告竣,即行检送,合并声明。此咨
浙江省议会议长沈

计附清单一纸。

浙江省长吕公望
中华民国五年十月二十八日

清 单

计开:

旧管

无

新收

一、收瑞安、平阳、丽水、景宁、松阳、遂昌、缙云、青田等县,解回工赈余存现银暨债票共一万五千二十九元六角二分五厘七毫九丝。

开除

一、支温、处两旧府仓债票各二千元,共四千元;

一、支省城贫儿院附属分院现银三千七十一元;

以上两款系由前按署核饬财政厅支给,有案可稽,合应声明。

实在

收支相抵,存现银二千五十六元六角二分五厘七毫九丝。又,债票五千九百二元。

前款均仍由财政厅专案存储,合应声明。

(原载《浙江公报》第一千六百六十七号,一九一六年十一月三日,三至四页,咨)

浙江省长公署训令第一千零七十四号

令南田县知事据南田查案委员条陈该县应行兴革事宜由

令南田县知事

案据南田查案委员刘项宣条陈该县应行兴革事宜文内,所称移置县治及振兴庶政两项,颇多可采,合行抄录原文,仰该知事详细核议,呈复察夺。此令。

计抄发原文一件。

中华民国五年十月二十八日

省长吕公望

一移置县治

设治要道,在乎宅中图大,否则择其险要可以固守,滨海可便交通,或平原沃壤可冀发展。倘数者一无取,是直无策也。南田县治本设石浦,嗣昌石、奠南两乡划归象山,遂改设樊奥,即今之县治也。该处至金漆门、大南田、杨柳坑等地,须经过石门、水湖二岭,道里迢远,即距鸭嘴埠,亦不下十余里,去蓬莱、三山、瀛洲等乡,则更远矣。是已失宅中控制之势。且其地四面皆山,中间隘窄,莫可名状。咫尺平壤,以能多容居户,茅屋数椽,荒凉毕露,一丝一粟,动需外来。设遇兵事,扼吭拊背,坐困可虞。敌倘登高窥伺,更一无遁形。交通既已不便,险要又无可言,复何发展之可希望,当时果挟何种政策而局局于此乎?窃尝考察全县形势,南田不设治则已,如设治,则必须移在蟹厂庙地方,始为适当。盖该处在鹤浦塘中坚,平原一片,烟火万家,旁有沙流,足资灌溉,居民卫生最为相宜。距鸭嘴埠不过里许,由鸭嘴埠至所属各岛,皆一苇可航,交通亦称便利。稍加经营,万贾云集,商务必蒸蒸日上。即以防务言,只以少数兵队,南扎樊奥,北驻鸭嘴,外户固扃,重门即可洞开矣。现在樊奥县治一切因陋就简,衙署、狱库尚未正式建置,舍彼就此,亦无安土重迁之虑。惟衙署为一县行政重要机关,且为人民观瞻所系,规模不宜如前之陋劣,应请钧署迅派精于建筑学人员赴彼,会同县知事到蟹厂庙相度地形,议定建筑办法,绘图估计,呈核定夺。一面饬厅拨款,依式建筑,一俟落成,即行迁徙。宏基一立,凡百庶政,即可从此设施矣。

一厚集兵防

治南要政,在乎振兴商业、整顿农务,为招徕居民张本。诸凡策南田者,类能言之。虽然,盗贼满山,海氛甚恶,富商巨贾孰肯捐其有用金钱,投诸危险之域,即邻邑人民,稍可自给,非万不得已,孰甘弃其安乐之乡,而陷诸不可测之地?以故该地垦辟至今三十余年,居民仍不增多,而反见少。自鸭嘴至大南田,蜿蜒数十里,叩求三家之村,亦不数数睹。金漆门一带,凡诸居民渔汛则聚,汛过即散,甚至管田业主亦均居住石浦、甬渎各处,不敢挈眷而往,抑独何耶?亦以官厅素向漠视,未驻重兵以资镇摄,贸然而往,即遭劫祸,何苦自投陷穽乎?为今之计,惟有厚集兵防,以清水陆盗迹,茬苻灭迹,即不招徕,而人之乐往者,自必争先恐后。人民聚,商业、农务,始可渐渐振起。方今省帑支绌,普遍设防,事实万难。无已,只有就分防区内兵警现有名额择要拟驻,以资犄角。谨查该警备队第五营共有警兵十六棚,水上警察队第六署共有巡舶七艘,各该营署分防地段不出象山、南田两谓辖境洋面①,就两邑相衡,南田较象山为吃紧,盖防岛甚于防陆,新辟难乎守成也。此次乘便周览全境,悉心体察,除次要地点暂予从缺外,其最要地点,如县治粮柜、监狱最关紧要,龙泉、鹤浦两大塘,为一邑精华所萃,金漆门、杨柳坑为渔汛聚泊要口,以上

---

① 谓,疑为"县"字之误。

四处每处至少须长驻警兵两棚。除现龙泉、鹤浦、金漆门共仅驻五棚外，尚缺三棚，应由钧署令知警政厅转令该管带迅即照数拨派分驻。至海防如鸭嘴口，为一邑咽喉要道，须长泊巡船一艘，以备缓急。金漆门外为匪船出没渊薮，须长泊巡船一艘，以资堵截。余如七都之花岙，十都之白玉湾、坦塘，五六都之三门湾、蟹礁头、蛎门港、鸟岩港，三都之古港、南北龙头等九处，至少须有两艘巡舶常川游弋，庶足以摄匪胆而安民心。查现仅有巡舶一艘轮流□南，应由钧署令警政厅转令该署署长迅即照数拨派，以资梭巡。再，查外海水警第六分署署长及陆上警备队第五营管带，均常川驻石浦，究竟驻南田可以屏蔽象山，驻石浦不能兼顾南田，应由钧署令厅转令水陆各署队长量移其一驻扎南田，更足以壮声威。沿海繁盛，各区应添警察，再由县知事择董赶办保护团，以资捍御。如此布置，有备无患，水陆或可稍靖，积以时日，向之指为畏途者，后此或视为乐土，复何患人民不生聚，商业、农务不发达乎？

一振兴庶政

南田一县，如上所述，管辖明矣，县治建矣，水陆兵防又复节节布置，可以无患矣。邻境闻风，靡不趋之如鹜。《易》曰：何以聚，曰财。当人民麕集之际，倘不有生计以盾其后，聚易而散亦易，即不散，亦流而为盗贼。斯时即绳以法，剿以兵，已足损元气而伤大和，夫岂共和时代治民之道乎？兹为条具治南要政如左：

甲、立弛盐禁。南田滨海，海水卤质甚重，取而煮盐，利当不资。而主持盐政大吏为谋浙盐昂价计，取缔綦严。除旧有场灶报明有案者外，余均禁止煎晒，犯者即为违法，治罪有差。前月查案在南，适有大南田民以犯煮盐例，盐局移牍请律办，县署迫于令甲，只得置之于法，居民闻风喘息栗股，相戒不敢煮盐。呜呼！良民自竭其力，取天然之利以自活，而官厅反视以为罪禁之，穷无所之，直逼而为盗匪耳。岂知富海官山，管子以之与齐值,民穷财尽之时,岂宜行此因噎废食之策?应由钧署令知盐运使,南田为新设之县,应视为特别区域,立弛煮盐禁令,并须广布文告,许人民自由煮晒,惟须报明坛灶,盐斤出售,照章纳税,化私为公,于国家盐税收益不无少补,亦何乐而不为乎?果如是也,南邑沿海各处,均可设坛煮盐,南民从此即可开一大生路矣。

乙、维持渔业。海国兴利,在乎渔盐,古有明训,盐禁宜弛,前已言之矣。至乎渔业之宜维持,亦治南者所不容缓之举。闻金漆门、杨柳坑二处,每届渔汛,大小渔船停泊,常有一千六七百艘之多。盖因各该处岙湾深,固足以避风,且出洋采捕,水程亦较别处为近,徒以设防未备,尚未开设正式渔行,渔贩亦鲜至其地,以至渔户捕得鱼鲜,转载至石浦、沈家门一带销售,风帆不顺,展转往返,不无亏折。故近年鱼船停泊各该处,较从前减少,浸乎有江河日下之势。兵警果能如前议布置,渔户则有恃无恐,可由县知照商会,劝令富商多开鱼行,公平交易。一面传单远近,招贩户径至各该处购贩,再由钧署令县转饬兵警妥为保护,使咸知钧长维持渔业殷殷之至意。积至一年,渔业自渐渐发达,商埠亦因之繁盛矣。

丙、整顿市政。查南田人居稍密,将来可成市镇者,惟金漆门、鸭嘴、樊奥、高塘等处。高塘与县治隔水,姑作缓议。就金漆门各处而论,遍地无一正式铺肆,居民需要寻常日用物品,无处可觅,偶逢客至,略备鱼肉、蔬菜,亦须渡江赴石浦购办,一或遇风,即阻不能行。尤可骇人听闻者,家常食米须肩谷至石浦雇舂,甚至病则无处贾药,死则无处备棺,其与部落时代逐水草而居,状况何异?人民居乎其间,亦云苦矣。惟鸭嘴一埠,迩来有临海周绅集资筑建市店十数楹,开设各肆,然储物不齐,不成市面,乡民购物,须往石浦仍如故。推原其故,实由草莱甫辟,人烟寥落,各处兵防又未设备,稍兴规模,即恐遭匪类劫抢,是以资本家不敢投资经营。果能如前议设防，商民度能逐利争来，然务须官厅极力倡导，会同绅董设法筹资，相度各处地形，购地广建市店，轻价招人租赁，开设市肆，初须减值招徕，养成就地贸易之习惯，将来百货腾集，居民需要，供求足以相应，商务庶几振兴乎。

丁、便利交通。南田聚岛成县，除鹤浦、龙泉二塘面积较广外，余均系小岛，彼此往来均赖舟楫，外海风涛无定，往往二地相处，仅隔一衣带水，阻于风潮，竟数日不得达，甚有中流遇风，全舟覆没，亦云险矣。地方官吏百鉴于此[1]，恒以深居简出为政策，遇有重大案件，率委一警役赴彼看视，以敷衍搪塞，故远岛居民，有黄发皤皤，终世未睹汉官威仪者。隔阂如此，欲图政治之进行，民生之发达，其可得乎？于此而求一救济方法，使全县脉络贯注，其必在便利交通乎？法当由钧署特令该县知事，遇有要公，得调遣该管内巡舶之权，一面训令警政厅转令外海水上警察队第六署署长知照。如此办理，县署有要公，必须亲赴各岛，得调用该水警署所备之永安小轮或寻常巡舶，通行便利，风涛无阻，停滞隔阂之弊，庶几可免。至各岛人民往来县治，向用小航从鸭嘴埠起落，各航容量过小，猝遇风涛，险象环生，其屡遭匪劫，搭客时有戒心，往来行人之稀少，此亦一原因也。上年某公司有小轮舟往来石浦、台州、挂埠、鸭嘴，搭客称便，旋以亏折停办，殊为可惜。能设法佽助规复，最为上策。否则，应由官厅会董事设法筹款，将旧航改良，巡舶乘便保护，俾免意外，往来行人庶获受交通便利之幸福乎？

戊、开浚河渠。南田各岛，本无平壤，自鸭嘴至樊岙，南北延袤，计数十里。中有一浦，名曰鹤浦，潮汐侵啮，旁无蓄泥。自粤人郑某从北口截筑成塘埭，于是中间尽成良田，其浦见天然之

---

① 百鉴，疑为"有鉴"之误。

河,春夏之交,河水央央,大可灌溉田园,唯过久未疏,不无淤塞,且仅有干河,未开支河,诸凡远河田亩,车水殊多不便,一遇亢田禾枯槁,秋收即苦无望。龙泉塘亦复如是。应请钧署训令该县知事会商绅董,醵资开浚,预算经费应需若干,劝由各田主摊捐,其捐例以田亩距河之远近,定捐资之多寡,择董经理,由县监督。将来自治会成立,此项事宜即可委之于自治职办理。倘告成功,十万亩田园将尽变为膏腴,而年丰有庆矣。

己、招募承垦。比年以来,鹤浦、大南田、龙泉塘等处,已垦之田,查据该县清丈局册底,将近十万亩,向皆一片荒涂,潮流所涨落,舟舰所停泊,今竟何如?此皆当时倡筑塘埭之效也。可见事在人为,精诚所至,沧海变为桑田。惟筑埭之法,以有外埭而内埭始固。上年该县东西保珠两塘被风涛倾毁,沿塘田禾尽遭淹没,几呈荒歉之象。以该塘未有外塘,故未收唇齿之效。今欲保其内埭,务须广筑外埭,且可增多田亩,于国家税课不无关系①。查该县沿海大南田、龙泉等处,新涨荒涂甚多,果有人承垦,筑成塘埭,养淡数年,即成为膴膴原田。拟请钧署训令该县知事迅将各处新涨荒涂可以垦筑者分别查明,勘测绘图说贴呈报,由钧署转令该县援照《国有荒地承垦条例》办理,出示招募承垦。一面移会邻封出示,并登报广告,将来应募有人,拓新地即所以保旧埭也。

庚、讲求种植。南田自垦辟以来,外来客民应募承佃者,皆非老于农事之俦,不过藉耕作以为生活之需而已。田主又非土著,每年惟秋收时,与佃户一接晤,其平时耕作勤惰,田功之合法与否,均所不顾问。故除自置田亩培植,略加考究外,余几听其自生自长,视为习惯。是以该处田禾收成较嘉、湖、温、台一带,每亩计减一倍

---

① 底本作"不关系",径补"无"字。

或二倍不等。纯此以往，田质薄，农事废弛，盈篝盈车之说，将永永无希望。法当由县知会农会员随时开会研究，一面咨询老农、老圃，田质如何培护，肥耕如何储取，耕耘耰刈如何合度，一一效照嘉、湖、温、台诸处成法，勤加耕作，使收成增益，民食不致缺乏。此实根本大计也。至鹤浦、龙泉二处，崇山罗列，均可栽植，造为森林，实一利薮。乃登高一望，濯濯可伤，即有天生树木，初一萌芽，随遭挫折，荒芜至此，亦司牧之咎也。法当由县知会农会研究土性所宜，广植松、榆、桐、桧、茶、桑、桃、李及一切，是以生利。果本十年树木，蔚然成林，夫亦海滋山陬，利源之所由出欤？

辛、提倡学务。论学务，于南田一县，所谓稚之又稚者也。窃查该县全邑名为学校者仅八处，然皆形式不具，精神乌有，学童皆蓬面垢形，蠢如鹿豕，朝入校门，昼出樵采，即有聪颖子弟，亦同化为不知不识之域。倘不加提倡，每况愈下，将来欲求识一丁抱一卷者，恐亦不可得，文化何自而启耶？昔汉文帝有言，卑之毋甚高论。窃以为提倡南邑学务，若冀其普及，其必先从卑毋高论一语入手乎。县城大南田、高塘之处，各办正式国民小学校一所，以其地处冲要，可便就近学童入学故也。校长务请熟谙教育人员兼任教科，此外相酌情形，再聘相当教员分任教席，一切教科按照定章办理，认真督教。俟届毕业年分，县城筹办完全高等小学校一所，各毕业生入中肄业，以为将来衔接中学校之预备。此外，各处令其多办半日学堂，或夜学堂，每堂学生，除家道充裕，资质聪颖，将来可望造就者，另班教授外，余均教以粗浅国文、珠算，盖若辈均窭人子，其家人冀其捉摸鱼虾、樵采薪木之心，实较求学之心为功[1]，果令其半日读书，半日动作，来学者必夥，俾其略知书算，以记姓名、谱簿计，为异日谋生之技能，其父

---

[1] 功，疑为"切"之误。

母未有不喜形于色。然五步之内,必有芳草;十室之邑,必有忠信。即此莘莘学子中,焉知无秀颖之质厕乎其间? 每学期县署应派视学员试验,选择其尤优异者,就近送入国民小学,使得受完全教育。各该处国民小学务须宽筹经费,半日学堂、夜学堂开费有限,可就地筹款,不厌多办。果如是也,聪颖者不致废弃,寻常亦可略习技能,其亦因地制宜之善法乎①。

以上四议,皆荦荦大者。至此外应办事宜,如编户口以杜奸宄,考沿革以存文献,葺道路以利行人,以及种种要举,贤司牧自能相机处置,毋事局外哓哓。抑尤有陈者,南田系新造之邦,南服屏藩,此其扼要。值披荆斩棘之初,宜存大启闳模之想,不得与各属已成之局相提并论。且言之非艰,行之维艰。所有应兴诸政,务须动拨有款者,钧署当饬厅不吝支给,或会付议,或报部立案,编入预算,以免无米作炊。伏查前清雍正四年浙江巡抚李卫奏设玉环厅治,筑城建署,动拨巨帑,复统筹全局,调驻武弁多员,水陆营队分扎阨要,计八百名,生聚教训,以迄于今,俨然为两浙南疆锁钥。老成谋国,能见其大,宜垂声后叶也。以今方昔,何多让耶? 狂瞽之言,不知所择,幸垂察焉。敬请钧安,诸希霁照。项宣谨禀。

(原载《浙江公报》第一千六百六十七号,五至一一页,训令)

浙江省长公署训令第一千零七十九号

令警政厅内河水警厅据平湖戈来碧电剖彭寿春案
牵涉吴富荣事声明不符令查由

令警政厅夏超、内河水上警察厅徐则恂

案据平湖戈来碧电禀称,"九月六日《公报》载彭寿春被控案,由队长方景铭复称,吴富荣事牵涉来碧,大不相符,已声明《全浙报》。

---

① 因地,底本误作"用地",径改。

特电呈"等情到署。据此,彭寿春被控一案,业经令据该/警政厅查复,并指令在案。据电前情,究竟实情如何,队长方景铭有无讳饰情事。除径令内河水上警察厅查复核办外,合行令仰该厅先行遵照备案。/合亟令行该厅查照,并即检阅戈来碧在《全浙报》声明各节,查明核办复夺,切切。此令。

中华民国五年十月三十日

省长吕公望

（原载《浙江公报》第一千六百六十七号,一一页,训令）

浙江省长公署训令第一千零八十号

令警政厅内河水警厅据海盐顾慰高等电禀
水警勒索等情令内河水警厅严查由

令警政厅夏超、内河水上警察厅徐则恂

案据海盐公民顾慰高、张廷梅、朱维炎等巧电禀称,"水警编船限匪,固属善政,奈奉令者视为利薮,民船过市,任意勒索。此项苛扰《条例》是否经会议决,乞公示"等情到署。据此,查该电所称情形,未据分别指名,惟既称有勒索苛扰情事,是否属实,即应澈查核办。除径令内河水上警察厅严查复夺外,合行仰该厅知照。/令行警政厅知照外,合亟令仰该厅迅即严密查明,具复核夺。此令。

中华民国五年十月三十日

省长吕公望

（原载《浙江公报》第一千六百六十七号,一一至一二页,训令）

浙江省长公署训令第一千零八十一号

令各属准内务部咨查究造谣主名转令遵照由
令高等检察厅、省会警察厅、宁波警察厅、永嘉警察局、各县知事

案准内务部咨开,"准国务院函开,'奉大总统发下农商总长谷钟秀

呈造谣煽惑关系重大,请饬澈究文一件,附剪报一纸,相应钞录原文暨报纸,函请查酌办理'等因到部。除通行外,相应钞录原呈并原报,咨行查照,转饬按照原呈所请严重查究造谣主名,以维大局"等由。准此,除分行外,合亟照录抄件,刊登《公报》,仰该局、该厅、该县遵照办理。此令。

计照录钞件。

中华民国五年十月三十日

省长吕公望

附原呈

农商总长谷钟秀呈为造谣煽惑关系重大,请饬澈查究惩事。

窃见本月二日英文《京报》载,有《军人与伪造之公文》译论一则,计列伪造公文两件,一为日本青木中将与唐绍仪及钟秀等八人所订定之借款合同,一为青木中将与唐绍仪等所订定聘用该中将之条件,其中措语奇特,不可思议,披读之余,不胜骇诧。窃思此项公文,该报虽已标明系属伪造,即吾国人士稍有知识者,亦断不致信以为真,本可无庸置辩。惟念此事关系内政、外交,非常重要,用是不避烦渎,敢为指陈。溯自帝制发生以来,国家几及沦胥,幸天佑吾华,上下一心,大局始克稍定,而内阁尚未完全成立,一切政务进行,诸多艰险。当此千钧一发之时,岂容再有诪张为幻之徒,逞其鬼蜮,贻害国家。而前项伪造公文,竟敢于化日光天之下公然传播,并暴露报章,其影响所及,非但与内政以莫大之危险,实恐造成外交上种种恶因,若不恳予澈查究惩,实不足以弭祸源而固国本。拟请令饬内务部转行京师警察厅,并通令各省及各特别区域行政长官一体严查,此项公文,究系何人伪造,务获主名,按律惩治,以维大局而释群疑。所有造谣煽惑,关系重大,请饬澈查究惩缘由,理合黏附报纸,呈请鉴核施行。谨呈大总统。

附报纸

军人与伪造之公文　（译本报英文部）

张勋诸人受指使之由来

徐州会议之原始，由指使而来，其证据日益增加。凡京中不与其谋之负责华人，莫不认该会议为由北京授意所得之结果，张勋及参与徐州会议之北洋军人领袖，所以极力反抗唐绍仪及其党人之原因，可由下载两公文一观而了然。该项公文盖伪造者。自前次府院风潮发生后，不能将总统之权集中与国务院，此公文之内容，即经传达至各省，迨唐绍仪离沪北上时，又经传播于京中某某方面。其第一公文，传说系日本青木中将与沪上革党领袖唐绍仪、温宗尧、孙洪伊、谷钟秀等八人所订定之借款合同，其条件如下：

（一）借款总额二百万元，利息五厘，纯为革命抗袁之用；

（二）签字时即交五十万元，其余由两方协定日期交付；

（三）青木中将须竭其能力与权势协助革党，推翻袁世凯及其党人。该中将又须协力推倒张勋、张作霖（奉天）、王占元（湖北）、龙济光（广东）、张怀芝（山东）、李纯（江西）等所处之地位，并段祺瑞陆军总长之地位，使革党得掌执中华民国之政权。

（四）民党政府建设后，中国政府须聘青木中将为最高级顾问。设革命失败，则所有该借款之本息，须由上述之革党领袖偿还。

现革命已告成功矣，其第二公文，即谓第一合同中青木中将与沪上革党八领袖所订定聘用该中将之条件。该公文并具有说明，称该文曾由总统交与国务院审核，经讨论三次，卒以陆军总长本爱国心出强有力之反抗，故革党欲以中国受青木中将军事上指令之阴谋，遂至失败。据称该合同共有十五条，其主要者如下：

（一）该合同之期限为五年；

（二）中国政府聘青木中将为中华民国最高机关之最高级、有权的顾问；

（三）中国政府未经与青木中将商议，不得于何机关中聘用外国顾问；

（四）青木中将得受权决定中国军队驻扎点之支配（此条系特意加入，使青木中将能对付张勋诸人）；

（五）青木中将有权策画兵工厂之改组。

此文之节略，又称其他十条全关于军事，即凡关于军政之事，皆须由该中将省查也。

此两项伪造之公文，目下尚未有谋驳斥之者。惟可怪者，总统虽曾命国务院（人以为该院系由总理管辖）公布，由总统交国务院审查聘用青木中将合同之原文，而该原文竟按不发表，一任伪造者继续传播，听军人视其为真实焉，此盖不须加以评论矣。

兹将中国政府聘用青木中将所定合同之原文揭载如下：

中华民国政府今与日本陆军中将青木宣纯订立合同，议定条件如下：

第一条　中华民国政府聘任青木中将为中华民国大总统军事顾问，限期二年。由民国五年　月　日起至七年　月　日止。

第二条　此项顾问隶属于大总统府，其职务系专备大总统之咨询，或委托调查事件，但关于民国军事之秘密，青木中将有遵守民国政府法令之义务。

第三条　民国政府允给青木中将薪水一年日金三万五千元，襄助员或翻译员、司书等及其他杂用费，共日金五千元，总计日金四万元，按月由民国财政部支给，交北京正金银行拨归青木中将名下收领。此外，不再支给他项费用。

第四条　民国政府若有要公委托青木中将他往时，一切旅费均由民国政府支给。

第五条　青木中将倘因身体之障碍，或家务，或战事，不得已须回国时，此项合同暂时停止效力。但寻常回国时，每年中在两个月以内，曾经双方同意，不在此限。

第六条　此项合同，系用汉文缮正二分，一交青木宣纯自行收执，一存总统府存查。

（原载《浙江公报》第一千六百六十七号，一二至一五页，训令）

浙江省长公署训令第一千零八十四号

令各县知事据楼鸿书条陈振兴林业事项择要通令筹办由

令各县知事

案据省立甲种农业学校教员楼鸿书条陈振兴林业各节到署，详加察阅，颇有见地。除批示并分行外，合亟择要抄发，令仰该知事查照，酌量就地情形，分别筹办，以兴林业，并将筹办情形报核。此令。

计黏抄。

中华民国五年十月三十日

省长吕公望

吾浙林业急宜兴办之（一）（二）（五）（六）四条

一、调查全省官私荒地，以资整顿。吾浙欲图林业发达，须先详细调查各县所有官有、公有、私有童山荒地入手，由各县知事派员赴乡，将所有官有、公有及私有童山荒地详细调查，并吊山邻业户政册，按亩稽查，列表呈报官厅，藉凭统计全省官荒私地面积，以资整顿全浙林业。

二、辨别土宜，以利种植。辨别土宜，为造林上最主要之事项。辨别何种土地，适宜何项树木，而树木有阴阳之别，如罗汉松、金松、水松、白桧、椴花柏、擅栂、黄杨、唐桧、枞槠、榆类、柯类等，阴树也；栎枹、大楢、水楢、槲、盐地树、黑松、赤松、杉、榉、山鸣树、柳类、落叶松、樟等,阳树也。或者适宜于阳树,不合于阴树,或者合宜于阴树,不适宜于阳树,将各处预备造林之土地,一一详加考察土质,不至南辕北辙,抛弃造林上种种费用,失信用于社会也。

五、饬各县城镇乡所驻警察兼管林业,以资保护。林业收获期间较农业久远,若徒事造林,不加保护,仍难获林业发达之效果。如严州等属,素称吾浙材木出产地,迩来山场日见荒废,虽曰种植稀人,然亦由保护缺乏所致也。欧美各邦及日本等国关于林业保护,专设有森林警察,我国现在金融吃紧,对于此项警察,一时未能计及,特于林业保护上,尤难缺乏。为吾浙节省经费而图要政计,将现驻各县城镇乡警察兼管林业,以防滥伐盗伐等害。

六、河道两岸遍植森林,以防洪水。吾浙各处,年来水旱频仍,田庐湮没,人畜被害,损失至巨。如前清宣统二年间,金华旧府属各县,均被巨大之水患,除田庐畜牧湮没不计外,人患水死者,以千数计。去年衢属各县水灾为患,损失亦巨。推厥原因,吾浙各处,触目童山,加之山间居民因农田缺乏,开山种植玉蜀黍等作物,致使山地坭沙疏松,霪雨一至,带砂冲刷,水石挟泄,填塞河身,又以河道两岸缺乏保安林以之堤防减杀水势,是以洪水一发,横流四溢,农田庐舍尽成泽国。言念及此,实深悯恻。若能河道两岸广植森林,其利益于农田水利,良亦宏多。

(原载《浙江公报》第一千六百六十七号,一五至一六页,训令)

浙江省长公署训令第一千零九十三号

令财政厅据杭县呈报选择官地拨充
商品陈列馆请即行财政厅知照由

令财政厅长莫永贞

案据杭县知事姚应泰呈称,"案准清理杭县官营产事务所所长抄知，'本年九月二十日奉财政厅批清理杭县官营产事务所所长呈为准杭县函奉民政厅饬选择旗营地亩以便拨充商品陈列馆一案缘由，奉批：呈悉。查此案并未准民政厅咨行过厅，且旗营地亩曾经报部有案，碍难准予拨用。据呈前情，合行指令知照等因，抄知过县。准此，除仍一面派员选择外，理合备文呈报，仰祈鉴核俯赐，即行财政厅知照，实为公便'等情。遵据查此案，据前民政厅呈明筹设商品陈列馆必要情形，并以建筑该馆地点于西湖新市场，拨用官地为宜，已饬县查明相当地亩，绘图送核，以便请拨"等情。嗣据遵批拟具议案呈送到署，经咨准省议会议决咨复，因议定人员经费不敷分配，又经咨请复议，一俟复议咨行到署，该馆即当着手择地建筑。又，查该县前次遵择地址绘图呈经前民政厅核以"所择地址尚欠冲要，令再另勘"各在案。兹据前情，复查迎紫路有一七五号及一七六号官地一方，合计八亩九分二厘，尚合建筑该馆之用。除指令外，合亟令仰该厅长分别转饬遵照，将该地留存备用，并即报部请拨可也，切切。此令。

中华民国五年十月三十日

省长吕公望

（原载《浙江公报》第一千六百六十七号，一六至一七页，训令）

浙江省长公署训令第一千零九十七号

令财政厅准财政部咨复五年公债转饬
财政厅遵照部电分别办理由

令财政厅长莫永贞

本年十月二十四日准财政部咨开，"准贵省长咨，'据财政厅呈称，本年九月二十三日奉钧署第五六五号训令，内开，准财政部号电开，五年公债浙省派募八十万元，准前将军、巡按使电复以认，并据吴财政厅长电称于四月一日开始发行各在案。嗣据劝募员朱辛彝报告，浙省公债业由财政厅分派各县认定数目，因政局变迁，暂行停募等情。本部以浙省秩序未宁,该员报告各节,谅系实情,所有公债一项不能不暂行缓办。现在时局已定,需款孔亟。前项公债各省业已源源报解,并经本部酌定九月底为截收债款之期,浙江省现停募于前,此时务希从速催收,不拘派额,尽收尽解,利息一项仍付至九月底止,实收九一,以符通案。如届期应募踊跃,收款或有迟延,再行商展限期,以资进行。一切办法,统希裁酌,并见复为盼等因。准此,合亟令仰该厅查案,妥拟办法,克日具报,以凭核复等因。奉此,查本年内国公债,浙省本定于四月一日开始劝募,曾由吴前厅长电部陈明在案。嗣因宣布独立,军事倥偬,秩序未宁,而中、交两行又复停止兑现,影响所及,商民交困,金融恐慌,实为从来所未有。数月以来,虽经设法整理,渐就苏息,而仍难恢复原状。现在商民自顾犹或不给,责以认购公债,似未尽有余力,劝募之困难,于此可见。惟念中央财政支绌,需款孔殷,况事关通案,重以部电饬催,自应勉为筹募。厅长体察情形,此项公债虽由吴前厅长通饬办理,而停顿日久,又须重行劝导,似应宽其时间,方可从容就绪。原定截止期限转瞬已届,拟请延长三月,展至本年年终,再行截止。一面即由本厅通行各县局并各机关,按照前颁条例竭诚劝募,积极进行,务期妥为筹划,毋取强迫从事,俾商民有所乐从,仍遵照大部电示,不拘派额,尽收尽解,利息一项并付至九月底止,庶于国计民情,双方并顾。所有遵拟劝募公债办法,是否有当,理合备文呈复,仰祈鉴赐核复指令遵行等情。据此,查本年内国公债既因停顿日久,又须重行劝募,自应准予展限,俾有设施之余地,除指令外,应咨请察照见复施行'等因到部。查五年公债前因收款期限已届,业经展限三月,至本年十二月底止,复经核定九月底以前及十月一日以后所收债款解京期限,于九月三十日、十月七日先后电达贵省长暨该财政厅长在案。准咨前因,相应咨复贵省长查照,即希转饬该厅长遵照前项部电分别办理可也"等因。准此,查九月三十日、十月七日两次部电,均经先后令行遵办在案,准咨前因,合亟令仰该厅查照部电，分别办理。此令。

中华民国五年十月三十日

省长吕公望

（原载《浙江公报》第一千六百六十七号，一七至一八页，训令）

浙江省长公署训令第一千零九十八号

令财政厅准审计院咨行杭县等局四年三月分
支出计算书表尚有疑义及应注意之处
并应补贴印花请令厅查照饬遵由

令财政厅长莫永贞

本年十月二十四日准审计院咨开，"准前浙江巡按使咨送杭县等捐局四年三月分支出计算书表单据到院，经本院详加审查，尚有疑义及应行注意之处，所有单据亦均漏贴印花，应即补送代贴，以符税法，相应开单咨请贵省长转令财政厅查照，分别饬遵可也"等因，并附清单一纸到署。准此，合行令仰该厅查照单开事项分别饬办。此令。

计抄单。

中华民国五年十月三十日

省长吕公望

（原载《浙江公报》第一千六百六十七号，一八至一九页，训令）

浙江省长公署训令第一千零九十九号

令财政厅准省议会咨请令永嘉县将征忙粮期及
设立征收分柜办法均按照法案办理由

令财政厅长莫永贞

本年十月二十四日准省议会咨开，"案照本会据永嘉公民王超陈请书称，'窃永嘉地丁征收向有城柜、乡柜之别。城柜设在县署，启征于旧历春初，名曰春征。至三月上旬完卯，继即出柜，于上、下河乡及永强各地，约午节前后回城。至七月下旬出柜，于西、楠两溪征至十月杪，公毕再赴上、下河乡及永强征收下忙，月余告终。征收惯例因地制宜，亦上则得以急公，下则有以便民也。催科之中，殊有抚字之意存焉。故永邑钱粮输将踊跃，处分滞纳，并未见诸施行。独至本年上忙钱粮，无论城乡一律定阳历四月一日于县署设柜启征，征至七月上旬，仅将城柜旧额征足，于是至七月下旬仍复出柜下乡，柜抵敝镇，系七月二十五日，随时张贴告示，内有本届上忙钱粮定阳历四月一日开征，至六月末日已满限，本知事体恤民艰，详请展缓一月，自八月一日起，概行处罚等语。孰知乡柜到地，确系七月二十五日，有地绅王寿仁赴柜完纳掣取由单，曾经粘呈省长，声明出柜日期，并请饬县速发由单，沐批登在九月三日《浙江公报》，其明证也。计自下乡启征，至八月一日，仅五昼夜，期前既未示谕，又未发给由单，经过五日，便要处罚，人民焉服？幸地绅纷纷禀请，始得从宽。按贵会议决本省《地丁征收法》第六、第八条载，开征日期按照成例办理，距城较远之处，得查照成例，设立分柜。财政部核定《浙江省征收地丁暂行章程》第九、第十五条亦载，上下两忙开征及终结日期，依前条所定期限，参酌惯例区分为三项征收，粮柜设于县知事公署，但得斟酌辖地情形，参照成例设立征收分柜。是《征收法》案明明规定，得照惯习。今永嘉县所定办法，独标新颖，倘或援以为例，乡民奚堪受累？为此谨援《省议会暂行议事细则》第四十条，具书陈请贵会公决施行'等情到会。当付大会讨论，佥谓本省《地丁征收法》前经临时省议会议决，并经本会修正，咨请前都督、前民政长次第公布施行在案。关于开征日期，按照成例办理，及距城较远之处，得查照成例，设立分柜，均经规定。现据该公民陈请前因，该县征收办法显与法案有背，应咨请令饬该县知事将征粮忙期及设立征收分柜办法均按照法案办理而便民俗，业经公决，相应咨请查照施行"等由。准此，查各县征收粮柜，按照《征收地丁暂行章程》，本有斟酌辖地情形、参照成例设立征收分柜之规定,该县设立征收分柜既有惯例,本年何以遽尔变更,合行令仰该厅转行该县知事,此后设立分柜,自应依例办理,总以便民为主,并将本年设柜情形据实层复核夺毋延,切切。此令。

中华民国五年十月三十日

省长吕公望

(原载《浙江公报》第一千六百六十七号,一九至二〇页,训令)

浙江省长公署训令第一千一百号

令财政厅为标买丁源户佃地一案请从速决定
执行令厅严催杭县查案核办具复由

令财政厅长莫永贞

案据杭县人民邵江以"标买丁源户佃地一案时近一年,未能收回管业,权利损失甚巨,请求从速决定执行"等情具呈前来。查此案前据该厅以"邵江及徐有申争控此项佃地,各具理由,应仍由杭县查案核办,以杜争执,业已令知"等情呈复到署,即经指令该厅迅催杭县知事从速妥拟办法,呈厅核转在案。迄今未据具复,殊与人民权利有所妨碍,据呈前请,合将再令仰该厅严催杭县知事妥速拟具办法具复核夺,毋任再延,切切。此令。

中华民国五年十月三十日

省长吕公望

(原载《浙江公报》第一千六百六十七号,二〇至二一页,训令)

浙江省长公署训令第一千一百零一号

令绍兴县知事萧山县知事撤换临浦警佐会令妥为交替由

令绍兴县知事兼警察所长宋承家、萧山县知事兼警察所长王右庚

案据萧山/该县知事兼警察所长呈前民政厅函内称,"查临浦一

区为萧山繁盛之冠,且复界处绍兴,民情、商情习惯上不无参异,其办理警务之员自非才具开展、心气和平者,颇难得手。现任叶绍良,才具非不可用,而矜躁未平,颇有不满人意之处。人地未宜,何以为治?此次呈请回籍修墓,请假两星期,本所当以'该处为绍、萧所属,令候绍兴县警所指令,再行呈报本所备查'等语在案,并无'照准'字样。该警佐竟朦报绍兴,谓本所已经核准,即行离职,似多未合。兹请将现任临浦警佐叶绍良调省另行任用"等情。据此,查该警佐叶绍良性情躁急,人地不宜,复捏词朦报,擅离职守情事,应即撤换,用示惩儆。遗缺查有嘉兴第三分驻所警佐姚允中堪以升充,月薪照三等支给。至请以所保两员传见试补之处,应毋庸议。除分行外,合行令仰该兼所长会同萧山/绍兴县知事兼所长转令知照,一俟新委到任,即令叶警佐妥为交卸,并饬呈缴旧任命状会报备查。此令。

中华民国五年十月三十日

省长吕公望

（原载《浙江公报》第一千六百六十七号,二一页,训令）

浙江省长公署训令第一千一百零二号

令姚允中调任萧山临浦警佐并给委任状由

令新委绍萧两县临浦警察分所警佐姚允中

案查绍萧临浦警察分所警佐叶绍良,业经撤任,遗缺查有该警佐堪以升充,月薪照三等支给。除分行外,合行填发委任状,令该员祗领,克日将原任事务妥为交卸,前往视事,并将接任日期呈所报查。此令。

计发委任状一件。

中华民国五年十月三十日

省长吕公望

（原载《浙江公报》第一千六百六十八号,九页,训令）

浙江省长公署训令第一千零五十号

令各县知事各学校校长准部咨所有
预备学校应行废止及变更由

令各县知事、省立各中学校校长、省城各私立中学校校长

案准教育部咨开，"案查本部于九月七日具呈陈明民国四年颁行各种教育法规应分别废止修改一案，于九月十八日奉大总统指令'呈悉。准如所议办理。此令'等因。奉此，查原呈内开，'《预备学校令》，核与民国元年发布之学校系统不无抵触，且于国民教育特设阶级制度施诸共和国家，亦为不合，应请废止'等语。此后各地方之中学校，应即无庸附设预备学校，其有已经设立者，依照地方情形，仍酌量改为高等小学校，或国民学校，一应办法均与县立、区立之小学无所歧异。除他项法规有应分别修正者，俟修正后即行颁布外，所有预备学校应行废止及变更之处，相应先行咨请贵省长查照办理"等由。准此，除分令外，合行令仰该知事转行所属中学校一体/该校长遵照办理。此令。

中华民国五年十月三十一日
省长吕公望

（原载《浙江公报》第一千六百六十八号，八页，训令）

浙江省长公署训令第一千一百零六号

令财政厅准省议会咨请令饬永嘉县革除
架房陋规并通令各属一律革禁由

令财政厅长莫永贞

案准省议会咨开，"案照本会据永嘉县公民李祖侃陈请书称，'窃永嘉蠹吏，莫如架房，索取陋规，民不堪累。为除弊计，曾于贵会第一届第一次开临时会内具书陈请裁革，业沐公决，咨行前民政长饬县查

办在卷。咨文抄电届今未见实行，系贵会前被非法解散，官厅承旨，视议决法案等诸弁髦，何怪永邑架房依然存在。若辈上年假编审名目，化为奉官摊册，搜括民财，较前更甚，架托官庇，民受架毒，殊堪浩叹。兹幸共和回复，议会更苏，所有议决法案当然继续有效，尚祈急起直追，为民造福。而且知事公署已遵部章附设推收处所，是推粮过户，已有署内人员办理，更不宜有此赘疣，使其在外敲扑。为此谨援《省议会暂行议事细则》第四十条，具书黏抄申请议长查案付议公决施行'等情到会。当付大会讨论，金谓裁革永嘉县架房陋规一案，前经本会议决咨行，前民政长朱施行在案①。兹据该公民陈请前因，是该县架房陋规并未革除，而且假托名目，变本加厉，实属违法已极。查县知事公署既经附设推收处所办理推粮过户事宜，职有专司，岂容更有此项架房名目存在，任其违法殃民？永嘉有此，各县之类似架房者，当亦所在多有，或曰册书，或曰庄书，名异实同。应咨请查照前案，令饬永嘉县知事立将此项架房名目迅即革除，陋规严行禁止，并通令各属县知事将各县之类似架房陋规者一律澈查革禁，以清弊政而顺舆情。业经公决，相应咨请查照施行"等由。准此，查架房索取陋规，最为旧时恶习，自应严行禁革，以清积弊。准咨前因，合亟令仰该厅转饬永嘉县知事立将此项架房名目迅即革除，陋规严行禁止，并通令各属查明类似架房陋规者一体查照革禁，仍将遵办情形具报。此令。

中华民国五年十月三十一日

省长吕公望

（原载《浙江公报》第一千六百六十八号，九至一〇页，训令）

---

① 民政长朱，指兼任民政长的浙江都督朱瑞。民国元年七月至民国二年九月兼。

附　浙江财政厅训令第七百五十四号

令各县知事奉省长令准省议会咨饬即禁革架房并陋规由

令各县知事

本年十月三十一日奉省长令开，"案准省议会咨开，案照本会据永嘉县公民李祖侃陈请书称，窃永嘉蠹吏莫如架房，索取陋规，民不堪累（文云见本月四日本报训令门），仍将遵办情形具报。此令"等因。奉此，除令行永嘉县知事遵办外，合行令仰该知事遵照，立即查明类似架房陋规者，一体禁革，仍将遵办情形具文通报毋违，切切。此令。

中华民国五年十一月四日

财政厅长莫永贞

（原载《浙江公报》第一千六百七十号，一九一六年十一月六日，一六页，训令）

浙江省长公署训令第一千一百零七号

令财政厅为西湖沿湖一带之官产一律禁止标卖由

令财政厅长莫永贞

照得西湖为浙省名胜之区，文献所存，湖山生色，经营保管，责在有司。所有该湖以内及沿湖一带之官产，在在与古迹有关，自与普通官产不同，亟应加意保存，以昭郑重。为此令仰该厅长即便遵照办理，嗣后关于是项官产，应即一律停止标卖，以示区别而垂久远。一面查造清册，呈候察核毋违。此令。

中华民国五年十月三十一日

省长吕公望

（原载《浙江公报》第一千六百六十八号，一〇页，训令）

浙江省长公署训令第一千一百零九号

令各县知事准内务部咨请饬属严行查禁坊行历本由

令各县知事

本月二十三日准内务部咨开，"准教育部咨开，'据中央观象台台长呈称，民国六年历书业由本台制竣，呈送颁发，所有坊行不适用之历书，请咨行内务部通咨转饬严行查禁等情，相应据情咨请查照办理'等因到部。查此项坊行历本，谬误滋多，于时政划一颇有妨碍，历经本部转行查禁在案。准咨前因，相应咨请贵省长查照，并希饬属遵办"等因。准此，除咨复并分令外，合亟刊登《公报》，令仰该县遵照，一体严行查禁，是为至要。此令。

中华民国五年十月三十一日

省长吕公望

（原载《浙江公报》第一千六百六十八号，一〇至一一页，训令）

浙江省长公署训令第一千一百一十号

令泰顺县知事为视察员王炯吾调查该县
警佐杨中权声明诬蔑一案呈送节略由

令泰顺县知事

案据警务视察员王炯吾折称，"奉饬委赴泰顺县调查已撤警佐杨中权声明诬蔑情形一案，开具节略"到署。据此，查杨中权前据该知事以"职务废弛，性情骄纵"等情呈请撤换，批经前民政厅查复核准撤任。嗣据潘翰瑸等一再电呈代剖，节经令厅并案办理，并据已撤警佐呈厅申辩，即饬该视察员亲赴调查在案。兹据折报前情，是其职务废弛，性情骄纵，均有实迹；至其与潘翰瑸朋比为奸，凡遇罚款等事，多由潘翰瑸从中说项，而此次为该已撤警佐辩诬，又据出自潘翰瑸个人意见，尤难保无串同舞弊情事。合亟抄发节略，令仰该知事澈查究办,具报察夺。此令。

中华民国五年十月三十一日

省长吕公望

（原载《浙江公报》第一千六百六十八号，一一页，训令）

浙江省长公署训令第一千一百十一号

令平阳县知事为视察员王树中查复该县叶霖控
警佐董树藩奸占伊妻一案全属子虚开具节略
黏附叶霖辩明有人捏名冒控呈文由

令平阳县知事

案据本署视察员王树中折称，"奉饬委平阳居民叶霖控告警佐董树藩为官吏殃民奸占势逼，负屈莫伸一案，按照所控各节，实地密查，尽属子虚。谨将查明确实情形具折呈复，仰祈鉴核"等语，并黏附永嘉县民叶霖呈禀一件到署。据此，查此案前据该民叶霖呈控，当经令行前民政厅查复核夺。兹据该视察员查复前情，离奇已极，究竟平阳县民叶霖，是否别有其人，如果系恶徒冒名捏控，殊属胆玩不法，此风断不可长。合亟抄发原查节略暨该民辩明捏名呈禀，并将叶霖八月间原呈一件，一并黏发，令仰该知事澈底根查，务将冒名妄控之人拿获，按律严办，以戢刁风，毋得延玩，切切。此令。

中华民国五年十月三十一日

省长吕公望

（原载《浙江公报》第一千六百六十八号，一一页，训令）

浙江省长公署指令第二千四百七十一号

令江山县知事程起鹏

呈一件为更委政务助理请注册由

应准注册。履历存。此令。十月二十八日

附原呈

呈为更委捼属取具履历报请察核注册事。

窃知事署内所有委定捼属,业经呈报前巡按使奉准注册在案。兹据政务助理李春馥因事辞职,亟应补委合格人员藉资助理。查前代理职署政务助理包锡咸,堪以接充。除由知事饬委外,合行取具该员履历,加具考语,备文呈报,仰祈省长鉴核,准予注册,实为公便。谨呈。

（原载《浙江公报》第一千六百六十七号,二二页,指令）

浙江省长公署指令第二千五百四十六号

令黄岩县知事

呈一件呈报蔡真荣等因警所拿赌纠

众要挟各情并请恤饬警由

据呈,"蔡真荣等因警所拿赌,纠众夺犯,并敢拒殴警察,恃强要挟,迫胁罢市,现已平静市面,照常营业"等情已悉。亟应将蔡真荣严拿究办,仰即会督营警务获究报,一面仍饬认真防维,毋任滋事。至警察罗学、陈华斌、王金来等三名,既据验明受伤属实,填单给医,应准如呈各给养伤费二十元,在准备金项下支给,分报查考。此令。十月三十日

（原载《浙江公报》第一千六百六十七号,二二页,指令）

浙江省长公署指令第二千五百四十八号

令警政厅长夏超

呈一件呈复永康孔庆约控警备兵士

朱金标奸占伊妻羊氏一案由

呈及堂判均悉。此案既经该前知事传集中证讯判了结,应予备案,仰即转令知照。堂判存。此令。十月三十日

（原载《浙江公报》第一千六百六十七号,二二至二三页,指令）

浙江省长公署指令第二千五百四十九号

令警政厅长夏超

　　　　呈报四区二营击毙积匪林得庚并夺械消弹由

　　呈悉。县警备队四区二营三哨击毙积匪,尚属勤奋,所消子弹准予核销,仰仍转令严缉余匪,务获究报。此令。十月三十日

　　　　　　（原载《浙江公报》第一千六百六十七号,二三页,指令）

浙江省长公署指令第二千五百五十三号

令兰溪县知事

　　　　　呈一件呈兰溪电灯公司运输机器
　　　　　　材料可否援案免税由

　　呈悉。查该公司系完全商办,未便援照从前大有利成案办理。仰即转饬知照。此令。十月三十日

　　　　　　（原载《浙江公报》第一千六百六十七号,二三页,指令）

浙江省长公署指令第二千五百五十四号

令兰溪县知事

　　　　　呈一件呈借支准备金筹设桑秧平卖所由

　　呈悉。该县官购桑秧,设所平卖,所长既拟由农会长兼充,即可以县农会为所址,并以该会职员兼任办事,毋庸另设机关,专派人员;购运桑秧,亦可函商邹县共同办理,以节糜费。至将来结算亏耗款项,应如何支销之处,应俟事竣册报到省,再行核示。仰即遵照。此令。十月三十日

　　　　　　（原载《浙江公报》第一千六百六十七号,二三页,指令）

浙江省长公署指令第二千五百五十六号

令东阳县知事

呈一件为补送商会章程及发起人名册请核转由

呈悉。察阅该商会所拟《章程》第二十五条，"尚未设立"句下应改为"得按照《商事公断处章程》及《细则》所规定者调处之"，仰即转知遵照更正，另缮送核。册存，《章程》发还。此令。十月三十日

（原载《浙江公报》第一千六百六十七号，二三至二四页，指令）

浙江省长公署指令第二千五百五十八号

令水利委员会技正林大同

呈一件为呈报乍浦测勘完竣绘送形势图由

呈、件均悉。该公民陈枝万等条陈各节，既经实地测勘，难于实行，自应毋庸置议，仰候令县转行知照可也。附件存。此令。十月三十日

附原呈

呈为乍浦测勘完竣并绘具形势图送请察核事。

窃于本年九月二十六日，奉前民政厅第一八六〇号指令职会呈报第三测量队测勘乍浦由开，"呈悉。仍仰督饬迅速进行，并将出发日期报查。此令"等因，奉经转令知照去后。兹据该队长罗云呈称，"奉令后，遵于上月二十七日率同测量员役，由省出发该处从事实测，已将内河外海平面、地形剖面高低，悉心调查测绘蒇事。案乍浦（距平湖县治东南二十七里）城南半里即滨海河流，自平湖来水，绕城四周，由北而南，折向东北，屈曲分注各支流者也。沿塘旧有闸门二道，现已废弃。一在西巷，已无形迹；一在营船坞，故址尚存。《志》载乍浦旧有官河，一名乍川，汇

诸水入海,岁久湮塞,今周家堰即浦之故迹云。是乍浦原有闸河通入外海,开于何时,塞于何年,无可考求。洎今塘外沙涂淤塞,塘内庐屋交错,地形变迁,今昔改观,万难规复原状。据现时测量所得,海面潮水涨落相差英尺十九尺有半,有时或超过二丈以上,平时河面高于落潮海面十一英尺,而低于涨潮海面英尺八尺七寸有奇,有时或在一丈以上。河岸海塘最近距离祇六百余尺,而塘外涨沙高出河底几十四英尺,顺坡而下距塘二里之遥,才见海底与河底等高,即塘内地面高者,比较河底相差二十余英尺。内河低洼,外海高涨,设欲挖通河海,中设闸门,而海潮每天涨落两次,稍一不慎,难免无倒灌之虞,安得有宣泄之便? 此不宜者一。乍浦海沙坚韧异常,俗称铁板沙,开通二里诈①,沙涂建筑堤塘工程不易,工费浩大。此不宜者二。即使费集工举,闸门启闭,时加注意,海水不致涌入,河水间得泄出,而海沙夹潮冲积,已开港底,恐不旋踵而淤填如故。此不宜者三。有此三端,该公民陈枝万等所称开河闸势难计划兴办。奉令前因,谨将乍浦河海实地情形测量结果、管见所及,备文呈复,并绘就平面剖面形势合图一纸,一并送呈察核"等情前来。技正察核该队长所呈各节,该浦内河水面平时虽高于海面,然海水涨落无定,有时超过二丈以上,设或挖通设闸,非惟不能宣泄,反不免倒灌之虞。所以旧设之闸,不能久存,终归淤塞,亦即沙潮倒壅之故也。此项办法不能实行,已可断定。据呈前情,理合将绘就平剖面形势合图一纸,并抄录公民陈枝万等原禀,一并备文呈送,仰祈省长察核施行。谨呈。

（原载《浙江公报》第一千六百六十七号,二四至二五页,指令）

---

① 诈,疑为"许"字之误。

浙江省长公署指令第二千五百六十号

令浦江县知事

呈一件呈送商会修正简章及钤记公费由

呈悉。查该县商会前次遵送《修正章程》及职员名册,经由前按署咨准农商部备案。兹既遵照《修正商会法》重加更正,察核送到《章程》第五条,仍引用旧《商会法》,殊嫌歧出,应以第五、第六两条并作一条,改为前条之会长、副会长,会董、特别会董,其选举方法悉遵照《商会法》第十八条、第十九条,并《施行细则》第五条、第六条办理,以下条文数目,即依次更改,另缮送核,并将会长等就职日期补报,仰即转知遵照。钤记费存,《章程》发还。此令。十月三十日

(原载《浙江公报》第一千六百六十七号,二五页,指令)

浙江省长公署指令第二千五百六十二号

令财政厅长莫永贞

呈一件为义乌县请免税严禁宰牛

一案业经核饬遵照由

据呈已悉。宰牛税,既准免征,应转令该县严行查禁私宰,以裨农业,仰即遵照。此令。十月三十日

(原载《浙江公报》第一千六百六十七号,二五页,指令)

浙江省长公署指令第二千五百六十六号

令杭县知事

呈一件为造送四年度农商统计经费清册请核销由

呈悉。查各县调查内务、农商两项统计经费,经前按署规定,准共支银五十元在案。该县事同一律,未便再援周故知事准销成

案办理①,仰即遵照。清册发还。此令。十月三十日

（原载《浙江公报》第一千六百六十七号,二五至二六页,指令）

浙江省长公署指令第二千五百六十七号

令金华县知事

呈一件呈送调查实业报告书件由

呈、件并悉。察阅《调查实业报告书》尚属明晰,准存候汇办。仍仰查照现状,督饬认真进行,期收实利,切切。附件存。此令。十月三十日

（原载《浙江公报》第一千六百六十七号,二六页,指令 批示）

浙江省长公署批第六百六十二号

原具呈人楼鸿书

呈一件条陈振兴林业事宜由

察阅条陈各节,颇有见地,仰候择要摘录,通令各属酌量举办可也。此批。十月三十日

（原载《浙江公报》第一千六百六十七号,二六页,指令 批示）

浙江省长公署批第六百六十三号

原具呈人庄景仲等

呈一件为组织浙江农业协进社拟就简章请批准备案由

呈、件均悉。该具呈人等纠合同志,组织浙江农业协进社,具见热心农业,深堪嘉许。所拟简章,亦尚妥洽,应准备案。附件存。此批。十月三十日

（原载《浙江公报》第一千六百六十七号,二六页,指令 批示）

---

① 周故知事,指周六介,名李光,浙江乐清人。民国四年八月病故于杭县知事任上。

浙江省长公署批第六百六十四号

原具呈人许新友等

呈一件为劣绅盛天锡等弄权妨害渔业乞赐示并令饬由

呈悉。查此案前民政厅据该民等来禀,业经分别函令会同妥速办具报,并批示在案。所请给示及再行令饬之处,应毋庸议。此批。

十月三十日

(原载《浙江公报》第一千六百六十七号,二七页,批示)

浙江省长公署批第六百六十五号

原具呈人淳安商民唐兆光

呈一件为拚到叶姓森林请给示保护由

呈悉。该商民向叶姓拚买山木,如果查无纠葛,何虑游民滋扰。所请给示保护及饬县知照之处,应毋庸议。此批。十月三十日

(原载《浙江公报》第一千六百六十七号,二七页,批示)

浙江省长公署通告

代理遂昌县知事沈士远呈报于十月十六日抵任接印视事。

富阳县知事陈融呈报于十月廿五日因公赴乡,职务委政务主任谢锡奎暂代。

黄岩县知事汤赞清呈报于十月十六日由省公毕回署。

代理瑞安县知事李藩呈报于十月十六日会勘公竣回署。

(原载《浙江公报》第一千六百六十七号,二七页,通告)

浙江省长公署咨复省议会

准咨送何议员勋业等质问钱江义渡一案由

浙江省长公署为咨复事。

本月二十六日准贵议会咨送何议员勋业、萧议员嘉禾等提出《关

于钱江义渡事项质问书》一件到署。查钱江义渡款项自胡绅雪岩创捐巨资后，向属于同善堂经理收支，确系地方慈善事业性质。辛亥光复后，军府稽查存典官款，误将义渡公款收为官有，于是义渡亦改归官办。续经前按署据地绅樊恭煦等具禀申明原委，查系属实，且适值岁修经费，财政厅以款越预算无从支给，是以准如所请，即将前政事部误收之存款，发交该公所董事保管，并将预算内所列之岁入、岁出各款，一律删除。其时省议会又在停止进行期间，无从交议。此钱江义渡拨还绅办之实在情形也。至该公所内部组织，前据财政厅报称，由地方士绅公举掌管银钱及驻所办事董事各一人，其余另举查账、名誉董事各若干人。事系地方义举，局长之名已不存在，官厅自无庸再加委任。惟兹事虽属绅办，而关系交通甚非浅鲜，自应地方官随时监督，以免病涉而维善举。准咨前因，相应咨复贵会查照。此咨
浙江省议会议长

浙江省长吕公望

（原载《浙江公报》第一千六百六十八号，一九一六年十一月四日，三页，咨）

浙江省长公署公函 五年函字第二十四号

为函两浙盐运使准函鲍郎场澉浦地方盐警肇事
一案将该场知事察看业经撤委由

径复者。接准贵署来函，以鲍郎场澉浦地方盐警肇事一案，按照本署前届公文行县，"按现行法令秉公办理，并将该场知事郑隆骧严密察看，到任三月并无成绩，业经照案撤委，另委徐广思前往代理"各等语谨悉。除照函备案外，相应备函奉复，以资接洽。此致
两浙盐运使

中华民国五年十月三十一日

（原载《浙江公报》第一千六百六十八号，四页，公函）

浙江督军署训令第三八二号
浙江省长公署训令一〇九〇号

令各属保护日人河本隆藏赴江浙等省游历由

令特派交涉员、温州交涉员、宁波交涉员、各县知事、警政厅厅长、暂编第一师师长、暂编第二师师长、混成旅旅长、嘉湖镇守使、宁台镇守使

本年十月二十七日准江苏省公署咨开，"案据特派江苏交涉员杨晟呈称，'顷准日本国总领事函，以河本隆藏赴江苏、江西、浙江、湖北、湖南、安徽、广东、四川、山东、直隶游历，缮给护照请盖印前来。除将护照印发外，理合呈请察照，转饬各属，俟该日人到境呈验护照时照约保护'等情。据此，除训令各属保护并分咨外，相应咨请贵省长查照，希即转行各属照约一体保护"等由。准此，除分令外，合行令仰该　　即便转令所属一体照约保护，并将入境出境日期呈报备查。此令。（刊登《公报》，不另行文）

中华民国五年十月三十日

督军兼署省长吕公望

（原载《浙江公报》第一千六百六十八号，五页，训令）

附　浙江警政厅训令第五百十六号
令各属奉督军省长训令准江苏省公署咨日本人
河本隆藏赴江浙等处游历饬保护由

令各警厅、各区统带

本年十一月一日奉浙江督军公署训令第三八二号、浙江省长公署训令第一〇九〇号内开，"本年十月二十七日准江苏省公署咨开，'案据特派江苏交涉员杨晟呈称，顷准日本国总领事函，以河本隆藏赴江苏、江西、浙江、湖南、湖北、安徽、广东、四川、山

东、直隶游历,缮给护照请盖印前来。除将护照印发外,理合呈请察照,转饬各属,俟该日人到境呈验护照时照约保护等情。据此,除训令各属保护并分咨外,相应咨请贵省长查照,希即转行各属照约一体保护'等由。准此,除分令外,合行令仰该厅长即便转令所属一体照约保护,并将入境出境日期呈报备查"等因。奉此,合行令仰该厅长、该统带即便转令所属一体照约保护,并将该日本人入境出境日期随时具报备查。此令。(刊登《公报》,不另行文)

中华民国五年十一月六日

警政厅长夏超

(原载《浙江公报》第一千六百七十五号,一九一六年十一月十一日,二一至二二页,训令)

浙江督军署训令第三八三号
浙江省长公署训令一〇八九号

令各属保护英人司徒特来浙游历由

令特派交涉员、温州交涉员、宁波交涉员、嘉湖镇守使、宁台镇守使、警政厅厅长、暂编第一师师长、暂编第二师师长、混成旅旅长、各县知事

本年十月二十七日准江苏省公署咨开,"案据特派江苏交涉员杨晟呈称,'顷准英国总领事函,以司徒特赴江苏、浙江游历,缮给护照请盖印前来。除将护照印发外,理合呈请察照,转饬各属,俟该英人到境呈验护照时照约保护'等情。据此,除训令各属保护并分咨外,相应咨请贵省长查照,希即转行各属照约一体保护"等由。准此,除分令外,合行令仰该　　即便转令所属一体照约保护,并将入境出境日期呈报来署。此令。(刊登《公报》,不另行文)

中华民国五年十月三十日

督军兼署省长吕公望

（原载《浙江公报》第一千六百六十八号，五至六页，训令）

附 浙江警政厅训令第五百一十九号
令各属保护英人司徒特来浙游历由

令各警厅、各区统带

本年十一月一日奉浙江督军公署训令第三八三号、浙江省长公署训令第一〇八九号内开，"本年十一月二十七日准江苏省长公署咨开，'案据特派江苏交涉员杨晟呈称，顷准英国总领事函，以司徒特赴江苏、浙江游历，缮给护照请盖印前来。除将护照印发外，理合呈请察照，转饬各属，俟该英人到境呈验护照时照约保护等情。据此，除训令各属保护并分咨外，相应咨请贵省长查照，希即转饬各属照约一体保护'等由。准此，除分令外，合行令仰该厅长即便转令所属一体照约保护，并将入境出境日期呈报来署"等因。奉此，合行令仰该厅长、该统带即便转令所属一体照约保护，并将该英国人入境出境日期随时具报备查。此令。（刊登《公报》，不另行文）

中华民国五年十一月六日

警政厅长夏超

（原载《浙江公报》第一千六百七十六号，一九一六年十一月十二日，一六页，训令）

浙江督军署训令第三八四号
浙江省长公署训令一〇八八号

令各属保护德副领事费恩德等来浙游历由

令特派交涉员、温州交涉员、宁波交涉员、警政厅厅长、各县知事、暂编第一师师长、暂编第二师师长、混成旅旅长、嘉湖镇守

使、宁台镇守使

本年十月二十五日准江苏省公署咨开,"案据特派江苏交涉员杨晟呈称,'顷准德国总领事函,以副领事官费恩德、医生康科携眷,各带手枪二支、猎枪一支、弹少许,赴江苏、浙江、安徽、江西、湖北游历,缮给护照请盖印前来。除将护照印发外,理合呈请察照,转饬各属,俟该德人到境呈验护照时照约保护'等情。据此,除训令各属保护并分咨外,相应咨请贵省长查照,希即转行各属照约一体保护"等由。准此,除分令外,合行令仰该   即便转令所属一体照约保护,并将入境出境日期呈报来署。此令。(刊登《公报》,不另行文)

中华民国五年十月三十日

督军兼署省长吕公望

(原载《浙江公报》第一千六百六十八号,六页,训令)

附　浙江警政厅训令第五百十二号
令各属奉督军省长训令准江苏省公署咨德国领事官
费恩德等赴江浙等处游历饬保护由

令各警厅、各区统带

本年十一月一日奉浙江督军公署训令第三八四号、浙江省长公署训令第一○八八号内开,"本年十月二十五日准江苏省长公署咨开,'案据特派江苏交涉员杨晟呈称,顷准德国总领事函,以副领事官费恩德、医生康科携眷,各带手枪二支、猎枪一枝,赴江苏、浙江、安徽、江西、湖北游历,缮给护照请盖印前来。除将护照印发外,理合呈请察照,转饬各属,俟该德人到境呈验护照时照约保护等情。据此,除训令各属保护并分咨外,相应咨请贵省长查照,希即转行各属照约一体保护'等由。准此,除分令外,合行令仰该厅长即便转令所属一体照约保护,并将入境出境日期呈报来署"等因。奉此,合行令仰该厅长、该统带即便转令所

属一体照约保护,并将该德人入境出境日期随时具报备查。此令。(刊登《公报》,不另行文)

中华民国五年十一月六日

警政厅长夏超

(原载《浙江公报》第一千六百七十五号,一九一六年十一月十一日,一九页,训令)

浙江督军署训令第三八五号
浙江省长公署训令一〇八七号

令各属保护英领事署英武员赴江浙等省游历由

令各属

本年十月二十五日准江苏省公署咨开,"案据特派江苏交涉员杨晟呈称,'顷准英国总领事函,以本署英武员席音赴江苏、浙江游历,缮给护照请盖印前来。除将护照印发外,理合呈请察照,转饬各属,俟该英人到境呈验护照时照约保护'等情。据此,除训令各属保护并分咨外,相应咨请贵省长查照,希即转行各属照约一体保护"等由。准此,除分令外,合行令仰该　　即便转令所属一体照约保护,并将入境出境日期呈报备查。此令。(刊登《公报》,不另行文)

中华民国五年十月三十日

督军兼署省长吕公望

(原载《浙江公报》第一千六百六十八号,六至七页,训令)

附　浙江警政厅训令第五百十七号

令各属奉督军省长训令准江苏省公署咨英总领事

署英武员席音赴江浙等处游历饬保护由

令各警厅、各区统带

本年十一月一日奉浙江督军公署训令第三八五号、浙江省长公署训令第一〇八七号内开,"本年十月二十五日准江苏省公署咨开,'案据特派江苏交涉员杨晟呈称,顷准英国总领事函,以本署英武员席音赴江苏、浙江游历,缮给护照请盖印前来。除将护照印发外,理合呈请察照,转饬各属,俟该英人到境呈验护照时照约保护等情。据此,除训令各属保护并分咨外,相应咨请贵省长查照,希即转行各属照约一体保护'等由。准此,除分令外,合行令仰该厅长即便转令所属一体照约保护,并将入境出境日期呈报备查"等因。奉此,合行令仰该厅长、该统带即便转令所属一体照约保护,并将该英国人入境出境日期随时具报备查。此令。(刊登《公报》,不另行文)

中华民国五年十一月六日

警政厅长夏超

(原载《浙江公报》第一千六百七十五号,一九一六年十一月十一日,二二页,训令)

浙江督军署训令第三百九十六号

令步兵第六团团长为师附尉官徐行辞差
仍予退役并请扣除年俸由

令步兵第六团本部团长吴思豫

据陆军第二师师长张载阳呈称,"师附尉官徐行,于民国四年十月由步兵二十二团差遣退役,蒙前将军朱准照当时原薪四十元十分之二给予证书在案。此次改革之后,奉督军任命为职师额外师附尉官。兹因旧病复发,不克勉强从公,拟恳销差,仍予退役。再,该师附本年年俸金尚未领取,计自四月九日复役,至十月三十一日止,共六个月零二十二天,所有应缴年俸,拟请转令该管团区司令官①,于五年

---

① 该管团区司令官,指绍兴团区司令官,当时由步兵第六团团长吴思豫兼任。

全年份年俸项下扣除，以清手续"等情前来。除指令照准外，合行令仰该司令官遵照办理。此令。

中华民国五年十月三十一日

督军吕公望

（原载《浙江公报》第一千六百六十八号，七页，训令）

浙江省长公署训令第一千一百零二号

令嘉兴县该县警佐姚允中调任萧山临浦警佐转令知照由

令嘉兴县知事兼警察所长张梦奎

案查该县警察第三分驻所警佐，业经前民政厅调诸暨县草塔分所警佐金林升充，并令知在案。兹查该分驻所原任警佐姚允中①，堪以升调绍萧临浦分所警佐，合行令仰该兼所长转令知照，并将发去训令、委任状转给具领，一俟新委警佐金林到所，即便饬令妥为交替，具报备查，并令姚警佐将旧委任状缴由该兼所长呈销。此令。

计发训令、委任状各一件。

中华民国五年十月三十日

省长吕公望

（原载《浙江公报》第一千六百六十八号，八页，训令）

浙江督军署指令第一千六百零五号

令暂编浙江陆军第二师司令部师长张载扬

呈一件为师附尉官徐行辞差仍予退役并请扣除年俸由

呈悉。该师额外师附尉官徐行，因病辞差，并恳仍予退役。既据该师长查系实情，应予照准，其本年应缴年俸，计六个月零二十二天，仰候

---

① 警佐，底本误作"警任"，径改。

转令该管团区司令官,即于本年应给年俸内扣除。此令。十月三十一日

(原载《浙江公报》第一千六百六十八号,一二页,指令)

浙江督军署指令第一千六百十二号

令陆军测量局局长董绍祺

呈一件为班员何兆芝刘凤章体弱多病请予辞职由

呈悉。该局班员何兆芝、刘凤章二员,既据称体弱多病,难胜业务,均准辞职,仰即转令知照。此令。十月三十一日

(原载《浙江公报》第一千六百六十八号,一二页,指令)

浙江督军署指令第一千六百十六号

令暂编浙江陆军第二师司令部师长张载阳

呈一件为请改任金幕曾为师附尉官由①

呈悉。应准照办。任命状随发。仰即转给祗领。此令。十月三十一日

(原载《浙江公报》第一千六百六十八号,一二页,指令)

浙江督军署指令第一千一百十七号

令宁台镇守使署镇守使顾乃斌

呈一件为上尉副官张乃森兼代少校副官请予任命由

呈悉。该使署上尉副官张乃森兼代少校副官职务,应准照给任命状,仰即转发祗领。此令。十月三十一日

计发任命状一张。

(原载《浙江公报》第一千六百六十八号,一二至一三页,指令)

---

① 幕,疑为"慕"字之误。

浙江督军署指令第一千六百十八号

令嘉湖镇守使署镇守使王桂林

　　呈一件为兼代副官长金鸿亮请加给委状由

呈悉。应准照给任命状，仰即转发祗领。此令。十月三十一日

计发任命状一张。

　　　　（原载《浙江公报》第一千六百六十八号，一三页，指令）

浙江督军署指令第二千一百六十号

令海盐县知事

　　呈一件查复朱拙民禀沈荡商会选举

　　　　并非违法情形由

呈悉。查此案经前民政厅据该县呈送该商会《修正章程》批准先予备案，存候转请核示，再行饬遵，并饬将选举各职员册报候核在案。惟本公署十月六日准农商部咨复萧山县义桥商会改组案内，附解释《修正商会法》及《施行细则》各条前来，第二项内载，同县数商会中之一，因依照旧《商会法》裁并而消灭，并非现时继续存在，不能援用新颁《〈商会法〉施行细则》第二条，作为本法施行前成立之商会。但若该区域内未逾两商会之限制，并在三十里以上，商务同一繁盛，确有复设之必要时，亦得禀请农商部核准。卷查该会距县商会仅二十七里，且于县商会改组时改为分事务所，经前按署咨准农商部备案，自当遵照原案办理，毋庸再行改组。合亟检同前存册折、公费，令仰该知事转发具领报查。此令。十月三十日

计附册折及公费银十五元。

　　　　（原载《浙江公报》第一千六百六十八号，一三页，指令）

浙江省长公署指令第二千一百六十一号

令於潜县知事

　　呈一件据前民政厅转呈该县呈送调查实业书件由

　　呈、件并悉。察阅调查实业报告书，尚属明晰，应准存候汇案核办。仍仰查照现状，认真督饬进行，期收实效。附件存。此令。十月二十四日

　　（原载《浙江公报》第一千六百六十八号，一三至一四页，指令）

浙江省长公署指令第二千一百六十三号

令武康县知事

　　呈一件为复明王馀庆开设信孚茧行与
　　大成久成各茧行距离里数由

　　呈悉。既据复查，确与《条例》相符，应即照准，仰转饬该商备具申请书连同捐税，缴由该县录报财政厅请领牙帖可也。结存。此令。十月二十四日

　　（原载《浙江公报》第一千六百六十八号，一四页，指令）

浙江省长公署指令第二千一百六十八号

令绍兴县知事

　　呈一件呈送林场租约林树种类株数及用款清摺等由

　　呈及附件均悉。查造林场经费，前按署规定共以二百元为限，该县造林仅二十余亩，竟超过限度至七十余元之多。且各种树秧按照说明，每株扯银一分，仅应支银六元二角五分，折列六十二元五角，均属不合。又，预算表既列有看守工人刈草事宜，自可责令兼任修篱，尤可不必。余如肥料、草屋等费，亦欠撙节，应并切实删减，另拟呈夺。所订合同期限，仅有五年，维时林木正当渐次发育之时，设限满

不能续租,作何处置,并仰妥订声明。附件暂存。此令。十月二十四日

（原载《浙江公报》第一千六百六十八号,一四页,指令）

浙江省长公署指令第二千三百六十七号

令遂安县知事陈与椿

呈一件为送更正二年分内务统计表祈察核由

案据前民政厅呈,据该县呈送更正二年分内务统计表,祈察核等情已悉。察核来表第十号男计两栏,第十二号总计栏之男数,第二十六号私有、祠产两栏,第三十三号房捐及总计两栏,以散合总数均不符;第十三号仍未遵照前签,致与前后有关系各表结构适合①;第七十、七十一两号前五栏数目与十六、十七两号核对,第七十二号患者死亡各栏,与六十九、七十、七十一三表同一事项各总数核对,亦均不符。本应发还更正,惟念所误各点,尚可就本表或其余有关系各表旁参互证,寻出的数,业经分别代为更正。嗣后续造是项表册,务须细心核办,毋再舛误为要,仰即知照。此令。表二份并存。十月二十六日

（原载《浙江公报》第一千六百六十八号,一四至一五页,指令）

浙江省长公署指令第二千五百八十八号

令建德县知事夏曰璈

呈一件呈送四年度学校视察录由

呈、件均悉。应准备案。惟《录》内仅填四年度,未将视察年月日填明,殊属疏忽。嗣后务须逐校填注,以凭稽考,仰即转饬遵照。《视察录》存。此令。十月三十日

（原载《浙江公报》第一千六百六十八号,一五页,指令）

---

① 适合,疑为"不合"之误。

浙江省长公署指令第二千五百九十号

令奉化县知事屠景曾

　　呈一件呈前民政厅呈送教育行政会议议决案由

　　呈、摺均悉。除会考小学成绩一案与部章有无抵触,应开送详细办法再行核夺外,其余各案,应准照办。惟各校课外运动与联合运动会有别,应仍通令切实举行。《学校表簿案办法》第一条内,"高初等学校并以及女子学校"字样,均已包括于高等小学校及国民学校之内,毋庸赘列,应行删去。第六条,应加列《校务日记簿》及《教科用图书分配表》二种,以资考核。又,各《办法》内所称"详由""详请"各字样,与现行公文程式不符,应分别改为"呈由""呈请",仰并遵照。议决案存。此令。十月三十日

　　　　　　（原载《浙江公报》第一千六百六十八号,一五页,指令）

浙江省长公署指令第二千六百号

令高等审判厅长范贤方

　　呈一件据丽水县知事陈赞唐请将审检所经费划清界限
　　　　　并嗣后司法收入余款尽先归垫由

　　呈悉。审检所业已成立,此后关于司法经费,自应依照预算核实支销,不能再于县税准备金项下挪垫。所称划清界限,各归各款,应准照办。至拟请将嗣后司法收入余款尽先提拨归垫一节,亦应准行。仰高等审判厅转行知照,并咨同级检察厅查照。此令。十月三十日

　　　　　　（原载《浙江公报》第一千六百六十八号,一五至一六页,指令）

浙江省长公署指令第二千六百零三号

令高等检察厅长殷汝熊

　　呈一件呈报水口镇被劫失赃及勘验获盗情形由

　　呈及图、单、表均悉。该匪等由宜兴窜入县境,该知事事前既有

访闻,并于要隘处所先期酌调警队严密防范,何以又致连劫九家,并被将团局枪枝捻去,办理显有未合,应先予记大过一次,仍责成迅行会督营警严密缉拿,并咨宜兴县知事一体协缉,务将是案赃盗勒限悉获诉报。一面先将获犯洪老三等讯取确供,依法诉究,并究明逸犯姓名、年貌、籍贯,呈候通缉。案情重大,毋得违延,致干重咎,切切。仰该厅转行遵照。此令。图、单、表均存。十月三十日

（原载《浙江公报》第一千六百六十八号,一六页,指令）

浙江省长公署指令第二千六百零六号

令警政厅长夏超、高检厅长殷汝熊、义乌县知事邱峻

呈一件呈请准予悬赏购缉逸匪朱成荣等并予通缉由

呈及格、表均悉。朱成荣、王廷和、王兴兴、王景银四名,既系著名积匪,屡犯强盗、杀人巨案,应准如呈悬赏购缉,仰即遵照,并仰警政、高等检察两厅,通令所属一体协缉,务获送究具报。此令。原呈及表格均抄发。格、表存。十月三十日

附原呈

呈为呈请准予悬赏购缉,一面并予饬属协缉解究事。

案查本年四月十四日准东阳县知事咨开,据敝属洪塘庄人民郭扬英状报,伊弟郭扬立被义乌朱成荣、王兴兴、王景银、王樟松等惨杀毙命,除已勘验并详报外,咨请严密缉拿务获解究等由,准经陈前知事饬警严拘未获。知事抵任接准移交,访查该朱成荣等实系著名积匪,王廷和、王兴兴、王景银,先于民国元年与王恒庚、王益良等共同轰毙金昌林,又于民国二年共同杀死冯日灶,尤敢于民国三年共同在途劫夺东邑商民金瑞兴贩运出埠火腿数十担,案经各前知事先后据各该被害人家属迭次状请拘究,迭经饬拘,仅获匪犯王恒庚、王益良二名,经知事讯明,从重判决

在案。其逸匪朱成荣、王廷和等，亦经一再严密责警饬拿，尚未就获。正在设法侦缉间，本年八月二十三日复准东阳县知事咨催并派警来义请协捕等由，即经选派法警王俊明等，不动声色，前往协拿，当场缉获王樟松一名。正欲押带回署，不料该匪等扭夺拒捕，互相殴击，虽王樟松是否因受格伤身死，尚未定谳，而该法警王俊明等身被拒伤，均经分别验填呈报，并将该法警王俊明等发押听候查办在案。伏思该匪朱成荣、王廷和、王景银、王兴兴四名，为义邑南乡下墅街青口等庄最著名之匪类，强盗杀人屡犯有案，官厅饬拿，动厥纠众拒夺，目无法纪，已达极点。现该犯王兴兴、王廷和复犯擒勒殴毁各案，并据各该被害人家属状请严拘。知事职司缉捕，责无旁贷，若不严密拿办，何以彰国法而靖地方？复经一再密缉，无如该匪等东藏西匿，仍未就获。诚恐远飏各县，非悬赏购缉，殊不足藉资严密。除仍严饬外，理合援照《修正积匪巨盗悬赏购缉办法》第二条之规定，查叙案情，酌拟赏格，并填具逸犯姓名年貌籍贯表，备文呈请，仰祈省长察核俯赐准予依照办理，指令祗遵，俾便悬赏购缉。一面并恳通令各属一体协缉务获解究，以除匪类而安良民，深为德便。除呈高等检察厅并督军外，谨呈。

（原载《浙江公报》第一千六百六十八号，一六至一七页，指令）

附　浙江警政厅训令第四百九十五号

令各属奉省长指令义乌县审检所
呈请悬赏购缉逸匪朱成荣等由

令各警厅、各区统带

本年十月三十一日奉省长公署指令义乌县知事呈请准予悬赏购缉逸匪朱成荣等并予通缉由，内开，"呈及格、表均悉。朱成荣、王廷和、王兴兴、王景银四名既系著名积匪，屡犯强盗杀人巨案,应准如呈悬赏购缉,仰即遵照,并仰警政、高等检察两厅通令所属一体协缉,务获送究具报。此令。原呈及格、表均抄发"等因。奉此,除分行外,合亟黏抄原呈及格、表,令仰该厅长、该统带即便遵照,转令所属一体协缉务获送究具报核转毋违。此令。

计抄发原呈及格、表。

中华民国五年十一月四日

警政厅长夏超

附原呈(已见本月四日本报指令门)

义乌县购缉逸匪姓名年貌籍贯表

姓　　名	年　　龄	面　　貌	身体	籍　贯	职业
朱成荣	三十余	面白无须	中	义乌下墅街	农
王廷和	四十余	面红无须	较长	义乌南乡青口	农
王兴兴	二十八九	面长无须	较长	义乌南乡青口	木匠
王景银	二十五六	面长无须	较长	义乌南乡青口	农

赏格

义乌县审检所为悬赏购缉事。案查义邑积匪朱成荣系犯杀人案,又积匪王廷和、王兴兴、王景银系犯强盗杀人俱发各案,迭经饬警严密侦缉未获。除仍侦缉外,合亟悬赏购缉,仰诸色人等知悉,如有拿获朱成荣、王廷和、王兴兴、王景银送案者每一名赏银五十元,知其踪迹来所报信因而获案者每一名赏银二十元,犯到验明实系正身,即予发给。储款以待,决不食言,并仰知照。须至赏格者。

中华民国五年十月　日

(原载《浙江公报》第一千六百七十三号,一九一六年十一月九日,一四至一六页,训令)

浙江省长公署指令第二千六百一十号

令高等审判厅长范贤方、义乌县知事邱峻

呈一件呈吴兆槐等与骆志上等因争沙地酿成巨案

请令高审厅再审并派警备队弹压由

呈悉。查此案民事部分,既经大理院终审决定,照法不准翻异。惟既据吴兆槐等请求高等审判厅准予再审,究竟有无再审原因,仰该厅迅予核依法办理,具复察核。至吴、骆两姓挟恨寻仇,该县警队力单,拟请调拨驻义警备队十名暂驻该村会同弹压,自可照准,仰即转函该区统带暨该营管带遵照办理。一面仍由该知事将刑事部分分别拘传犯证,讯明确情,按律拟办具报,毋稍枉纵。再,前据骆正喜等呈控吴姓肆行焚杀文内,声明除烧毁房屋多间外,事后并发见婴骸一具,究竟有无其事,来呈未据叙及,事关人命重情,并仰确查具报,毋延。此令。原呈抄发。十月三十一日

附原呈

呈为呈请事。

案据下湾庄民吴兆槐等状诉,白岸头民骆贵发等杀死吴章时等一案,业经知事将分别相验,暨拘获被告骆章维、骆志告、骆朱兴到案,讯办情形先后呈报各在案。此事吴、骆两姓,因争沙涂结讼八九年,几至倾家荡产,雠仇相报,积恨至深。自吴章时等被杀后,在吴姓一方,既失地亩,又伤人命,阖族男妇,人人切齿,无时不图报复;在骆姓,则亦势同骑虎,日夜纠聚凶徒藉以抵制,憨不畏法,险酿械斗巨案。经知事遴派警队驻扎该庄邻近之廿三里地方,梭巡弹压。一面严令吴兆槐等传谕禁止,并勒令骆姓交出首犯骆贵发、骆土奎、骆朱式等,一并收押讯办。恩威并用,无计不施,匝月之间,尚免滋扰。本月三日访知有吴姓妇女

多人偕往骆姓地内祭扫厝墓,乘隙烧屋泄忿情事。遂立派代理警佐王思钦会同县警队长率队前诣查勘,比至该处果已火势甚炽,登时扑灭,计已烧去平屋、茅房十余间,幸未伤及人口。旋据骆志上等状诉,下湾庄吴兆槐、吴望春等于是日聚众直逼村内,焚烧房屋,请求驾勘拘究,而吴兆槐等又以"骆奉升唆使骆春春等凶殴致祭之尸亲吴朱氏、吴虞氏、赵陈氏、吴虞氏、吴骆氏、吴张氏、吴黄氏等七口受伤"等情,状请验填缉凶律办各前来。当经分别讯供验填在卷,并即亲诣白岸头庄勘明,骆金有等楼平屋、茅铺共十三间被焚属实,分别填单附卷。究竟是否被吴姓放火焚烧,尚未得有确证,当经饬警严密侦查。又,复派令警长率同警察八名,分驻该两村内,以便不时制止,免生事端。

卷查此案缘该两村间有沙涨地一处,分高中低三段,共四百余亩。其低滩一段,吴、骆两姓均有垦种,前清光、宣年间该两造因争垦种,互相控诉,迭经官厅集讯士绅调处,均各坚执私见,混争不休,因之夺牛抢割,层见叠出。近年以来,争端益甚,官厅穷于弹压,士绅无法调停,陈前知事文鉴鉴于两造兵连祸结,贻害无穷,即予传集讯断判令,系争低滩沙涨地亩,三分均分,上流之地划一股归于吴姓,下流之地划一股归于骆姓,居中一股作为地方公产,溪边高墩上地亩仍归骆姓管种。所有划分之地,俟划分清楚,呈请丈量升课。骆志上等不服,提起控诉。经奉高等审判厅第二审判决,主文内开,"原判撤销。本案系争地,统由控诉人等依现垦亩数报县勘丈,遵照《国有荒地承垦条例》按亩纳价,领给执照,取得所有权,并按照该地税则升科。被控诉人等不得混争,旧有钱粮由主管官厅查明,按照定章办理"等因。当复由吴兆槐等声明不服,提起上告。于本年三月二十四日奉到大理院判决,驳回上告,该骆志上等即于判决确定后,请求照判丈量示价给领,以便承粮管种。吴兆槐等则以十数年已经承垦之地,一旦悉归乌有,遂不惜牺牲性命,强夺横争,无所不至。骆志上等亦存一得寸进寸之心,不稍退让。故案虽经终审判决,而两造争端,较前尤烈。

知事抵任之初,即经派员照判丈量,该两造各执故见,皆聚众阻挠,致难着手。旋迭据骆志上等以"吴兆槐等阻挠执行,日肆侵掠,毁车掳物"等情状诉到县。知事以该案既经最高法院判决确定,自非实行丈量,不足以杜后患而定私权,复经派员丈量时,适该地所种苞谷高与人齐,因障碍视线未便勘丈,即谕令两造静候秋收后丈量,勿再生事。其刑事部分,并即准予传讯核办。乃该吴兆槐等以案经终审判决,无法破毁,遂不遵谕令,竟复藉端寻衅,酿出人命放火重案,罔顾理法,莫斯为极。且当该两造争执之际,知事深恐生出事变,迭经掬诚亲行劝谕,并添派警察就地巡逻,不意该吴兆槐、骆志上等目无警察①,强横如故。知事为维持秩序起见,除派警察分驻两村外,迭经亲诣劝谕,并召集地方正绅出为排解,晓明利害,几于唇焦(舌)烂。旬日以来,迭据该处警察报告该地"正当收花下种,吴兆槐与骆志上等犹复争相收取,警察力微,势难制止"等语,各该士绅亦复心疲力尽,束手无策。知事明知争地之案,既经终审判决,吴兆槐等出而妄争,致酿刑事重案,惟有分别按律究办,固无须曲予调解,第以系争沙涂地亩广阔,于该两造农民生计,诚有莫大关系②,定欲绳以法律照判执行,不独后患堪虞,即以目前论,迫届收花下种时期,吴、骆两姓又处于必争之势。惟该两姓案因争产,要非盗匪可比,调和既穷行术,而队警复不能示以威力,制止、解纷,两无良策,肇祸之速有即在于眉睫间者,无知愚氓,困于斗殴,言之实堪痛心。知事职责所在,惩前毖后,亟应设法预防,可否准予

---

① 目无,底本误作"自无",径改。
② 莫大,底本误作莫不,径改。

调遣驻义警备队十名，暂驻该村，会同队警悉力弹压，以弭目前祸变而保地方治安。再，查该吴兆槐等争地一案，业已请求高等审判厅准予再审，拟请钧长俯赐准将前情令行高等审判厅迅予察办，以息纷争。除刑事案件依法分别拿办，并暂行督饬队警严切制止外，所有吴兆槐与骆志上等因争沙涂酿成巨案，拟请令行高等审判厅迅予察办，并准由知事调遣驻义防兵前往弹压各缘由，理合具文呈请，仰祈钧长察夺，迅赐令遵。谨呈。

（原载《浙江公报》第一千六百六十八号，一七至二〇页，指令）

浙江省长公署指令第二千六百二十五号

令象山县知事张鹏

呈一件为汇报五年七八九三个月缉捕盗匪成绩月报表由

呈、表均悉。表列未破各劫案，为日已久，应速分催水陆营警上紧侦缉，逐起破获报①，毋任玩延干咎。其各案内拘押未决各人犯，并应从速送审，勿任久羁。表存。此令。十月三十一日

（原载《浙江公报》第一千六百六十八号，二〇页，指令）

浙江省长公署指令第二千六百三十号

令松阳县知事余生球

呈一件呈刁恶胡谦等挟嫌诬告请准停职令县传讯由

呈悉。查此案前民政厅据该知事查复，当以"该警佐被控各节，均系不实，准免置议，并将诬告人胡谦等拘案究诬"令知在案。该警佐自应静候办理，何得负气越渎？所有诬告人胡谦等，仰即查照厅令究办具报，毋延。并转令该警佐知照。此令。十月三十一日

（原载《浙江公报》第一千六百六十八号，二〇至二一页，指令）

---

① 报，此处疑有脱字。

浙江省长公署指令第二千六百三十一号

令诸暨县知事魏炯

　　呈一件为汇填五年五六七三个月缉捕

　　　盗匪成绩表由

　　呈、表均悉。表列未破之案,应速会督营警上紧破获究报,勿延。
表存。此令。十月三十一日

　　　　（原载《浙江公报》第一千六百六十八号,二一页,指令）

浙江省长公署指令第二千六百三十二号

令永嘉县知事郑彤雯

　　呈一件呈送七月至九月陆警资格调查表

　　呈送七月至九月陆警资格调查表已悉。嗣后此项调查表,应由
该局径行送核,毋庸由县转呈。至各警察,已未经入何处教练所毕
业,暨曾否给有精勤证,并有无他项资格,均于"其他"项内详实登明,
以凭查察。仰即转咨知照。此令。十月三十一日

　　　　（原载《浙江公报》第一千六百六十八号,二一页,指令）

浙江省长公署指令第二千六百四十一号

令遂昌县知事沈士远

　　呈一件呈请开办劝学所其施行细则

　　　可否依照报载草案由

　　呈悉。学务委员原管职务,如前令所定人员难于兼顾,应并责成
自治委员一同负责办理。至报载《劝学所施行细则》草案,虽经呈准,
未奉教育部通咨颁行,碍难依据,所请将劝学所依照草案暂行试办,
应毋庸议。此令。十月三十一日

　　　　（原载《浙江公报》第一千六百六十八号,二一页,指令）

浙江省长公署指令第二千六百四十三号

令省立第四中学校校长励延豫

呈一件呈政务厅造送九月分报销册支出计算书据由

呈、件均悉，应准照销候转。再，嗣后文件应径呈本省长，仰并知照。件存。此令。十月三十一日

（原载《浙江公报》第一千六百六十八号，二一至二二页，指令）

浙江省长公署指令第二千六百四十六号

令定海县知事张寅

呈一件为县教育会补助费能否仍在县税项下拨给由

呈悉。查县税教育费，前经省议会议决，专充小学经费，自未便拨补该会，仰即另筹拨给具报可也。此令。十月三十一日

（原载《浙江公报》第一千六百六十八号，二二页，指令）

浙江省长公署指令第二千六百四十八号

令黄岩县知事汤赞清

呈一件呈报县立中校毕业生陈振鹏考入江苏师范学校请转咨由

据呈已悉，准予转咨。此令。十月三十一日

（原载《浙江公报》第一千六百六十八号，二二页，指令）

浙江省长公署指令第二千六百五十二号

令嘉善县知事樊光

呈一件呈报组织教育行政会议并送章程请核示由

呈、摺均悉。查阅简章，尚无不合，应准照行。惟呈称"令县教育会转行各办学人员知照"一节，查县教育会并非行政机关，各办学人员亦不受县教育会之管辖，殊属错误。嗣后务应由该知事直接行文，

以明系统而清职权,仰并遵照。简章存。此令。十月三十一日

<h2 style="text-align:center">嘉善县教育会议章程</h2>

第一条　本会议专就县教育行政范围内,以考察全县教育状况、集合研究,俾得推行适当之方法为宗旨。

第二条　本会议会场即设县公署内。

第三条　本会议议员以左列人员充之:

(甲)县知事公署主办教育人员;

(乙)县视学;

(丙)教育会正、副会长;

(丁)各学校校长;

(戊)通俗教育讲演所所长;

(己)各区学董;

(庚)其他办学人员,由本会议员二人以上之介绍,得本会允许者。

第四条　本会会议时,以县公署主办教育人员为议长,议长有事故时,由县视学代理之。

第五条　议案除由县知事公署编次交议外,各议员如有建议事宜,得具建议书,先期送由县知事察核付议,但会议时,仍须由本员说明旨趣。

第六条　议案之关系经费者,得请知事公署财政主任或助理员暨掌管教育款项之自治委员出席说明。

第七条　本会议决案由议长呈报县知事采择施行,并转呈省长备案。

第八条　本会议以寒暑假开学前十日为常会期,如有重要事件得开临时会议。

第九条　临时会开议日期及时间,由县知事公署酌定。

第十条　本会会议规则另订之。

第十一条　本会会议时,除应需纸笔各费,由县行政费项下开支外,其川资、伙食均由各议员自备,本会概不支给。

第十二条　本章程自呈奉省长核准后实施。

（原载《浙江公报》第一千六百六十八号,二二至二三页,指令）

浙江省长公署指令第二千六百六十五号

令崇德县知事汪寿鋆

呈一件为图书馆请续拨经费添购幻灯影片
并请拨经常经费请核示由

呈悉。幻灯影片,准予附设。所拟添加临时费及经常各费,并准照办。惟此项经费,究于何款内动拨,应仍饬自治办公处筹定转报备核,并遵照前民政厅指令,迅将《规程》第三条应报事项清册及主任员履历连同预算表呈候分别核转。此令。十月三十一日

（原载《浙江公报》第一千六百六十八号,二三至二四页,指令）

浙江省长公署指令第二千六百六十九号

令黄岩县知事汤赞清

呈一件呈补送私立扶雅中校第四班学生毕业表请察核由

呈、表均悉。查表内各生入校年月,有超过中学修业期间,是否中经留级,应于备注内分别叙明。又,陈葆彝一名,既系转学生,入校年月应填转入该校之年月,再于备注内声叙转学情形,来表亦属错误。原表发还,仰即转行分别加注改正,再行送转。此令。十月三十一日

计发还表二纸①。

（原载《浙江公报》第一千六百六十八号,二四页,指令）

---

①　计发,底本误作"计委",径改。

浙江省长公署指令第二千六百七十三号

令龙游县知事庄承彝

呈一件请委任璩涛为劝学所长开送履历由

准予照委,任命状随发,仰即转令祗领。履历存。此令。十月三十一日

计发任命状一纸。

附原呈

呈为拟定劝学所所长请赐先行委任事。

案奉颁发《劝学所规程》,即经遵照组织,业将该所职员薪俸、公费等项,分别列表,并将所设地址先后呈请核准在案。所有劝学所所长,兹拟举本县人璩涛,曾任地方教育事务五年以上,核与《劝学所规程》第四条第一项资格相符,应请先行委任为劝学所所长,仍俟奉颁到《施行细则》,再行成立。合将该员履历开摺具文呈请,仰祈省长鉴核迅赐先行委任,实为公便。谨呈。

(原载《浙江公报》第一千六百六十八号,二四页,指令)

浙江省长公署批第六百六十六号

原具呈人俞芝洲等

呈一件为拟在上四乡开设振纶茧厂由

呈悉。应俟《修正茧行条例》由省议会议复公布后再行遵办,所请立案之处,暂毋庸议。此批。十月三十日

(原载《浙江公报》第一千六百六十八号,二五页,批示)

浙江省长公署批第六百六十七号

原具呈人嘉善杨志文等

呈一件为拟开纬纶茧厂请核准由

查《修正茧行条例》尚未准省议会议复公布,来呈所称遵章领帖开设茧行,果何所据,所请应不准行,仰即知照。此批。十月三十日

（原载《浙江公报》第一千六百六十八号,二五页,批示）

浙江省长公署批第六百六十八号

原具呈人诸暨杨善等

呈一件为麻车江讼案委员朦详乞委员秉公复勘由

呈、件均悉。查庙下、百丈各埂,多系沿江建筑,与该民等之拦江筑埂不同。至开复朱王港办法,因现在江流曲折过甚,水行迂滞,以致横溢为害,计画亦无不合。惟既据称,何委员条议主张与该会呈复歧出,并以该员致俞氏私函之语为口实,姑候令行该会明白声复,以凭核夺。所请另委复勘之处,暂无庸议。附件存。此批。十月三十日

（原载《浙江公报》第一千六百六十八号,二五页,批示）

浙江省长公署批第六百七十号

原具呈人曾翰

呈一件为前被道视学陈刚造端诬陷照虚坐例办理由

该监学既由前道尹批仍留职,何至再有屈辱莫伸。至前道视学陈刚,报告不实,须依《文官惩戒法》办理。现既裁撤在前,即无处分可施,所请应毋庸议。此批。十月三十日

（原载《浙江公报》第一千六百六十八号,二五至二六页,批示）

浙江省长公署批第六百七十一号

原具呈人临海应士法

呈人呈控第六中校长不法无辜被革请伸雪由

此案既已事隔多日，如果该生实无此项情事，何至当时不即控告，所称因知识幼稚，只得含冤，尤属无此情理。据禀，显系因此次风潮，希图攻讦，不准，并斥。此批。通告一纸掷还。十月三十日

（原载《浙江公报》第一千六百六十八号，二六页，批示）

浙江省长公署批第六百七十二号

原具呈人永嘉金殿魁等

呈一件请将临江区学务委员暂缓裁撤由

呈悉。该区学务委员裁撤后，于呈准试办义务教育程序，是否确有窒碍，应呈由该县知事查明转呈，再行核办。仰即知照。此批。十月三十日

（原载《浙江公报》第一千六百六十八号，二六页，批示）

浙江省长公署批第六百七十三号

原具呈人瑞安王文蔚

呈一件为岑崇基品学卑劣不合为劝学所长由

查呈荐劝学所所长，为县知事之职权，非尔等所应干预。至王佑宸之批驳，系因资格不符，亦非被人控告。所请不准。此批。十月三十日

（原载《浙江公报》第一千六百六十八号，二六页，批示）

浙江省长公署指令第二千五百九十八号

令财政厅长莫永贞

呈一件为象山县交代限内算结交清
请将前后任各记大功一次由

呈悉。象山县交代，既于限内算结交清款项，应准将前任知事廖立元、现任知事张鹏霄，各记大功一次，以示鼓励。除注册外，仰即分令知照。此令。十月三十日

（原载《浙江公报》第一千六百六十九号，一九一六年十一月五日，一七页，指令）

浙江省长公署指令第二千六百十八号

令警政厅长夏超
呈一件为呈报警备四区统带筹办
各营哨择要移驻及更调情形由

据呈，该统带筹办各营哨择要移驻及更调情形均悉，仰将各营哨到防日期转报备查。此令。十月三十一日

附原呈

呈为转报警备队第四区各营哨择要移驻及更调情形仰祈察核事。

本年十月十四日据警备队第四区统带黄继忠呈称，"窃统带九月间出发巡视各营哨防务，所有第五、六、七三营分驻各哨防地点，察勘情形，其应择要移驻暨应行更调各哨，业经妥筹办理。将第六营原驻黄岩下塘港之第二哨二棚调回驻扎温岭街，以第五营原驻院桥之第二哨二棚开往下塘港填驻，以第一哨二棚开往院桥填驻。又，查黄岩三甲地方，为该县与临邑邻境扼要处所，现虽由黄岩县派驻警队，恐不足以资防卫，业已函致该县调回警队，将原驻临海东乡大田之第一营二哨二棚调驻三甲，以原驻临邑城外江厦之第一营一哨二棚填驻大田，以原驻临邑西乡

白水洋第四营三哨一哨填驻江厦。至白水洋一处，系临、仙二邑出入要道，因该处与仙居第七营防地较近，已令该营陈管带酌派第二哨哨官李绍芳率队前赴白水洋填驻。似此办理，较为妥洽。合将筹办各营哨择要移驻及更调情形备文呈报，仰祈察核施行"等情。据此，查该统带所拟将各营哨择要移驻及更调防地各节，尚属妥洽，除指令照准并饬将各营哨到防日期具报备查外，理合备文呈报，仰祈省长察核备查。谨呈。

（原载《浙江公报》第一千六百六十九号，一七至一八页，指令）

浙江省长公署指令第二千六百十九号

令警政厅长夏超

呈一件为呈模范警队代理营长陆镇洋
成绩卓著请销去代理字样由

据呈，模范警队代理营长陆镇洋，于整饬队务、督率教练各节，成绩卓著，应准销去"代理"字样，仍照一等支薪，并填给委任状一纸，仰即转发可也。此令。十月三十一日

（原载《浙江公报》第一千六百六十九号，一八页，指令）

附 浙江警政厅训令第五百零三号

令模范警队营长奉省长指令本厅呈该代理营长
陆镇洋成绩卓著请销去代理字样由

令模范警队营营长陆镇洋

本年十一月一日奉省长公署指令本厅呈为该代理营长成绩卓著请销去代理字样准补现职由，奉令内开，"据呈，模范警队代理营长陆镇洋，于整饬队务、督率教练各节，成绩卓著，应准销去'代理'字样，仍照一等支薪，并填给委任状一纸，仰即转发可也。此令。计发委任状一纸"等因。奉此，合将奉发委状，并抄本厅

原呈,令仰该营长即便遵照祗领具报,并将旧状克日缴销毋违。此令。

计发委任状一纸。

中华民国五年十一月四日

警政厅长夏超

(原载《浙江公报》第一千六百七十二号,一九一六年十一月八日,一八页,训令)

浙江省长公署指令第二千六百二十四号

令浦江县警察所所长张鼎治

呈一件呈警佐杨凤来办事勤能请求缓调由

呈悉。该县以花会赌博为大患,既经前金华道尹厉禁肃清,该兼所长何以不继续整饬,任令赌徒逐渐放肆? 此次杨警佐凤来之调任开化,系自行函请前民政厅予以核准。目下冬防未届,仰即迅令杨凤来克日交卸赴调,俟新委叶警佐到浦,并仰督同认真缉捕,以期永绝。所请缓调之处,应毋庸议,切切。此令。十月三十一日

(原载《浙江公报》第一千六百六十九号,一八页,指令)

浙江省长公署指令第二千六百二十八号

令慈溪县知事夏仁溥

呈一件为请缓裁警队拟与地方筹商

经费改编警察侦探队由

呈悉。查前颁《裁撤警队办法》,本有添设临时警察之规定,惟警费余款一项,向系解省指供要需,所请暂缓裁撤警队暨提拨警费余款之处,应毋庸议。该县既须添设警察,仰即会同就地绅商筹定的款,再行呈请核夺可也。此令。十月三十一日

(原载《浙江公报》第一千六百六十九号,一八页,指令)

浙江省长公署指令第二千六百二十九号

令宁海县知事何公旦

呈一件为请留原有警捐规复警察旧额由

呈暨表、折均悉。查各县警队,业经通令依限裁撤在案。该县果有特别情形,必须添设警察,应遵照《裁撤警队办法》第四条另行筹款,呈候核夺。解省警费一款,向系指供要需,所请留拨之处,碍难照准。此令。表、折姑存。十月三十一日

(原载《浙江公报》第一千六百六十九号,一九页,指令)

浙江省长公署指令第二千六百四十号

令崇德县知事徐肃

呈一件为拟办县立学校联合运动会由县拨给补助由

呈、摺均悉,应准照办。惟察阅来呈,有"现在公共运动场工程将竣,关于各校联合运动应用物件,应亟为预备"等语,于设立公众运动场之用意,尚有误会。查此项公众运动场,系属社会体育,为一般人民随时运动之所,于学校联合运动并无关系,且场内设置须择宜于一般人民者备办,将来筹办成立,亦未便再借为学校联合运动会场所,仰并知照。摺存。此令。十月三十一日

(原载《浙江公报》第一千六百六十九号,一九页,指令)

浙江省长公署指令第二千六百七十号

令黄岩县知事汤赞清

呈一件为杨昱等捐款办学请核奖由

呈、件均悉。查部颁《修正捐资兴学褒奖条例》第十二条规定,自民国元年起适用之,该县徐曹庚、王德槐、杨宗叙所捐之款,既均在光绪三十一年间,未便援例给奖。徐呈坤所捐之田,虽在民国元年,惟

值价仅六百余元,亦与同《条例》第四条"捐资者未得褒奖而身故时,款逾千元,分别给奖"之规定不符,均无庸议。至杨昱一名,既累年均有捐款,应自民国元年起截算数目,另造表册,呈候核奖,以资鼓励。仰即分别遵照。清单均还。此令。十月三十一日

(原载《浙江公报》第一千六百六十九号,一九至二〇页,指令)

浙江省长公署指令第二千六百七十一号

令上虞县知事张应铭

呈一件呈送教育行政会议扩张教育经费议决案请核示由

呈、摺均悉。查该县前请征收戏捐,原为推广警额之用,由县拟具《取缔规则》,经前省公署批准照行并饬公布在案。兹据称拟将该项戏捐移作学款,究竟于该县警费有无窒碍,未据呈明,仰再悉心筹议,呈候核夺。至征收置产捐一节,事关财产,候令行财政厅核议令遵可也。议决案存。此令。十月三十一日

(原载《浙江公报》第一千六百六十九号,二〇页,指令)

浙江省长公署批第五百九十五号

原具呈人婺州蚕丝业社俞樵等

呈一件为请拨公产种植桑林以设养蚕模范场由

呈、件均悉。该民等集合同志,组织蚕丝业社,用意殊堪嘉许。惟金华农事试验场地亩,前按署据清理金属官公产委员详报,以场地原系官产,公同议决收为官有,并开送清摺有案。且桑地宜于高燥,是项地亩既称地势洼下,每遇大水淹没,或至三四尺,于植桑亦非所宜。所请拨给之处,应毋庸议。至呈称该场荒废情形,是否属实,候令行该县切实整顿,呈复核办。仰即知照。附件存。此批。十月二十七日

(原载《浙江公报》第一千六百六十九号,二三页,批示)

浙江省长公署批第六百七十四号

原具呈人遂安余益善

呈一件呈为父景贤被方本义凶殴请律办由

查是案方本义有无推跌尔父一节，业由前民政厅令县复查。究竟该校长应否受行政处分，应俟续复到后，再行核办。至所请律办，案关刑事，应由当事人依法起诉。仰即知照。此批。十月三十日

（原载《浙江公报》第一千六百六十九号，二三页，批示）

浙江省长公署批第六百七十五号

原具呈人杭县人民邵江

呈一件为标买丁源户佃地一案请从速决定执行由

此案前据财政厅以"该民标买丁源户佃地一案，应仍由杭县查案核办，以杜争执，业已令知"等情呈复到署，即经指令迅催杭县知事速拟办法呈厅核转在案。据呈前情，候再令催财政厅转行杭县迅即查案核办具复可也。此批。十月三十日

（原载《浙江公报》第一千六百六十九号，二三页，批示）

浙江省长公署批第六百七十六号

原具呈人临海吕凤森

呈一件呈控管铎营私舞弊一案遵批取具妥保由

呈及附件均悉。既据取具妥保，令高等检察厅查明具复，再行察夺。此批。十月三十日

（原载《浙江公报》第一千六百六十九号，二四页，批示）

浙江省长公署批第六百七十七号

原具呈人前金华县知事周日宣

呈一件呈请令饬高审厅注销格毙越狱罪犯一案由

呈悉。案准前都督府咨复,免予置议,由民政长行知前司法筹备处转致高等检察厅在案,毋庸再令注销,仰即知照。此批。十月三十日

(原载《浙江公报》第一千六百六十九号,二四页,批示)

浙江省长公署批第六百八十号

原具呈人上虞王陆氏等

呈一件呈伊姑王高氏被王裕堂推跌身死

法警受贿纵犯请勒缉由

据称法警受贿、纵犯各节,如果非虚,殊属不法。候令高等检察厅饬县查明,秉公办理,并拘提被告王裕堂到案,讯明诉究可也。此批。抄件存。十月三十一日

(原载《浙江公报》第一千六百六十九号,二四页,批示)

浙江省长公署批第六百八十一号

原具呈人董绍晋等

呈一件呈校长无理记过又被斥革请查办由

该校此次闹学详情,已据省视学详细查明呈报到署。该校于二十八日续放假一日,系因一、二、三年级学生群起要挟所致,迨第二日各级学生均照常上课,而二年级生复于体操课毕后,有不守规则之举动,是始则违命要挟,继复任意恣肆,似此情状,岂尚得诿为无过?乃犹不知自省,来署晓渎,实属荒谬。特斥。此批。十月三十一日

(原载《浙江公报》第一千六百六十九号,二四至二五页,批示)

浙江省长公署批第六百八十二号

原具呈人史萼卿等

呈一件呈标卖学产求饬县过户一案请再饬查复由

查此案据该县呈复,系因经理等会呈声叙未明,已指令切实议

复,再行呈报,核与抄批相符,并未词近敷衍,应仍俟续呈到日再行核办。此批。十月三十一日

（原载《浙江公报》第一千六百六十九号,二五页,批示）

浙江省长公署批第六百八十三号

原具呈人袁张炜等

呈一件为陈启勤充劝学所所长资格不合由

查该县劝学所所长,尚未据该县知事呈荐。至呈荐者之资格,是否相符,本公署自能核办,亦毋庸该民等干预。不准。此批。十月三十一日

（原载《浙江公报》第一千六百六十九号,二五页,批示）

浙江省长公署批第六百八十五号

原具禀人永嘉胡衍荣等

禀一件为拟恢复稽查局筹垫经费公举正副董请立案由

禀悉。侦察贩卖人口及私运烟土,应候责成该管地方官认真办理。至漏海谷米,应否设局侦查,应径呈请永嘉县知事核明,转呈立案,仰即知照。此批。十月三十一日

（原载《浙江公报》第一千六百六十九号,二五页,批示）

浙江省长公署批第六百八十六号

原具呈人诸暨太原国民校长黄乐天

呈一件呈前民政厅为王增荣冒领校款知事延不办理由

呈悉。查此案经前民政厅批饬该县查案办理具复,现既据该县传讯,应即静候讯办可也。此批。十月三十一日

（原载《浙江公报》第一千六百六十九号,二五页,批示）

浙江省长公署通告

乐清县知事钱沐华呈报于十月十八日会勘公毕回署。

嵊县知事牛荫麐呈报于十月二十日由乡公毕回署。

温岭县知事陆维李电呈于十月二十日下乡察看地方、视察学校，署务委政务主任姜聿观暂代。

义乌县知事邱峻电呈奉准定于十月二十二日晋省面呈要公，职务委政务主任宋化春暂代。

奉化县知事屠景曾电呈于十月二十三日下乡视学、禁烟、访花会、催验契，署务委政务主任梅绍福暂代。

桐庐县知事颜士晋电呈前于十月十六日下乡催征验契，已于二十二日公毕回署。

长兴县知事魏兰电呈于十月二十一日假满回署。

南田县知事吕耀钤呈报于十月二十四日赴石浦筹商防务，并催征钱粮，署务委专审员黄勉、警务委警佐张南暂代。

德清县知事吴鬻皋电呈于十月二十六日赴新市筹办第二平民习艺所，并绕赴各乡催征，署务委教育主任徐艾枝暂代。

（原载《浙江公报》第一千六百六十九号，二六页，通告）

浙江省长公署训令第二千六百八十一号

令警政厅为改组全省警务处并发各项章程由

令警政厅长夏超

照得浙江全省警务处前准内务部咨行组织到省，曾经前巡按使筹备组织，手续粗竣，适届本省独立，脱离中央关系，警务统辖机关暂照本省参议会议决《浙江护国军政府组织法》设立警政厅，以资统辖各在案。现在政局早经统一，本省暂行官制核与各省诸多歧异，除民政已改政务厅外，所有警政机关，自应遵照中央成案，亟行改组。兹由本署订定《浙江全省警务处暂行章程》暨《浙江警务人员任用程序条例》公布施行,警政厅即改为浙江全省警务处,仍以该厅长为警务处长,从前隶属民政厅之警务科,即行并入该处,全处经费照前各道署及镇守署例暂核定年支银元三万元。仰该厅长限于十一月十日以前妥为改组完毕具报。除呈请任命外,合将《章程》《条例》随文令仰该厅长即便遵照改组,并将内部组织人员及处内所属差遣人员,并经费支配概算书及改组日期,一并遵照具报。此令。

中华民国五年十月　日

省长吕公望

浙江全省警务处暂行章程

第一章　总纲

第一条　本处遵照部章由警政厅改组为浙江全省警务处。

第二条　本处印信未奉颁发以前,由省长刊给木质关防启用,以昭信守。

第三条　本处办公地址设立于省会。

第四条　本处经费另以预算定之。

第二章　组织

第五条　警务处长秉承省长办理全省水陆营警事务。

第六条　本处设参议一员,协助处长综核文件,办理一切应行之职务。

第七条　本处设秘书一员,专办重要文电,典守机密案卷及关于谍报之事务。

第八条　本处设左例四科,每科设科长一员,科员若干员,视事之繁简酌定之。

一、总务科,掌左列之事项:

一、关于营警官吏铨叙、任免事项;

二、关于营警官吏试验事项；

三、关于营警官吏功过奖惩事项；

四、关于恤赏事项；

五、关于会计事项；

六、关于庶务事项；

七、关于文电收发、支配及监印事项；

八、关于卷宗省存事项；

九、关于其他不属各科事项。

二、编制科，掌左列之事项：

一、关于编募教练事项；

二、关于扩充警额事项；

三、关于筹集支配经费事项；

四、关于厘定章程规则事项；

五、关于改良警政事项；

六、关于保卫团、护商警察之设置事项；

七、关于营警调遣支配汛地事项；

八、关于饷需、装械及存储整理事项；

九、关于各种统计事项；

十、关于画一表册格式事项；

十一、关于造具预算概算事项。

三、考核科，掌左列之事项：

一、关于各属视察事项；

二、关于稽核成绩事项；

三、关于各种调查事项；

四、关于查办案件事项；

五、关于支款准驳事项；

六、关于厘定报销事项；

七、关于营警存饷截旷事项；

八、关于审查预算、概算、决算事项；

九、关于验收工程物品事项；

十、关于其他一切经费出入事项。

四、民治科，掌左列之事项：

一、关于司法事项；

二、关于军法事项；

三、关于违警事项；

四、关于行政警察事项；

五、关于稽查户口事项；

六、关于卫生事项；

七、关于司法警察事项；

八、关于护助征税事项；

九、关于其他一切辅助行政事项。

第九条　前项所列职掌有关连两科以上者会同核拟。

第十条　本处设视察员若干，随时分派各属考察营警成绩，并调查各地民风土俗，一切与警政关系之事件，其视察细则以另章定之。

第十一条　本处设助理员若干员，助理各科一切事务。

第十二条　本处为办理兵警饷需或其他特别事项，于事务必要时，得详请省长核准，临时得设专员。

第十三条　本处设缮校若干员，专供缮校文牍，保存宗卷及上官随时指派之事务。

第十四条　本处募雇公役若干名，承应一切杂役。

第三章　职权

第十五条　警务处长秉承省长统筹全省警务。

第十六条　警务处长秉承省长督饬所属整理警务，并随时亲履各地巡视，或派员视察，以资考核。

第十七条　各属警务人员应由警务处长随时考核成绩,陈请省长分别奖惩。

第十八条　各属警务机关所有月报表册暨遵奉通饬办理事件,均报由本处汇转省长核办;凡奉省长直接批饬、命令及其他重要事件,仍径详省长核办。

第十九条　各属警务机关除月报外,每半年应将所办警务成绩分别门类制成表册,报由本处汇陈省长查核,其表式另定之。

第二十条　前项成绩表册奉核定后,应同时详报内务部。

第二十一条　本处对于全省水陆营警于必要时陈准省长,得发指挥调遣之命令,仍随时知照所属长官接洽。

第二十二条　警务处于所属官吏兵警之犯罪及其他重要事件,应适用军法者,得依《陆军审判条例》第九条之规定,承奉省长核饬组织军法会审,依法审判,详报省长核准,宣告判决并执行之。

第四章　附则

第二十三条　本处办事细则另定之。

第二十四条　本章程未尽事宜,得随时酌拟修改,详请省长核办。

第二十五条　本章程自核准之日实行。

浙江警务人员任用程序条例

第一章　地方警察

第一条　地方警察厅长,由省长遴员咨陈内务部荐请大总统任命。

第二条　警正、技正、勤务督察长,由省长遴员咨陈内务部备案,或荐请大总统分别任命之。处长或该管厅长,得密函保荐,按级核转行之。

第三条　警察局长、警察队队长,得由省长任命之。各县警察所长,按照《县警察所官制》办理,但局长、队长得由处长密函保请省长任命,队长得由该管厅长密函保请处长核转省长任命之。

第四条　警佐、技士、督察员、侦探队长、警察队分队长、队员、巡官及其他委任待遇各官,由警务处长遴员委用,呈请省长加委。前项人员,该管厅、局、所长亦得密保呈请处长核委。

第五条　厅、局、所及区队雇员、探长、探员,由该管厅、局、所长自行委派,其区队长官亦得呈保委充,惟须同时呈报处长备查。

第六条　警察队长或所长有人地不宜,必须以原级调用时,由处长呈请省长核准行之,其以下各官,由处长或厅长行之,但须同时按级呈报。

第七条　长警补充规则另定之。

第二章　水上警察

第八条　厅长、警正、技正、督察长,由省长遴员咨陈内务部备案,或荐请大总统任命,但处长或该管厅长,亦得密函保荐按级核转行之。

第九条　区长、队长,由省长遴员任命,但队长得由处长或该管厅长密函保荐按级核转行之。

第十条　警佐、技士、督察员、分队长、队员、巡长及其他委任待遇各差职,由警务处长遴员委充,呈请省长加委,但该管厅长亦得密保呈请处长委任。

第十一条　巡长由区队长遴员,荐请该管水警厅长委任之,同时由厅长呈报警务处长备查。

第十二条　厅内雇员由该管厅长自行委派,呈报警务处长备查。

第十三条　各区队书记、司书，由各该区队长官自行委派，呈报上一级长官备查。

第十四条　各队管理轮机人员由该队长遴员呈该管厅长委任之，同时由厅长转报警务处长备查。

第十五条　队长有必须以原级调用时，由处长呈请省长核准行之，其以下各官由处长或该管厅长行之，但须同时按级呈报备查。

第十六条　差遣及候补者，经处长密函保荐，或考试及格，均由省长委发（其考试章程另定之）。

第十七条　巡警补充规则另定之。

第三章　警备队

第十八条　各区统带、帮带及各营管带，由省长遴员任命之，但管带得由处长密函保荐。

第十九条　各统部副官暨各营哨官，由警务处长遴员委充，呈请省长加委，哨长由该管统带遴员保请警务处长核定。

第二十条　各统部、营部会计、书记，由各主管长官自行委用，按级呈报警务处长备查。

第二十一条　司书由主管长官自行派充，报由上一级长官备查。

第二十二条　管带有必须以原级调用时，由处长呈请省长核准行之，其以下各官由处长或该管统带行之，但须同时按级呈报备查。

第二十三条　差遣及候补者，经处长密函保荐或经考试及格，均由省长委发（考试章程另定之）。

第二十四条　什兵补充另定之。

（原载《浙江公报》第一千六百七十号，一九一六年十一月六日，九至一五页，训令）

附 浙江全省警务处咨行各机关
为全省警务处成立日期由

浙江全省警务处为咨行事。

本年十一月一日奉浙江省长公署训令第二六八一号内开："照得浙江全省警务处前准内务部咨行组织到省,曾经前巡按使筹备组织,手续粗竣,适届本省独立,脱离中央关系,警务统辖机关暂照本省参议会议决《浙江护国军政府组织法》设立警政厅,以资统辖各在案。现在政局早经统一,本省暂行官制核与各省诸多歧异,除民政厅已改为政务厅外,所有警政厅机关,自应遵照中央成案,亟行改组。兹由本署订定《浙江全省警务处暂行章程》暨《浙江警务人员任用程序条例》公布施行,警政厅即改为浙江全省警务处,仍以该厅长为警务处长,从前隶属民政厅之警务科,即行并入"等因。奉此,本处遵于本月二十一日由警政厅改组成立,并将隶属前民政厅之各县警察遵令并入管辖。除呈报并分行外,相应咨会贵各处长、各关监督、各厅长、各师长、各旅长、各所、各使、各局、各会查照施行。此咨

杭关监督、浙海关监督、瓯海关监督、财政厅、高等审判厅、高等检察厅、第一师师长、第二师师长、混成旅旅长、军学补习所、盐运使、嘉湖镇守使、宁台镇守使、烟酒公卖局、水利委员会、陆军同袍社、特派交涉员、宪兵司令官、省道筹备处

浙江全省警务处处长夏超

中华民国五年十一月二十一日

（原载《浙江公报》第一千六百八十九号,一九一六年十一月二十五日,四页,咨）

浙江省长公署指令第　号

令财政厅长莫永贞

　　禀一件据武义朱铭祥禀为经征舞弊请饬委查办由

据禀，徐有容等经征舞弊等情，如果非虚，实属不合。仰财政厅饬县秉公查明具复，以凭察办。原禀并发，仍缴。此令。十月三十一日

　　　　　　（原载《浙江公报》第一千六百七十号，一七页，指令）

浙江省长公署指令第　号

令财政厅长莫永贞

　　禀一件据陈振声禀为不服富阳县清理沙地
　　　　事务所决定命令求吊卷察办由

禀及黏抄均悉。该民所买官地两处，既有粮册、契据可凭，何以丈量时，清理沙地事务所并未一并查勘？案情究系如何，仰财政厅查照办理具报。原禀及黏件并发，仍缴。此令。十月三十一日

　　　　　　（原载《浙江公报》第一千六百七十号，一七页，指令）

浙江省长公署批第六百八十八号

原具禀人武义朱铭祥

　　　　呈一件为经征舞弊请饬委查办由

据禀徐有容等经征舞弊等情，如果非虚，实属不合。仰财政厅饬县秉公查明具复，以凭察办。此批。十月三十一日

　　　　　　（原载《浙江公报》第一千六百七十号，二五页，批示）

浙江省长公署批第六百八十九号

原具禀人杭县陈振声

　　呈一件为不服富阳县清理沙地事务所决定命令求吊卷察办由

禀及黏抄均悉。该民所买官地两处，既有粮册、契据可凭，何以

丈量时,清理沙地事务所并未一并查勘？案情究系如何,仰财政厅查明办理具报。此批。黏件附。十月三十一日

（原载《浙江公报》第一千六百七十号,二五页,批示）

浙江省长公署批第六百九十号

原具禀人瑞安项玉润

呈一件为呈明瑞邑蠲免银米一案先已辞职请求摘销由

禀悉。该公民辞职时,果无经手未完事件,仰仍赴县禀候核办可也,毋庸越渎。此批。十月三十一日

（原载《浙江公报》第一千六百七十号,二五页,批示）

浙江省长公署批第六百九十一号

原具禀人韩渭滨

禀一件为嵊商夏泰和等欠课不缴黏呈证据请委提由

禀及黏件均悉。仰候检同原禀及证据,函知两浙盐运使查案核办可也。此批。黏件附。十月三十一日

（原载《浙江公报》第一千六百七十号,二五页,批示）

浙江省长公署批第六百九十二号

原具禀人象山石渭川

禀一件为酒董林孔章浮捐押缴揹发收票请饬给由

禀悉。既据分禀该区烟酒公卖局有案,仰即静候核办可也,毋庸来署越渎。此批。十月三十一日

（原载《浙江公报》第一千六百七十号,二五至二六页,批示）